明长城沿线军事堡寨的演化及其保护与利用模式

——以山西省为例

曹象明　著

中国建筑工业出版社

图书在版编目（CIP）数据

明长城沿线军事堡寨的演化及其保护与利用模式——以山西省为例 / 曹象明著 .—北京：中国建筑工业出版社，2015.8

ISBN 978-7-112-18616-7

Ⅰ.①明…　Ⅱ.①曹…　Ⅲ.①长城—防御体系—研究—山西省　Ⅳ.①K928.77

中国版本图书馆CIP数据核字（2015）第250639号

责任编辑：石枫华　李　杰
书籍设计：京点制版
责任校对：赵　颖　党　蕾

明长城沿线军事堡寨的演化及其保护与利用模式
——以山西省为例
曹象明　著

*

中国建筑工业出版社出版、发行（北京西郊百万庄）
各地新华书店、建筑书店经销
北京京点图文设计有限公司制版
廊坊市海涛印刷有限公司印刷

*

开本：787×1092 毫米　1/16　印张：14¾　字数：252 千字
2015 年 12 月第一版　2015 年 12 月第一次印刷
定价：58.00 元
ISBN 978-7-112-18616-7
（27711）

序

长城不是一道单独的城墙，而是由城墙、敌楼、关城、堡寨、烽火台等多种防御工事所组成的具有一定纵深的严密、完整的防御工程体系。长城是世界文化遗产，军事堡寨作为明长城军事防御体系中不可分割的组成部分，理应得到重视和保护，然而明长城沿线大多数的军事堡寨所蕴含的历史文化信息遭受严重的破坏，保护现状不容乐观。

山西省地处明长城军事防御时期的核心地带，境内留存了大量的军事堡寨，除少数入选为历史文化名镇（村）外，多数未入选的堡寨则面临如下的困境:生态环境脆弱、文化遗产“孤岛化”和“边缘化”、遗产本体遭受破坏、经济社会发展迟缓等。本书以军事堡寨的历史演化分析为基础，立足于区域遗产保护的新理念，探索山西省明长城沿线军事堡寨保护与利用的可持续途径，具有重要的理论和现实意义。

本书秉承人居环境科学中“融贯”的学术研究思想，将城乡规划学与地理学、历史学、生态学等多学科交叉融合、综合研究，将军事堡寨的遗产保护与明长城沿线区域的经济、社会、文化、生态紧密结合，相互协调，并积极推动沿线传统村镇的保护与发展。本书注重研究对象的整体性、层次性和关联性，针对军事堡寨的研究从区域、聚落、要素不同层面展开，揭示其相互之间的关系，并最终形成三种典型的军事堡寨保护与利用模式。尤其是关于无人居堡寨的保护，通过凸显其独特的生态价值和岁月价值，为明长城沿线大量的无人居堡寨的保护工作提供了有益的借鉴模式。

本书选题视角独特，调研深入，基础资料扎实，结构清晰，内容充实，在明长城沿线军事堡寨保护与利用研究方面取得了新的成果，其研究对于我国明长城沿线军事堡寨的保护事业，对于进一步丰富和发展我国的长城文化学和人居环境科学研究均具有积极的推动作用。

周庆华

2015年7月18日

目 录

第 1 章
引　言

1.1　背景与问题

1.1.1　明长城沿线军事堡寨的历史地位和作用

长城是中国冷兵器时代修筑的军事防御工程，历经 20 多个诸侯国家和封建王朝，跨越了近 2000 多年的历史，形成了绵延数千公里的古代人工防御工程，其中明代长城保存程度最好，分布范围最广，同时也是学术界争议最少的长城。

长城不是一道单独的城墙，而是由城墙、敌楼、关城、墩堡、营所、卫所、镇城、烽火台等多种防御工事所组成的一个完整的防御工程体系。自 2500 年前的春秋战国时期开始修筑长城以来，不同的朝代都曾不同程度地修筑或增建长城。长城作为国家重要的军事工程，从建设到守卫，从战争状态下的重兵把守到和平形势下的戍边屯田，催生和促进了许多因长城而存在和发展的村落。典型的如明代的军屯建制，在修筑长城过程中，朝廷从全国各地向边墙一线迁徙了大量军人、役人和匠人。经过多年修筑后就地落户生根，形成了许多军户，他们边戍守，边生产，使长城沿线及口、关、堡、所等军事设施周边形成了许多繁荣的村、镇[1]。

明朝长城沿线常有“五里一墩、十里一堡”的说法，即先筑长城，之后在其沿线形成驻兵守卫的城堡。作为戍守边关的屯兵城堡，军事与生活设施完善，功能齐全，建筑规整，明清时期成为长城防御体系中的重要组成部分和军政指挥中心。

为加强长城的防御作用，明王朝将长城沿线划分为九个防御区，分别驻有重兵，称为九边或九镇，九镇包括辽东镇、蓟镇、宣府镇、大同镇、山西镇、延绥镇、宁夏镇、固原镇和甘肃镇。在明长城九边的军事防区中，山西地形上居京师上游，并与蒙古北元接壤，战略位置非常重要，所谓“京师之安危”，“系于山西也”[2]。大同镇、山西镇和今河北的宣府镇号称明代北防九边的“中三边”，因此山西的大同镇、山西镇成为当时九边或九镇的核心地带，在明长城的边墙内外，卫所、关隘星罗棋布，墩台哨所林立，这些众多的军事据点和设施在山西北部形成了独特的人文地理景观——军事聚落。

长城是世界文化遗产，但明长城沿线大量的军事堡寨到目前为止尚未登录至文物保护相应的级别中，缺乏相应的保护措施和方法。因此必须思考这样一个问题，作为世界文化遗产长城的保护，是仅保存其本身，还是连同与其构成防御体系的军事堡寨一起保护呢？2006 年 12 月 1 日实施的《长城保护条例》开始明确规定将长城作为整体进行保护。该条例所称长城，包括长城的墙体、城堡、关隘、烽火台、敌楼等，因此将明长城与沿线的军事堡寨进行整体保护是毋庸置疑的。

1.1.2 明长城沿线军事堡寨所面临的现实问题

明长城沿线堡寨不仅是军事文化的载体，也是长期以来堡寨居民和谐相处，共同繁衍生活的结果。在堡寨的发展过程中，人们按照传统生活方式，传承地方营造技术，建立了一个与生存环境相适应的聚落体系。与山西其他地区的古村镇一样，明长城沿线的军事堡寨经历了新中国成立前的战乱时期、新中国成立后的“文化大革命”时期的严重破坏，可以说已经错过了最佳的古镇保护时期，现在所剩的文化遗产弥足珍贵。但是，由于许多堡寨保护级别尚未被认定，明长城沿线军事堡寨的文化遗产正以惊人的速度消失，所以目前是堡寨保护工作非常重要的时期，面对大量的军事堡寨需要建立新的保护理念、保护策略和方法以及保护模式。

山西省明长城沿线军事堡寨共有 120 多处，山西省先后于 2003 年、2006 年、2009 年组织并公布了三批省级历史文化名镇（村），共包括明长城沿线堡寨聚落 6 个，由此可见，列入省级保护名录的古村镇约占山西省明长城沿线军事堡寨总数的 5.0%，其保护力度远远不够。

1.1.2.1 生态环境现状——明长城沿线生态系统的脆弱性

明长城实际上是我国北方农业与畜牧业的分界线，其东段和中段位于暖温带和中温带的交界地带，沿线是半湿润区与半干旱区、季风区与非季风区的过渡地带；在植被条件上，长城也位于过渡性地带，更替着森林与草原，绿洲与荒漠，这使得长城沿线的生态环境敏感而脆弱，很容易遭到破坏[3]。

山西省明长城沿线军事堡寨位于暖温带和中温带的交界地带，沿线是半湿润区与半干旱区；同时山西省明长城沿线军事堡寨地处黄土高原地区，属于农耕文化和游牧文化的交织区，境内山峦叠嶂、沟壑纵横，自然生态系统较为脆弱（图 1-1）。

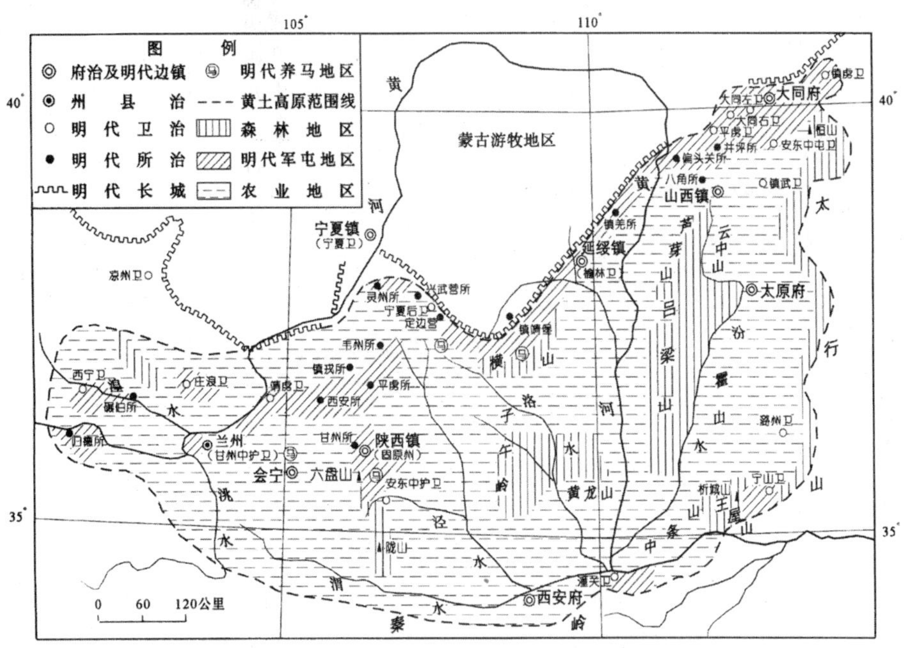

图1-1　明清时期黄土高原农林牧分布图[4]494

明代实行大规模的“九边屯垦”，军屯可分为屯田种粮和屯田种草两大类，屯田种粮主要是为明代大量的军队供应粮食，屯田养草主要用于喂养战马。而军屯往往采用粗放的经营方式，往往使地表植被遭到破坏，肥力下降，出现抛荒、轮荒现象。大量垦田被废弃以后，由于长城沿线大都“山高地冷”，土层黏度较小，植被稀疏恢复困难，很容易就地起沙。明代大同府分布了大量的草场，据正德时期的《大同府志》，大同府屯草 175820 束❶。由此可见，明代大同府草场资源极为丰富，但是随着人口和马匹放养的增加，大量频繁的践踏使土壤密度加大，导致板结，加剧了土壤的退化和侵蚀，而过度放牧会使牧草的复生速度过慢，无法满足畜群的消费并严重影响牧草生长。总之，屯田种草政策是明代边防发展的内在需要，然而这一政策是一把双刃剑，一方面对解决戍边将士及家属的粮食供应、马匹饲养以及巩固边防起到积极的作用，另一方面单一的屯垦使土地开发强度

❶ ［明］张钦撰：《正德大同府志·仓场》：卷 3，山西省图书馆藏 .

加大，经过大规模掠夺式屯垦后，大同所属的“沿边玉林、云川、威远、平虏各镇屯田之处，或变为卤碱，或没为沙碛，或荡为沟壑”，“原额屯田抛荒既多，官军扣补，力已不胜”❶，当地自然生态系统的调节功能遭到极大削弱。

明初山西内长城沿线森林密布，林带一般宽度约50公里左右。其密集程度，据说是“虎豹穴藏，人鲜径行，骑不能入”。内长城沿线的三关十八隘之间的如此深厚的森林地区对大同外长城来说，“实为第二藩篱”。但是这种情形只持续了百年左右，就已经遭到严重的破坏。北京的达官贵人，边地的驻军将士，以及本地居民都群起采伐，每年贩运到北京的数目达到百十余万株。满山林木已经十去其六七了。后来采伐的人更“百家成群，千夫为邻，逐之不可，禁之不从”，“林木被延烧者一望成灰，砍伐者数里如扫”。大致又过了百年上下，原来一望不彻的林木，竟然砍伐净尽[4]494。由此可见，明代也是晋北森林资源遭到大规模破坏的时期。

1.1.2.2 遗产区域状况——文化遗产的“孤岛化”和“边缘化”

1.“孤岛化”现象是明长城沿线军事堡寨保护中面临的重要问题之一

明长城沿线军事堡寨不同于其他地区的古村镇，由于地域特征鲜明，皆因明长城而兴衰，明长城沿线的堡寨之间具有千丝万缕的联系，在文化和地理上具有相互影响和互为关系的作用。明长城沿线的每一个堡寨都是明长城军事防御体系的组成部分，不是保护好一个或者几个堡寨就可以的。而目前明长城沿线的各省区针对明长城的保护各自为政，而山西省作为文物大省以及明长城资源丰富的省区，尚未对明长城沿线进行整体性的保护研究。由于缺乏相应的保护机制，明长城沿线军事堡寨大部分游离于保护名录之外，迄今可纳入保护规划的堡寨屈指可数。在地域空间的分布上，军事堡寨表现为一个个孤立的个体，未能和周边的明长城及相关的附属设施（烽燧、墩台和驿站）及其他堡寨产生密切的空间关联。

2. 自然与经济地理区位“边缘化”是明长城沿线军事堡寨在保护与利用中的难题

在自然地理区位上，山西省明外长城处于晋蒙交界地带，是省域的北部边界，明内长城则是晋北的高山峡谷地区；在经济地理区位上，明长城属于交通不发达地区，偏离山西省经济发展重点区域，具有明显的地域“边

❶ ［明］《明穆宗实录》：卷11，陕西省图书馆藏.

缘化”特征。具体讲山西省明长城沿线军事堡寨的边缘化主要表现在以下几个方面：

（1）总体上而言，该地区偏离我国经济发展的热点地区，即使在山西省也是经济发展相对的“冷区域”，经济发展相对落后，社会变革相对缓慢。

（2）一些区域由于交通地位的变化以及对外联系途径的变化而失去往日重要的地位，在空间上成为边缘化的区域。

（3）由于地处偏僻地区和较低的可达性造成军事堡寨的边缘化特征。

从某种程度上看，明长城沿线的军事堡寨能够存在的主要原因是由于现代经济、社会、文化发展的相对滞后。但边缘化则使这些传统聚落付出发展的机会成本，并因为与周边城镇较大的差异而形成文化和心理反差，进一步加强人们对现代文化的渴望和需求，从而加剧了军事堡寨区位边缘化的格局。

1.1.2.3 遗产本体状况——真实性、完整性和延续性遭受挑战

从堡寨的个体而言，明长城沿线的军事堡寨在演化过程中由于遭受政治、经济、社会、交通因素的影响和冲击，文化遗产的破坏现象严重。

1. 历史真实性发生较大的变化

明长城沿线的军事堡寨经历了600多年的演化过程，大多数成为承载居民生产和生活的村镇，这些军事堡寨有的虽然总体格局保存较好，但堡内用地属性已经发生较大改变，一些文武衙门、兵营等历史建筑地面已无遗存，并被公共建筑或现代民居占用，遗址被严重扰动（图1-2）；堡内民居建设整体上缺乏统一规划，很大程度上破坏了堡内街巷的肌理。有的军事堡寨堡内的历史建筑完全不存，仅留存残破的城墙遗址，城内为耕种的农田，任后人凭吊怀想（图1-3）。

图1-2 山西省偏关县马站堡

图1-3 山西省偏关县教儿焉堡

2. 历史遗存的完整性和延续性受到极大的影响

明长城沿线军事堡寨的衰败主要由三方面的因素造成：一是自然环境遭受破坏；二是人为因素的破坏；三是保护意识的不足。这三者相互作用，导致军事堡寨的日益衰败。

明长城及其沿线军事堡寨大多位于高山险壑中，人民的生产与生活条件较为艰苦，这些地方也因此成为我国贫困人口相对集中的地区。为了生存和致富，村民对自然资源进行掠夺式开发，如过度耕作、砍伐、放牧和开矿挖掘等，对环境的破坏十分严重（图 1-4）。由于民居建设的需要，村民肆意剥除城墙砖石作为当地民居建材，明长城沿线堡寨城墙上砖石基本被扒光，很少有完整的城砖和规整的条石了（图 1-5）。

图1-4　水泉堡：在城墙上耕作

图1-5　桦林堡：城墙上的砖被剥离

由此可见，明长城沿线军事堡寨在文化遗产的真实性、完整性和延续性上都面临严峻的挑战，笔者在山西北部调研中发现，除少数被挂牌为历史文化名镇（村）或传统村镇外，大量未入选的军事堡寨则面临两种局面：一是无法得到政府的重视和扶持，由于地理位置偏远逐渐衰落；二是逐渐纳入现代村镇体系中，在新农村建设的浪潮中基本丧失历史风貌。在此形势下，必须尽快完成对明长城沿线军事堡寨的系统梳理并构建保护体系，建立科学的保护理念及保护策略与方法。

1.1.2.4　经济社会现状——总体上发展迟缓

明长城分九边十一镇分段设防，各段墩台林立，城寨密布，即所谓“一里一小墩，五里一大墩，十里一寨，二十里一堡”；长城全线大小关堡共有 1000 多个[5]。目前这些寨、堡大多演化为乡镇驻地或自然村落。由于大量的堡寨聚落仍处于保护盲区，在日趋加速的城镇化进程中，相当数量的村落已经面目全非甚至被整体迁移。如在山西省偏关县调研中发现，有些堡寨由于地理位置偏僻，交通闭塞，经济发展缓慢，农民生活相对贫困；有些堡寨由于客观原因，如生产生活不便，将村民整体迁移至用地条件和交通条件较好的地区。由于大量的军事堡寨位于高山峡谷或交通不便的地理环境中，当地人民的生产生活相当困难，需要协调好保护与发展中的矛盾与问题。如何实现军事堡寨的保护，延续乡村生活并促进村落的经济、社会、文化的可持续发展，将构成本书研究的宗旨和目标。

总之，明长城沿线的军事堡寨在当今经济发展和社会变革中正处于日益颓败、消失的境况中，其所携带的丰富的历史文化信息也将随之无存，如何保护和利用其不可再生的文化资源成为当务之急，其可持续的空间发展路径将会成为我国明长城沿线地区人居环境科学研究中重要的组成部分。

1.1.2.5 保护管理现状——多头管理造成管控失效

明长城作为举世闻名的世界文化遗产，却并不由国家直接管理。住房城乡建设部、国家文物局、环境保护部、国家林业局、国土资源部等部门只对其进行业务管理。一些地方的遗产是由旅游部门管理，某些地方甚至将遗产委托给旅游公司管理。一些遗产并未得到应有的保护，甚至成为创收的工具。管理混乱、多头管理导致许多遗产的保护处于无法管理，无法可依的状态。村民将城砖扒下建造房屋、人工取土将墙中的夯土铲平填沟，周边的基础建设以及交通开发也对明长城及其沿线历史文化遗产造成破坏，挖断长城边墙、堡寨城墙的情况时有发生，屡禁不止。例如山西省偏关县八柳树堡城墙由于包砖夯土被当地村民盗用盗挖而损毁严重（图 1-6）。此外，以经济发展为目的的旅游开发与现存堡寨保护之间的矛盾越来越突出，如山西省偏关县水泉堡的南门修复工程（图 1-7）已经造成对原有文化遗产的建设性破坏。对传统资源盲目开发、随意整治、拆旧建新，严重破坏了明长城及其沿线军事堡寨遗产的真实性。

图1-6 八柳树堡城墙成为当地村民的院墙

图1-7 山西省偏关县水泉堡修复的南门

1.1.3　我国正在加快对传统村落的保护与研究

2013 年 7 月 1 日住房城乡建设部、文化部和财政部联合下发通知，要求各地做好 2013 年中国传统村落保护发展工作，建立中国传统村落档案，完成保护发展规划编制工作。在 2013 年国务院新闻办举行的发布会上，住房城乡建设部表示，目前我国传统村落正在加速消亡，有较高保护价值的传统村落总量不足 5000 个。针对目前这种状况，三部门已经公布了第一批中国传统村落名录，共 646 个，随后又公布第二批列入中国传统村落的名录，共 915 个。由此可见，中国传统村落的保护工作已经被提到重要的议事日程上。

山西省是我国文物大省，也是传统村落富集的省份，被誉为中国古村落之最。据 2013 年 5 月《城市规划》期刊中的“规划信息”，山西省拥有传统村落约 3500 个，其中保存完整的传统村落约 500 个，另外约 500 个传统村落濒临消失，其余的则不同程度地遭受破坏。事实上，山西省明长城沿线仅有个别的军事堡寨进入第一批传统村落保护名录中，顺应国家对传统村落保护和发展的总体趋势，本研究将推动具有保护价值的军事堡寨有资格进入传统村落的保护名录中。

1.2　研究的意义

本书研究的意义有如下三个方面：

（1）明确军事堡寨在明长城军事防御体系中的历史地位和作用，明晰山西省明长城沿线军事堡寨遗产保护的意义和价值，建立其保护与利用的相关理念和策略方法，为本地区军事堡寨所处村镇的保护与再生提供方法与途径。

（2）通过探寻山西省明长城沿线军事堡寨的保护与利用模式，抢救正在衰败甚至消失的明长城沿线军事堡寨聚落和遗址文化，从而进一步丰富和发展长城文化学的内涵及外延。

（3）顺应国家对传统村落的补充调查及推荐上报保护名录的工作，本研究也将推动明长城沿线军事堡寨作为传统村镇的保护与认定工作，为争取国家政策和资金的支持提供研究基础。

1.3 关于明长城沿线军事堡寨的研究成果

1.3.1 明清时期主要史籍

明清及民国时期关于长城及其防御体系的著述可分为一般历史典籍、舆地图籍、地方志三类。重要史籍如下:(明)魏焕著《皇明九边考》(嘉靖刻本)、(明)霍冀著《九边图说》(隆庆三年刊本)、(明)廖希颜著《三关志》。此外本书主要参考的地方志和典籍有(明)杨时宁撰《宣大山西三镇图说》(明万历癸卯刊本)、(明)王世琦著《三云筹阻考》(明万历刊本)、(明)王世琦著《三云筹阻考》(明万历刊本)、中国台湾商务印书馆影印《文渊阁四库全书》之《山西通志》、清乾隆版《宁武府志》等。

1.3.2 长城学会及文物普查工作

中国长城学会自 1987 年成立以来，在研究、保护、维修、宣传长城等各个方面做了大量的工作。建立中国长城网，出版了《长城百科全书》、《明长城考实》等专著以及《万里长城》、《中国长城博物馆》等期刊，在长城文化传播和历史研究等方面做出了重要贡献[6]。

2006 年,国家文物局的“长城保护工程(2005 ~ 2014 年)总体工作方案”正式启动，为期 10 年，包括长城资源调查在内的长城保护工程。资源调查是长城保护工程的重要基础工作，分为明长城、秦汉长城、其他时代长城三个部分，而明长城资源调查是全国长城资源调查的第一个阶段。

明长城资源调查先后在北京、天津、河北、山西、内蒙古、辽宁、陕西、甘肃、宁夏、青海十个省、自治区和直辖市展开，历时近 2 年，涉及 156 个县域。调查队员们采用传统田野考古调查手段，结合现代科学技术，使用 GPS、激光测距仪等先进仪器，行程数十万公里，获得了大量翔实、准确的数据。调查取得了四方面显著成果：一是首次全面掌握了明长城的现存状况。包括其具体分布、走向，墙体及附属设施建筑特点、自然与人文环境、保护和管理现状等；二是精确量测出明长城的长度；三是通过调查新发现了与长城有关的各类历史遗迹 498 处；四是形成了一批初步研究成果。这些调查成果将为各地划定保护范围和建设控制地带、编制保护规划、制定保护修缮方案、建立长城档案等提供支持[7]。

目前我国已经建立了“中国长城建筑与地理信息数据库平台”。该库用于编辑整理长城敌楼、马面、墙体等长城建筑物的资料，并与实际的地理信息联系起来，以供研究长城使用。

1.3.3 关于长城及其城堡的著作

关于长城及其城堡的著作，首先要提及的是古建专家罗哲文先生，长期以来他对长城及沿线古迹进行了深入的研究，主要著作有《万里长城》（1980）、《长城》（1982）、《举世闻名的万里长城》（1990）、《失去的建筑》（2002）、《世界奇迹——长城》（1992）等，成为人们了解长城的开拓性书籍，也为本课题提供了重要依据。近几年和长城有关的主要著作有艾冲的《中国的万里长城》（1994）、《中国古长城新探——古代长城的历史地理学研究》（2006），景爱的《中国长城史》（2006）、《长城》（2008），董耀会的《长城》（2004）、《沧桑长城》（2007）、《长城的崛起》（2012），李少文的《图文长城》（2006）等，这些书籍对于长城的定义、长城本体及其附属设施的内容、长城建设的历史沿革、长城的建筑方法以及管理进行了描述和分析，重点在于长城的边墙以及沿线的关口分布。

1.3.4 明长城沿线军事堡寨相关的研究论文

关于明长城及其军事堡寨领域的学位论文主要包括历史学、考古学以及建筑学领域。历史专业的相关论文侧重于明朝军事史、明朝兵制史、明朝九边制度的研究；考古专业的相关论文侧重于古遗址挖掘报告等；建筑学专业的相关论文侧重城池建筑、古建筑、建筑史、建筑文化、防御性建筑的研究。具体地讲，关于明长城及其沿线军事堡寨的研究内容可以归纳为以下两个方面：

1. 对明长城及其沿线军事堡寨的整体防御格局进行研究。

（1）将明长城沿线的军事聚落与防御体系作为整体进行研究，突破了以往仅侧重长城边墙和单个聚落研究的一般方法和视野；

（2）通过对军事堡寨所处的地理环境与军事地位重要性、军事堡寨与长城位置关系、军事防御组织结构与分段防守布局等方面的研究，揭示了明长城军事堡寨的布局特点和空间分布规律；

（3）根据现场踏勘和历史资料，首次绘制出明代长城沿线主要军事堡寨的分布图；

(4) 指出了九边重镇军事防御体系与各级军事堡寨和工程设施，是具有严密的层次性、整体性、系统性的完整军事防御体系；

(5) 利用数字化资料存储技术，初步建立“长城军事聚落数据库”。

2. 对明长城沿线堡寨聚落的演化过程和机制进行研究

明长城沿线的军事堡寨在自然、经济、社会等各种因素的影响下大部分演化为现代城镇或村落，因此对其演化过程及机制的探讨也是研究的一个重要方面。

明长城沿线的军事堡寨的空间形态不是一次形成的，恰恰相反，它是在明代军事聚落的基础上经过几百年的发展演化——叠加、积累、消减和替代。因此，历史研究和考古调查是保护研究的重要步骤。研究内容包括军事堡寨的选址、历史街巷的走向、文物建筑和历史建筑的分布等内容，有助于理解军事堡寨当前空间形态的产生背景和未来的发展趋势。研究手段包括查阅历史上遗留下来的资料，如历史文献、历史地图等，有助于理解军事堡寨的选址定位和后来的演变发展。

根据以上的综述，关于明长城沿线军事堡寨的研究主要存在以下方面的不足：明长城沿线军事堡寨的研究主要局限在建筑学和历史学角度，对军事堡寨的分布情况、现存状态、类型形制、防御性空间体系等虽然有了较全面的认识，但对大量的军事堡寨如何和明长城形成整体进行保护和利用，以及开展军事堡寨的类型化研究，提出各具特色的军事堡寨的保护方法与保护模式，以上研究成果虽有涉及，但并未作为重点展开分析研究。

明长城沿线军事堡寨处在长城学、历史学、考古学、建筑学和城乡规划学之间的交叉地带，分布广泛，类型各异。本书以山西省明长城沿线军事堡寨为研究对象，以人居环境科学为指导，以山西省为例探寻明长城沿线军事堡寨的演化与保护与利用模式，目标是挽救长城这一世界文化遗产中不可或缺的组成部分，并为明长城沿线大量存在的军事堡寨的保护和利用提供有益的借鉴模式。

1.4 研究方法与框架

1.4.1 系统分析与综合研究

明长城沿线军事堡寨是明长城军事防御体系中的一个完整的子系统，

军事堡寨体系具有明确的功能结构和等级层次。对于单个军事堡寨而言，其内部构成要素具有复杂性和多样性的特征，因此研究要注重系统的整体性、层次性和关联性。针对军事堡寨的研究应从区域、聚落、要素不同层面展开，揭示其相互之间的关系，重视其最终的整合效应，同时秉承人居环境科学中“融贯”的学术研究思想，进行城乡规划学与地理学、历史学、景观学、生态学等多学科的综合研究。

1.4.2 横向类比与历史研究相结合

由于军事堡寨在明长城沿线大量存在，且现存状态差异性明显，类型化分析是对军事堡寨系统化研究必备的方法和手段。因此应分析不同时期堡寨聚落的阶段特征及其功能变化；运用历史学的方法，在阐释历史的基础上，理解堡寨聚落不是静态的，而是动态的、鲜活的，在此基础上研究不同历史发展阶段军事堡寨演变的动态特征，探讨自然、经济、社会因素对军事堡寨功能和空间变化的驱动机制及其作用过程。

1.4.3 理论推导与实证研究相结合

以山西省明长城沿线作为研究区域，在历史维度，探讨明长城沿线军事堡寨的功能结构和等级体系、演变过程及其演化形式，从理论上系统总结军事堡寨的空间布局特征、演变的影响因素及内在机制；在现实维度，对军事堡寨的保存现状进行等级评价和价值评价；在规划维度上，结合明长城文化遗产保护相关理论及其军事堡寨自身的遗产特征，在理论和实践上为明长城沿线大量存在的军事堡寨的保护与利用提供可借鉴模式。

1.4.4 文献史料分析与野外实地考察并重

文献资料是研究的基础，对调查实践具有理论指导意义。研究过程中采集的主要资料来自于以下几个方面：历史典籍、舆地图籍、地方志、网络资源等。

野外实地考察是摸清明长城沿线军事堡寨遗存现状的唯一途径，面对跨度如此之大的聚落分布群，笔者主要采取普查与典型实地调查相结合的方法。普查往往是首先获取当地文物部门的“三普资料”以及各堡寨的经济社会发展资料，典型调查选取了军事堡寨分布相对密集且保存较好的两个县域：偏关县和右玉县。在典型调查过程中主要采取以下方法：访谈当地知晓历史变迁的老人、绘制堡寨的平面图、测绘典型历史建筑、摄影和录像等。

研究框架如图 1-8 所示。

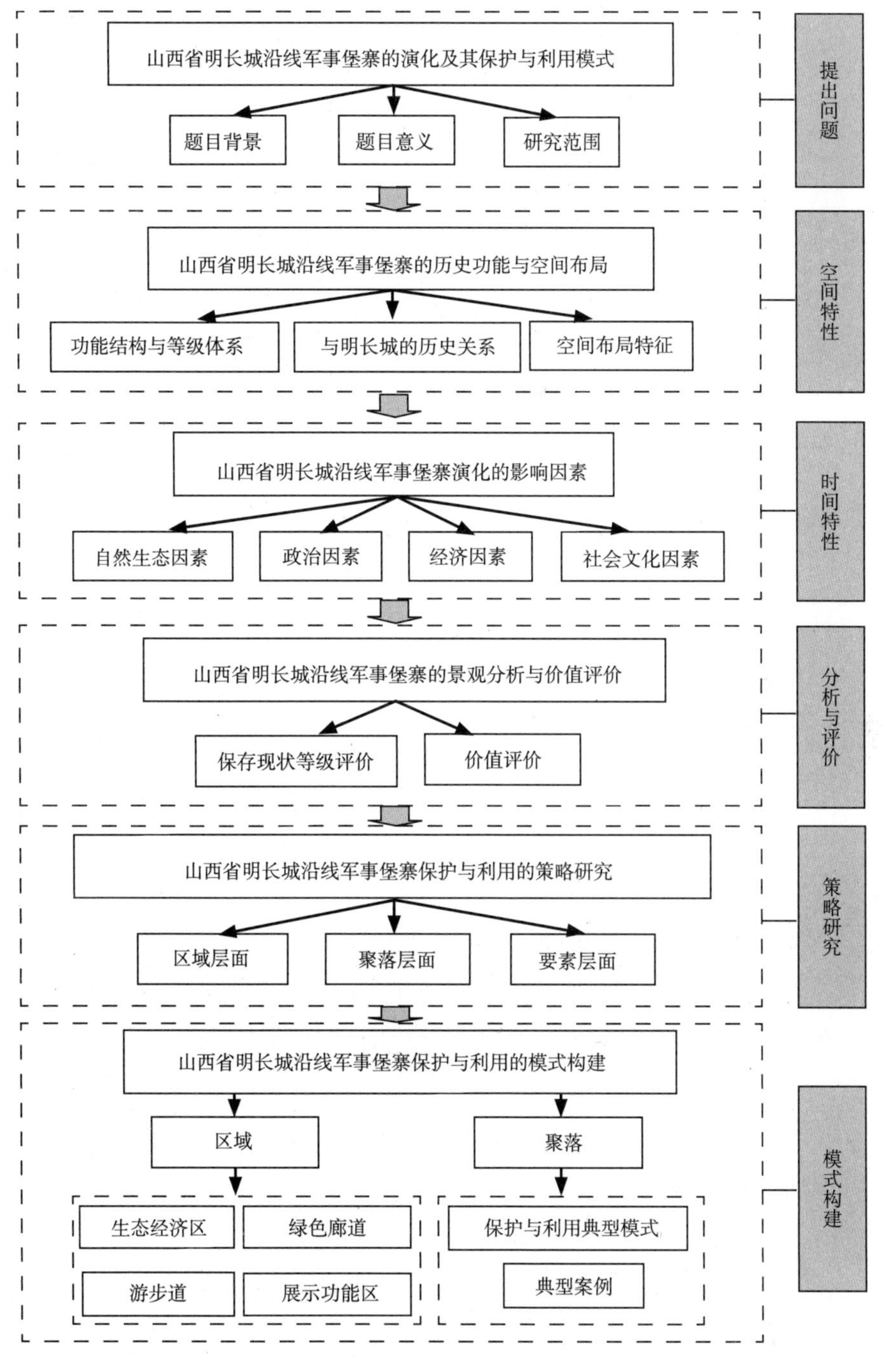

图1-8　研究框架

1.5 概念阐释与研究范围

1.5.1 堡寨

"堡"，不单纯是指防御性的建筑（经常为军事建筑所借用，如碉堡、桥头堡等）。《辞源》中的解释为土筑的小城，其前身是指筑有防御性围墙的聚落，集防御与居住为一体。《汉语大字典》进一步释义为："堡子，有城墙的集镇。"今天在我国存在大量以"堡"命名的村落或乡镇，"堡"虽然代表聚落整体，但往往以外围防御性城墙为其实体形式，甚至许多情况直接对应于外围环绕的墙体。

"寨"，也称为"柴"、"砦"，发音同为zhai。《辞源》中的解释为防卫用的栅栏或营壁，"寨"之义引申为"军营"。《汉语大词典》中解释为"扎寨"，此外还有"村庄、村落"之义，并多用于地名。除此之外，"寨"在宋代还是一种设在边区的军事行政单位，隶属于州或县。

堡寨，又称堡砦、圩寨、围寨。按照《辞源》解释："堡，指一种坚固的或设有防御工事的防守用构筑物。而寨通常指本村本寨，即四周有栅栏或围墙的村子，或指山寨。"所以堡寨即是一种集防御与居住为一体的聚落。

1.5.2 聚落

"聚落"一词起源很早，《史记·五帝本纪》中就有"一年而所居成聚，二年成邑，三年成都"。其中注释称"聚，谓村落也"。按《汉书·沟洫志》解释："（黄河水）时至而去，则填淤肥美，民耕田之。或久无害，稍筑室宅，遂成聚落。"指村落里邑，人群聚居的地方，因为防御性的需要，一般多设寨墙或沟壕等，以防战火、盗贼和水患。因而狭义地理解，聚落指的是有别于都邑的农村居民点，民居是聚落的基本单元，聚落是民居的综合表现。

1.5.3 研究范围及对象

山西省外长城沿线的军堡分布范围涉及朔州市的平鲁区、右玉县，大同市的左云县、新荣区、阳高县和天镇县4县2区。山西省内长城沿线军堡涉及忻州市的保德县、河曲县、偏关县、神池县、宁武县、代县、繁峙县以及朔州市的朔城区、山阴县、应县和浑源县 10 县 1 区。鉴于我国行政区划的强大执行力，山西省明长城沿线军事堡寨的保护范围确定为以上 14 县 3 区的行政管辖范围（图 1-9）。

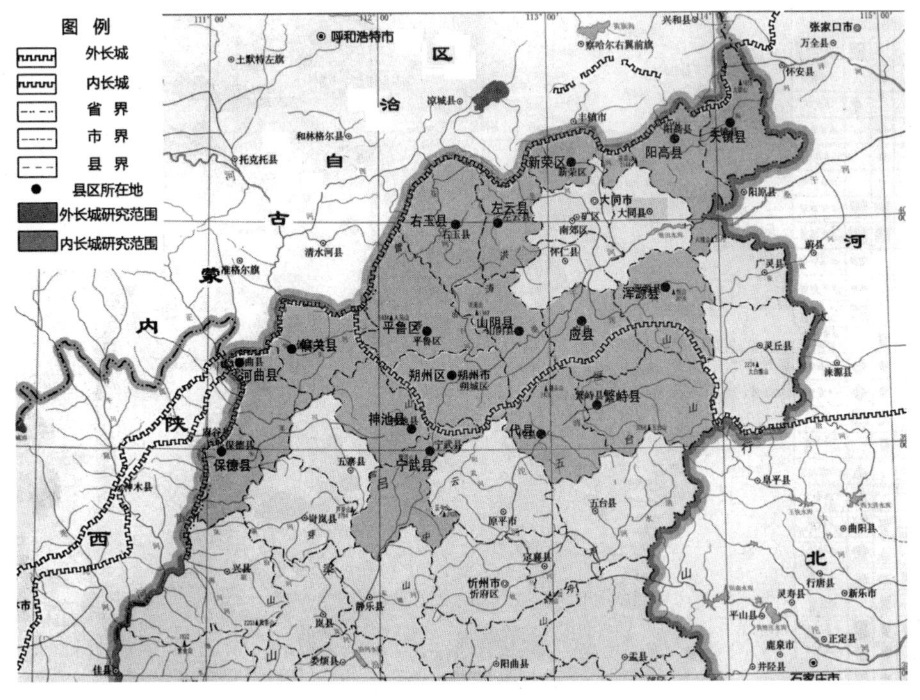

图1-9 研究范围[8]7

明代山西省北部地区堡寨林立，为追求资料的统一性与完整性，本书仅研究官方设立建置的军堡，民堡则不在研究范围内。另外由于研究地域广泛，涉及的军事堡寨数量很多，研究对象主要是指演化为镇（村）级的军事堡寨以及无人居堡寨。

1.6 山西省明长城沿线军事堡寨的等级体系与空间分布

1.6.1 明长城概况

2009 年 4 月 18 日，国家文物局和国家测绘局在北京八达岭长城上发布了明长城的长度为 8851.8km，这是国家文物局和国家测绘局合作开展明长城资源调查后获得的最新数据。至此，明长城有史以来第一次有了精确的长度。本次调查还确认了明长城的东端起点，在辽宁省丹东市振安区虎山乡东北鸭绿江右岸的虎山，即“虎山 1 段长城”，地理坐标为：东经 124° 30′ 56.70″，北纬 40° 13′ 19.10″。这与史料记载是一致的。根据文献记载，明代辽东长城（边墙）的东端起点，起于鸭绿江右岸（西岸）。据《明史·兵志》记载，长城“东起鸭绿，西至嘉峪，绵亘万里，分地守御”；据《全辽志·边防二》记载，辽东边墙东端第一堡为“江沿台堡”，该堡的第一台为“邦（傍）山台”，此“傍山台”所靠的鸭绿江右岸之山，即今丹东市东北的虎山，明代称“马耳山”。但是一直以来，“明长城东起山海关西到嘉峪关”已经成了大家的普遍共识。

1.6.2 明长城的“九边”重镇军事防区制

为了防御北方蒙古的侵扰，明朝从开国初年至正德年间的 100 多年里，逐步巩固边防，在秦长城的基础上完善了长城防御体系。洪武元年（公元 1368 年）朱元璋派徐达修筑居庸关等外长城。明成化年间，蒙古定居河套地区，延绥巡抚余子俊修建了清水河至花马池长达 1170 里的长城。至 16 世纪初，基本上完成了从山海关至嘉峪关的长城修筑，在辽东则有土筑的简易边墙。为加强对京师的防御，在京师以西的长城以内又修了两道城墙，以偏关、宁武、雁门为外三关，居庸、倒马、紫荆为内三关[6]24。

为加强长城的防御作用，明王朝将长城沿线划分为九个防御区，分别驻有重兵，称为九边或九镇，包括辽东镇、蓟镇、宣府镇、大同镇、山西镇、延绥镇、宁夏镇、固原镇、甘肃镇（图 1-10）。明中叶以后，为了加强首都和帝陵（明十三陵）的防务，又增设了昌镇和真保镇，统称“九边十一镇”。每镇设有总兵官领辖。《明史·兵制》载：“元人北归，屡谋兴复。永乐迁都北平，三面近塞。正统以后，敌患日多。故终明之世，边防甚重。东起鸭绿，西抵嘉峪，绵亘万里，分地守御。初设辽东、宣府、大同、延绥四镇，继设宁夏、甘肃、蓟州三镇，而太原总兵治偏头，三边制府驻固原，亦称三镇，是为九边”。明朝的军事管理制度经过长时期的演变和发展，最终于嘉靖时期确立了九边总兵镇守制度，九边地区从而形成总兵❶镇守制度和都司卫所制度❷并存的双重体制。

❶ 总兵：官名，明代镇守边疆防区的统兵官，有总兵和副总兵，为常驻武官，其驻防地称镇，如山西镇．
❷ 都司卫所制度：都司是明初地方上的最高军事机构，卫所是下辖机构，都司负责管理所辖区域内卫所以及与军事活动有关的各项事务．

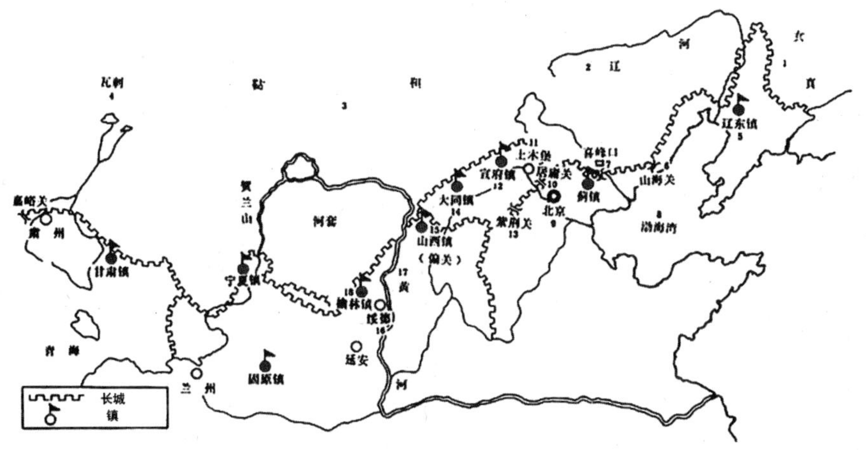

图1-10 明长城九镇分布图（图片来源：http：//www.thegreatwall.com.cn）

1.6.3 山西省明长城的军事防区

1.6.3.1 明大同镇的防御范围与地位

大同镇长城的起止点，文献记载非常明确。依据《明世宗实录》（卷315、卷320），大同镇长城东起宣府西阳河镇口台（今河北怀安县），逸通而西，经天镇县、阳高县、大同市新荣区、左云县、右玉县、朔州市平鲁区、内蒙古清水河县到达偏关丫角山（今偏关县东北），长度为647里[8]（明代一里为今480m，故今为310.56km）。大同镇作为明朝第一批设立的军镇，在万历时下辖九个防区：大同巡道辖不属路、大同巡道辖北东路、大同阳和道辖东路、大同阳和道辖新平路、大同守道辖井坪路、大同守道分辖西路、大同左卫道辖中路、左卫道北西路、大同左卫道辖威远路❶。这些防区内的军事防御和指挥体系的形成，经历了一个漫长的过程，长城沿线的军事堡寨也随着政治、军事情况的改变而兴废。

大同镇长城防御体系的建设从洪武的肇建，永乐年间形成基础框架之后，经过洪熙、宣德、正统的加强；景泰、天顺的初步发展；成化、弘治、正德的进一步发展，到嘉靖、隆庆的巅峰时期，最后到万历年间的最终形成[9]9。

据《宣大山西三镇图说·大同镇总图》，"大同古并州地，春秋时北狄

❶ ［明］杨时宁:《宣大山西三镇图说》，［明］万历刻本，陕西省图书馆藏.

所居，战国隶代、隶赵，秦置云中郡，两汉因之，金元称府称路，沿革靡一。国朝复置大同府，东连上谷，西北迫虏，西南捍歌辅、晋阳。自昔华夷互争之区，而在我朝为京师陵寝右翼，尤称要害。”在九边防御体系中，大同“北捍胡虏以控带幽燕，南总三关以招徕晋魏，翼卫陵寝，屏捍神京，屹然甲九塞”❶。由此可见大同在历史上具有非常重要的战略地位。

1.6.3.2 明山西镇的防御范围与地位

山西镇，亦称太原镇或三关镇，为明代内长城外三关部分。据《明经世文编》，“山西起保德州黄河岸，逶迤而东，历偏关抵老营堡尽境，实二百五十四里……山西老营堡转南而东，历宁武、雁门、北楼至平型关，尽境约八百里”❷。其东西二段合计 1054 里[8]（今为 505.93km）。

据《山西通志》和《三关志》等的记载，宣德四年（1429 年）到成化十八年（1482 年）一段时间在偏关设过总兵，其后直到嘉靖中期复设总兵之间，只设副总兵或参将等下级的军官，与大部分的镇到成化年间基本上都设置总兵和巡抚的情况不同。这表明其军事地位要逊色于其他镇。明成化以后，尤其嘉靖时期随着靴靶诸部进入河套，山西镇“虏患”不断，山西镇的地位才重获重视。

山西镇，亦称太原镇，基本上位于长城的中间位置，为山西内长城外三关部分。《宣大山西三镇图说 • 山西镇图说》这样描述山西镇的地理环境：“山西古冀州地，太行峙其左，黄河绕其右，五原错落，四塞森罗，盖天险之国也……我国家奠鼎燕京，肘腋山右，故建屏翰于太原，置州郡于河东，汾、潞立三关于雁门、偏、宁，内外相维，屹然维宁之域”❸。山西镇东有太行山天险，西有黄河为障，易于防守。大同镇与山西镇被称为北京的右腋，守卫着北京西大门，两镇一破，京师难守。

偏关与宁武关、雁门关，合称长城外三关，此三关鼎峙晋北，互为犄角，是北疆之门户，京师之屏障。明代《九边图说》中论山西镇三关军事地理位置之重要时说：“偏头、宁武、雁门，向西迤东，三关并列，西尽黄河东岸，东抵大同。虽太原北境要害之地，与真定相为唇齿，非唯山西重镇，面畿辅之地安危系焉”[11]。在明长城的内外三关布局中，偏关位于最西部，距敌最近，是三关之首（图 1-11）。

---

❶ ［明］王士琦：《三云筹阻考 • 卷三 • 险隘考》，［明］万历刻本，陕西省图书馆藏．

❷ 《明经世文编》：卷 224，《翁东涯文集》，中华书局缩印本，第 2355 页下栏、2356 页上栏．

❸ ［明］杨时宁：《宣大山西三镇图说 • 山西镇图说》，［明］万历刻本，陕西省图书馆藏．

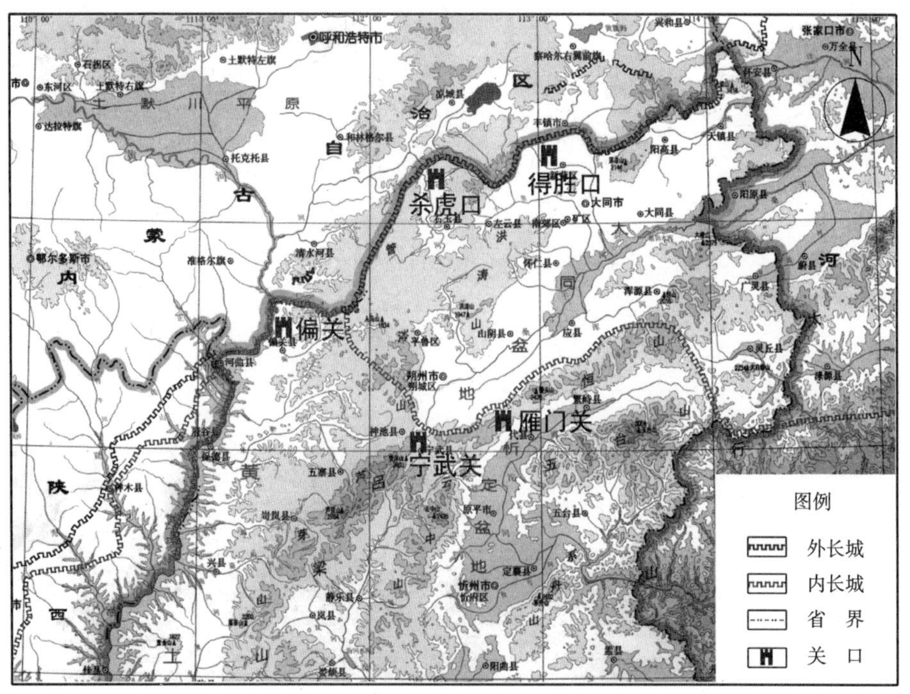

图1-11　山西省明长城及主要关口分布图[10]2

1.6.4　明长城沿线军事堡寨的等级体系

1.6.4.1　明长城沿线军事堡寨的等级体系

长城防御工程体系并非仅指线性的墙体本身和其上的墙台、敌台、烟墩等构筑物，还包括将士驻扎的不同规模的屯兵城，即军事堡寨。这些军堡才是军事防御组织机构——都司卫所制度的真正载体[12]6。明长城沿线的军事管理同时实行九边总兵镇守制度，各镇由总兵领辖，领兵人数由几万人到十几万人不等；“镇”下设“路”，由参将领辖，每路管辖两个“卫”（各地根据实际情况略有调整）；每“卫”管辖五个千户所，每千户所管辖十个百户，每百户所又管辖两个总旗，每总旗设五小旗。此外各镇设游击将军和兵备道。游击将军职位稍低于参将，驻镇城或指定城堡（游击堡），受镇守、巡抚调遣。兵备道，与“路”平行，掌管屯田、水利、赋税、运输等事务[12]6。这样明长城军事聚落共有五个层次：镇城、路城、卫城、所城和堡城（表1-1）。总之明长城防御体系已不是单一的一条长城的城墙防线，而是由长城、内外沿线的镇城、路城、卫城、所城、堡城、关堡、墩台等构成不同级别、不同用途、互相有机配合，具有一定纵深的严密、完整和连续的长城防御体系。

明长城沿线军事聚落的等级层次表 [6]71　　表 1-1

防御单位	守将	驻地	驻兵人数	军事职权
镇城	总兵 副职称协守 副总兵	镇城	据实际情况而定	明实行九镇制度，镇是长城最高军事管理机构，旗下管辖若干路，镇城是各镇总兵及管理机构所在的军事指挥中心
路城	参将	重要城堡	2个卫，12000余人	明九镇长城内各镇下属的路级军事管理机构驻地。各路参将及所辖的一部分军队驻扎在路城内
卫城	参将	卫城	5600余人	拱卫镇城的兵力驻扎城池，城内驻扎参将，统领下辖各所
所城	千总 （千户所）	所城	1120余人	拱卫卫城的兵力驻扎城池，分别由千户所和百户所统辖
	把总 （百户所）	堡城	几百人	
堡城	守备	堡城	几十人	统领本城堡及所属堡寨戍军，负责本地段的战守事宜，部署所辖长城、瞭望台、烽火台等工程设施的守卫工作

1.6.4.2　山西省明长城沿线军事堡寨的等级体系

明朝为了防止蒙古南下的侵扰，除初期进行的征伐外，主要采取了设卫置屯、修边筑堡等防御性的军事政策。明代沿边境一般十里筑一大堡，一二里筑一墩。堡分为军堡（大堡）和村堡（小堡），大堡一般下辖若干村堡。沿边境的大堡还分管距离不等的边墙和一定数量的边墩，不在沿边的大堡，要管辖一定数量的墩台 [13]33。

根据明代《山西通志》的记载，“大同镇边军堡有 62 个，小堡 453 个，墩台 1640 座；山西镇边军堡 64 个，屯垦堡有 28 个，墩台 76 座” [14]。而根据《宣大山西三镇图说》的记载，官设堡寨，大同镇 56 座，山西镇 69 座” [15]。由此可见，大同镇和山西镇军事管辖范围内的军堡数量共有 120 多个。在地理分布上，外长城沿线的军堡分布于外长城的内侧；内长城沿线的军堡仍然主要分布于内长城内侧，其外侧主要是卫所等级的军事堡寨（图 1-12）。山西省明长城沿线的军事堡寨的等级体系表现为镇城—路城—卫（所）城—堡寨（图 1-13、图 1-14）。其中大同镇的镇城是大同，路城共有 8 个，卫（所）城共有 7 个，其他为堡寨；山西镇的镇城是偏关（后来移驻宁武），路城共有 5 个，卫（所）城共有 6 个，其他为堡寨。

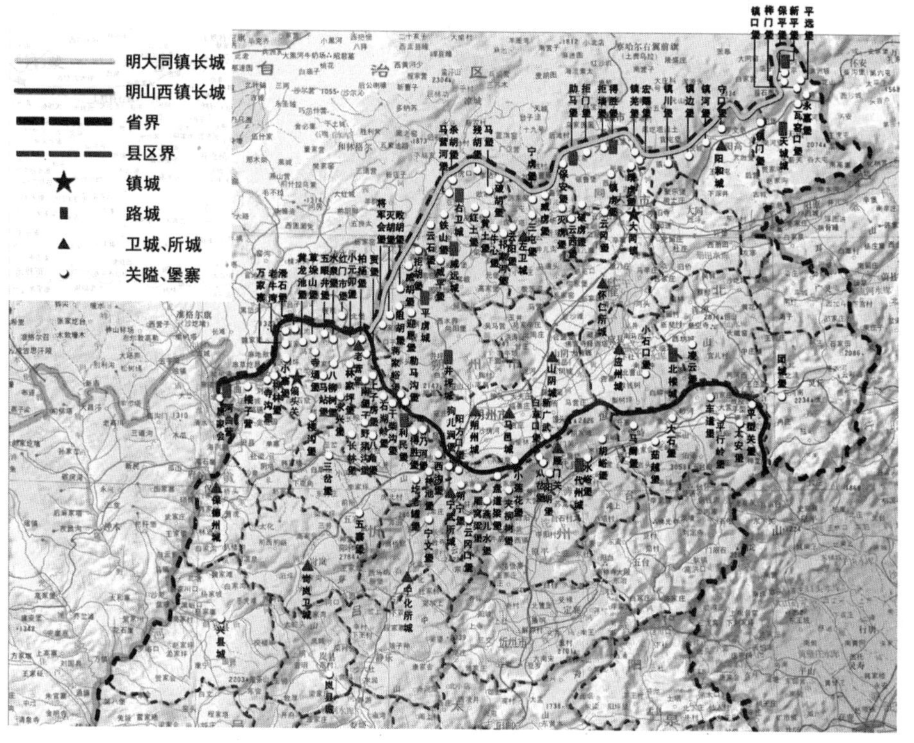

图1-12 山西省明长城沿线军事堡寨等级体系图（图片来源：自绘）

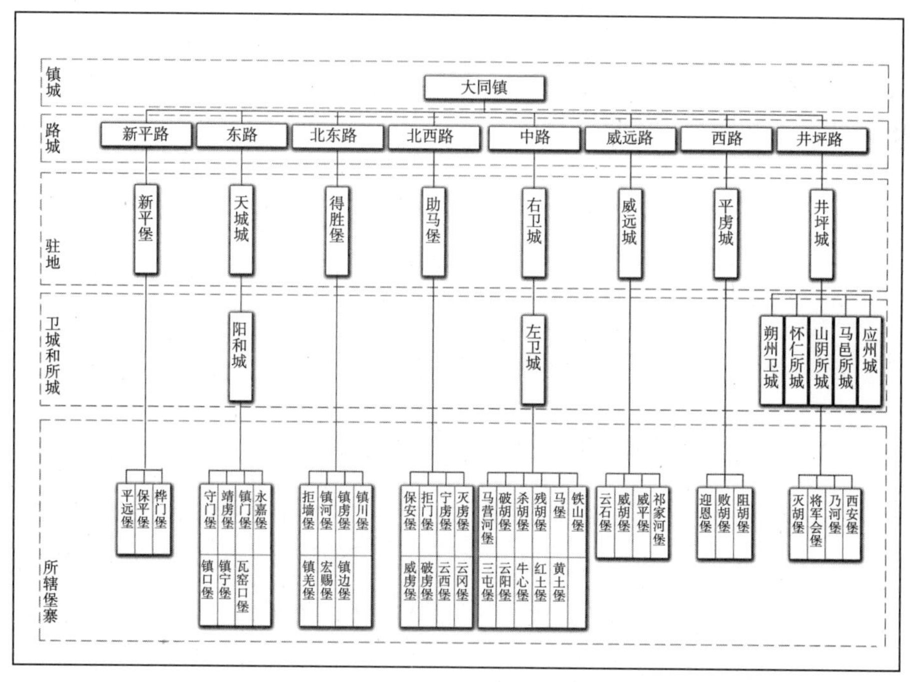

图1-13 明代大同镇军事堡寨等级体系图（图片来源：自绘）

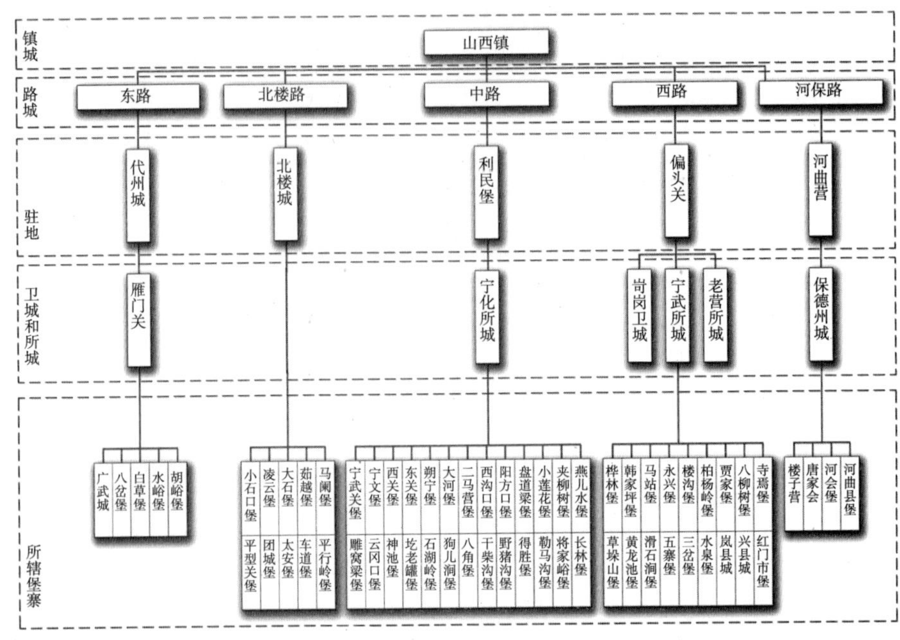

图1-14　明代山西镇军事堡寨等级体系图（图片来源：自绘）

1.6.5　明长城沿线军事堡寨与明长城的历史空间关系

明长城沿线的军事堡寨依长城而产生、发展及变化，并且因和长城的空间关系不同而表现出不同的区域地位、规模级别以及发展条件。明长城沿线的军事堡寨数量众多，仅山西省明长城沿线的军事堡寨就达到 120 多个，因此应首先对军事堡寨和明长城之间的区位关系进行分析。

明长城沿线军事堡寨是明长城军事防御体系的重要组成部分，二者是唇齿相依的整体关系，通常构成犄角之势，一旦危急，互相支援。明长城沿线的军事堡寨和明长城之间的位置关系通常表现为三种：

1.6.5.1　和明长城防御工事紧密结合的关隘型堡寨

关的本义为门闩。许慎在《说文解字》中说："以木横持门户也"（迄今华北、东北地区仍然把门闩的横木叫"门闩关"）。后来，引申为重要地段或者边境上的出入口。因其常设在险要的山口或要塞处，所以又常建有关门、筑有关城。长城之上有百余关隘，如山海关、居庸关、雁门关、阳关、玉门关等；有些地方虽以口称谓，如古北口、张家口、杀虎口等，但实际上也是关隘。这些关隘和长城形成了唇齿相依、犄角互援的防御态势[16]。

在长城沿线，凡主要交通要地、关津、险隘处，多设有关城据守，并根据其地理位置的冲要和战略意义等不同，而派驻数量不等的兵额。关隘型堡寨通常以“堡”“口”和“关”等字眼命名。一般情况下，在长城上建造关口主要考虑三方面的因素：其一是地理因素，长城及长城军事聚落选址的基本原则是“因地形用险制塞”。通常关口选择构筑在具有重要战略、战术价值和敌我必争的高山峻岭之上、深沟峡谷之中、依山傍水的咽喉之地；或构筑在能控制江、河、海湾的要地，能以较少兵力抗击较多敌人的进攻；其二是人文因素，特别是经济贸易因素，将关口设在交通要道上，有利于军事管理与货物运输，有利于两地百姓的往来；其三是风水因素，一般会选择山水围合、负阴抱阳、藏风纳气之地。

在明长城沿线，通常关口在关门两侧与明长城相连接，成为长城结构的一部分，有的在其附近设有重城，称之为关堡，功能为屯兵补充关城兵源，一些重要关隘周围布置多个城堡、墩台，从多方位、多角度护卫关城。如外长城沿线的新平堡、守口堡、得胜堡、助马堡、杀虎堡等；有的关堡和关口在空间上有一定的距离，如内长城沿线的水泉堡、偏关、宁武关、雁门关和平型关关堡等。关堡（关城）的安危存亡直接关系到所控制长城的区域防线，因而尤为重要。

1. 得胜古堡群

得胜古堡群位于山西北部大同市新荣区，与内蒙古的丰镇市交界，是明外长城大同镇的重要隘口，也是目前大同市保存最完整的古堡群落之一。古堡群由“一口三堡”组成，“一口”指的是得胜口，它是由关外进入关内的重要隘口；“三堡”则分别是镇羌堡、得胜堡和四城堡，各堡之间相互依托。而且“一口三堡”和大同北部的“塞内五堡（宏赐堡、镇川堡、镇边堡、镇鲁堡、镇河堡）”也形成了紧密的协作关系[17]13。如果蒙古军大举进攻得胜口的边墙，消息通过镇羌堡马上会传到得胜堡，得胜堡作为大同北东路军的指挥

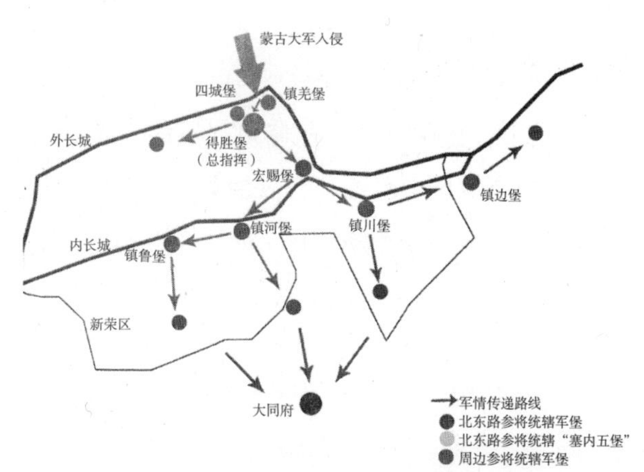

图1-15　得胜古堡群与周边的防御关系图[17]13

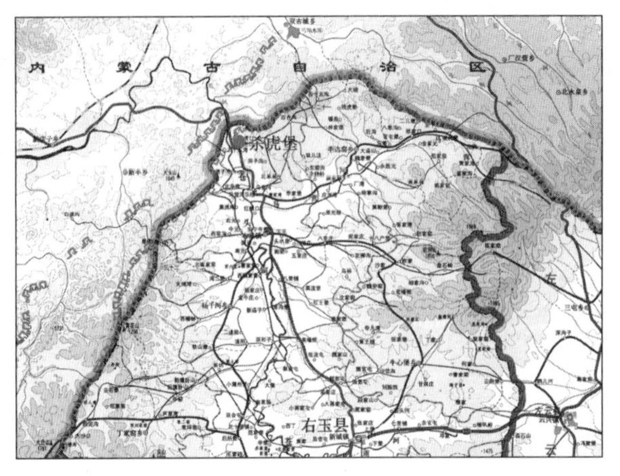

图1-16　杀虎堡区位图[10]27

图1-17　平型关关堡和长城的位置关系图

（图片来源：依据航拍图自绘）

枢纽，自然会向所辖的另外“内五堡”传递信号，让他们来救援。同时蒙古进攻的信号也会通过这些堡寨传递到周边其他路军，从而让他们也加强防守（图 1-15）。

2. 杀虎口和杀虎堡

杀虎堡位于右玉县西北 10km 处，始称杀胡堡。紧靠长城北边墙，是右玉县通往内蒙古和林格尔的交通要道。在《朔平府志》有以下描述：“杀虎口乃直北至要冲也，其地在云中之西，扼三关而控五原，自古称为险塞”。它是明代抵御外来侵略的防御重地，又是清代晋陕商人西出通商的主要口岸和通道。杀虎口由三部分组成：杀虎关、杀虎堡和栅子外，占地约 4km^2（图 1-16）。

3. 平型关关口和平型关关堡

“因地形，用险制塞”是修筑长城的一条法则，凡是修筑关城隘口都选择在两山峡谷之间，以达“一夫当关，万夫莫开”的效果。平型关关城（关口）正符合这一修筑长城原则，选择在群峰挺拔、山谷幽深、地形险要之处。平型关关城、关岭长城依山傍险，形成“瓶形”险要；平型关关堡地处平型关关城西南隅，相距 2.5km。关堡东北有古道与平型关关城及关岭长城相连，关堡利用山峦腹地建设，地形开阔平坦，周边视野开阔，易于屯兵演练。关口和关堡之间相互依存，与明长城共同形成坚固的军事防御格局（图 1-17）。

1.6.5.2 毗邻黄河、明长城共同进行防御的堡寨

依据《偏关志》，偏关明长城在山西西部沿黄河蜿蜒，其北接老牛湾黄河岸，正南 10km 为桦林堡河岸，南折楼子营，抵河曲县石梯隘口，绵延 60km。老牛湾经万家寨至关河口段，仅寺沟村段尚存有夯土长城遗址，这段夯土墙建在高于黄河五十余米的陡岸之上。其他地方除在制高点建有墩台外，基本未筑墙。万家寨堡就筑在偏关城西北 25km 黄河东岸一孤峰上，其三面环崖一面临河，地势十分险要，其他沿黄河防卫的堡寨主要有老牛湾堡和桦林堡（图 1-18）。

图1-18　偏关县毗邻长城和黄河共同防御的军事堡寨[10]40

老牛湾堡：老牛湾位于黄河入晋第一湾、河东一台地之上。据《宁武府志注》，“老牛湾俯瞰黄河，外接套地，边陲要区也。堡既立，移兵驻之”。崇祯九年（1636 年），兵使卢友竹建。

桦林堡：位于山西省偏关县西北部，黄河边中段，桦林堡村中，西距黄河东岸 1800m，是黄河边上的重要古堡，海拔高度为 1064m。依据《宣大山西三镇图说》，本堡"设于黄河东岸，西岸尽虏也，东岸樵采耕牧之人日与虏对，最为难防"。

1.6.5.3 和明长城有一定距离的堡寨

长城是一道线形的防御边墙，明长城沿线的军事堡寨与明长城形成了纵深的防御体系，并具有一定的功能层次，级别较高的军事堡寨（镇、卫、所）往往布局在防区的腹地布置，并处于较为居中的位置。如山西镇的偏关城和代州城，是位于长城后方一定距离的镇城和路城。其中偏关是在宁武关始设总兵（嘉靖二十二年，1543 年）之前，从宣德四年（1429 年）到成化十八年（1482 年），以及弘治十四年（1501 年）到嘉靖二十二年（1543 年），这两段时期的山西镇总兵驻扎地；而代州城是山西巡抚驻扎之地，也是州府所在地，一直是晋北忻定盆地的经济中心之一。

1.6.6 山西省明长城沿线军事堡寨的空间分布

1.6.6.1 军事卫所选址具有双重地理特征

明代洪武、永乐时期在晋北地区广设军事卫所，以加强边疆防御。由于都司卫所属于疆域管理的非正式政区单位，所以其治所的职能并不等同于纯粹的军事堡寨，其选址特征有不同于普通府州县城与军事城堡之处。

都司卫所本身是明代基本的军事单位，明代在边境地区广设都司卫所，其主要目的就是为了进行军事防御，因此其驻地城池的选址带有明显的军事防御特点。在晋北的地理环境之下，军事卫所的选址不单单集中在桑干河以北，而且向内蒙古高原南缘山地的冲洪积扇带靠近，与元代的州县城址相比，明显向北部的前线推移，且多位于沟通内蒙古高原与雁北地区的交通要道位置上。在明代史料中提到的"极冲"、"贼路"等词，反映了军事卫所城选址在交通上的要求[18]。

由于晋北地区桑干河流域地势平坦，容易受到进攻，明朝政府于是有目的地在边防地带修筑了众多卫所城，以便组织防御。如大同镇苍头河陉道的防卫是以大同右卫城来组织的，苍头河河谷以东是狭窄的十里河谷地，十里河谷地的防务是以大同左卫城为中心组织的。在大同城以东还修筑了阳和卫城（今大同阳高县城）和天城卫城（今大同天镇县城），形成军事指挥中心。其中阳和卫城的选址位于白登河河谷，曾主持宣大军事的总督翁万达认为：“阳和居宣、大中，其铁裹门、水峪口、鹁鸽峪，非得勇将守之不可”[19]，天城卫城则位于南洋河河谷地带。守住这些隘口，防止蒙古军队南下沿桑干河向东攻击万全都司，也是阳和卫城和天城卫城的重要职能之一。总之，沿着山西外长城南缘河谷地区形成的大同右卫城、大同左卫城、阳和卫城和天城卫城呈东西向线状分布，构成了大同镇城北部边界的一条坚固的防御地带，这些卫城也是仅次于镇城的军事指挥副中心。

在明代的卫所兵制下，都司卫所不仅统率军队，而且统管屯田、屯粮及其所属百姓。正是因为卫所本身是统辖卫籍人口，并组织军士屯种的行政区划，而非单纯的军事单位，所以其驻地城邑并非单纯的军事堡垒，这就决定了卫所城的选址也必须符合农业经济的需要[18]。如大同右卫城虽然“孤悬西北，密迩虏巢”❶，但仍位于沧头河河谷比较开阔平坦之处，以满足农业生产的需要。沿着山西外长城往东还有位于十里河谷地的大同左卫城和高山卫城，除了具有护翼大同和控制陉道的作用外，城址选择农业条件较好的十里河谷地，也是为了更好地组织周边地区的农牧业生产。继续往东还有阳和卫城和天城卫城，都位于开阔的河谷地带，既便于进行战争和防御，又有利于组织周围地区的农牧业生产（图 1-19）。

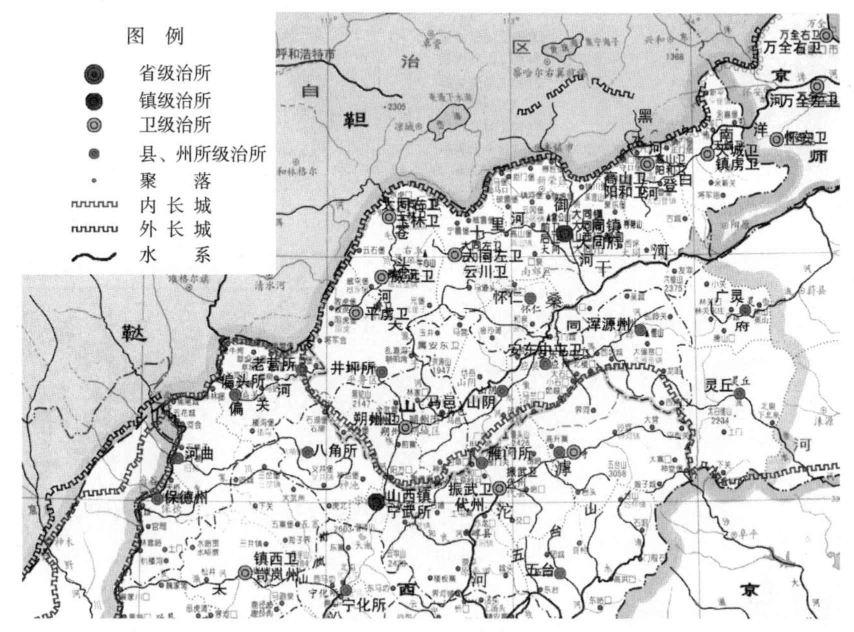

图1-19 山西省明长城沿线军事卫所分布与水系的关系图[20]78

❶ ［明］杨时宁：《宣大山西三镇图说·山西镇图说》，［明］万历刻本，陕西省图书馆藏．

1.6.6.2 堡寨选址特征

明长城的走向及辖区范围决定沿线堡寨的宏观区位，但是堡寨所处的地形地貌决定其具体的选址，“走分水地带，易守御而节戍卒之效，便施工而收城塞之用”❶是城堡选址的基本原则。

1. 居高临下，扼守山谷

长城沿线的军事堡寨的具体选址往往是以“据险”和“扼要”为指导原则，“据险”即利用山岩谷水地势的天然防御作用，因山为城，因河为池，以强化堡寨之防御性能，既占据有利地形，又有充足的水源，同时居高临下亦获得最佳视野。“扼要”则为敌我必争的战事关键地带以及敌人进攻与行军运输的交通要地的阻控，即通过堡寨的建立与兵力的配置，增强此地的防御能力。尤其是军事地位较高的军事城堡往往首先考虑的是那些交通便利和利于控制辖区的要地[21]。此类堡寨所处的地形山体连绵，防御的目的是扼守山口，控制河谷道路。因此军堡选址位于高山之上，从山顶向下防守，易守难攻。具备这种地形的堡寨举例如下：

（1）黄龙池 1 号堡：位于偏关县万家寨镇黄龙池村，北到长城直线距离约 7000m。设南门，南、东、西侧为沟壑，北部平坦，北部外有村落。该堡在新中国成立时，城砖就开始被拆除，1969 年拆除了南门，寺庙也遭到了破坏。现在堡内居住 30 人左右，仅达到温饱水平（图 1-20）。

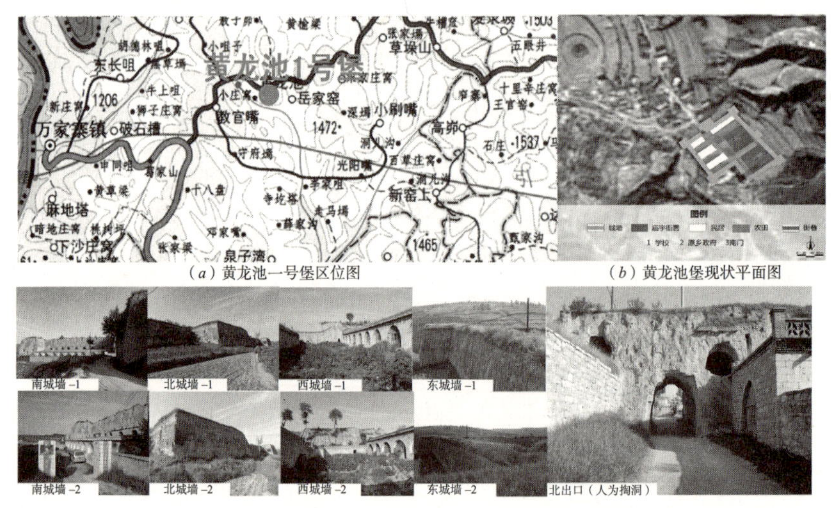

（a）黄龙池一号堡区位图　（b）黄龙池堡现状平面图

图1-20　黄龙池1号堡区位及地形地貌图

图片来源：（a）来源于《山西省地图集》中偏关县 1：25 万地形图；（b）在航拍图的基础上通过调研自绘；照片为自拍

❶ ［明］刘效祖：《四镇三关志》，明万历四年刻本，陕西省图书馆藏 .

（2）草垛山堡：弘治十六年（1503 年）修筑，位于山巅，可以远望三十余里，是山西镇沿边第一个传递烽火的城堡。传说叫“凤凰城”，四面临沟，开两门（南门和东门）。日本侵华时期破坏了堡内的寺庙，城砖在新中国成立前就已经损毁，农业学大寨时期（修水库）堡寨也遭受严重的破坏。“文革”时期破“四旧”，破坏了双音庙、城门和马站楼（九窑十八洞）。堡内居住了 70 多户，约 300 多人（图 1-21）。

（a）草垛山堡区位图　（b）草垛山堡地形图　（c）草垛山堡现状平面图

图1-21　草垛山堡区位及地形地貌图

图片来源：（a）来源于《山西省地图集》中偏关县域 1∶25 万地形图；
（b）来源于《宣大山西三镇图说 · 山西镇》；（c）在航拍图的基础上通过调研自绘；照片为自拍

（3）滑石涧堡：位于高岗上，周围沟壑纵横，共有九条沟，山高坡陡。由于涧深、石滑、跳着走，故名滑石涧。明宣德九年（1434 年）太原镇总兵李谦在此建堡，为北临镇虏的虎豹机关。

（4）万家寨堡：明朝兵部尚书万世德祖父在此守黄河，在黄河东岸断壁沟谷内东头孤峰上，修两层石头围垣，上层站岗放哨、瞭望，下层驻兵，严密监视黄河西岸蒙古军的入侵，故名万家寨。下层周长约 50m，上层约 40m。

2. 河流川地，交通要道

古代防御型城池选址的原则：一是位于交通要道上，占据敌我双方重要聚居点的必经之处；二是位于河流交汇之处，水源充足，易于养兵；三是居高临下，视野开阔，防御性强。此类堡寨主要满足前两个方面的要求，而且往往具有一定的经济职能，并属于后方指挥中心，并具备满足粮草、指挥机关、预备部队、军需供应部门等附属军事需求的功能。正统十四年（1449年）修建的黄土堡，正德九年（1515年）修筑的北楼口堡，嘉靖年间修筑的靖虏堡、西安堡、破虏堡、云石堡、灭虏堡、威虏堡、许家庄堡、燕儿水堡、镇虏堡、灭胡堡，万历二十三年（1596年）修建的河会营堡都建于地势平坦的地方。此外典型的实例是阳明堡和威远城。

（1）阳明堡：位于山西省代县县城以西9km处，是代县的西大门。阳明堡东南濒临滹沱河，东北方有支流经过，用地条件开阔。它既属于雁门关军事防御体系中的一个重要组成部分，又处在晋北商业贸易区域，是忻州盆地通往大同盆地的交通要道上的商业节点（图1-22）。

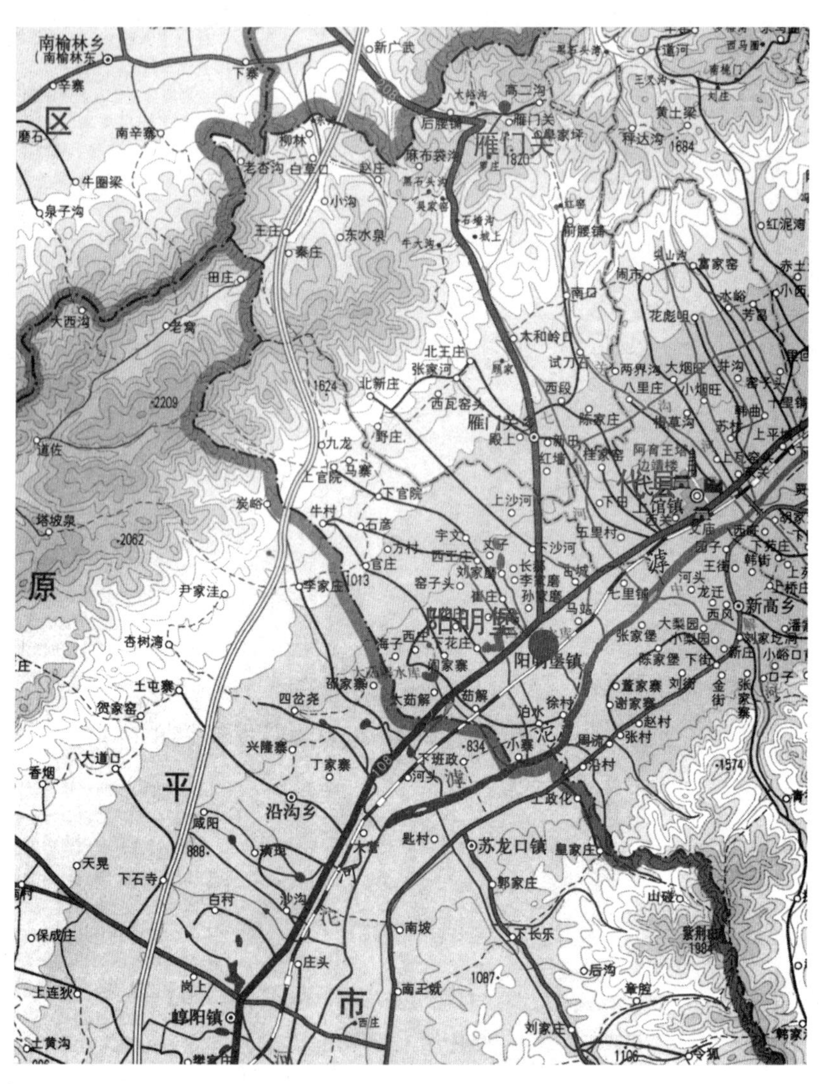

图1-22　阳明堡区位图[10]27

（2）威远城：大同镇威远城位于右玉县城西南 10km 处，四面环山，三面临水，地势平坦，视野开阔，自古以来就是筑城设堡的风水宝地，成为右玉南部的一座繁华集镇（图 1-23）。

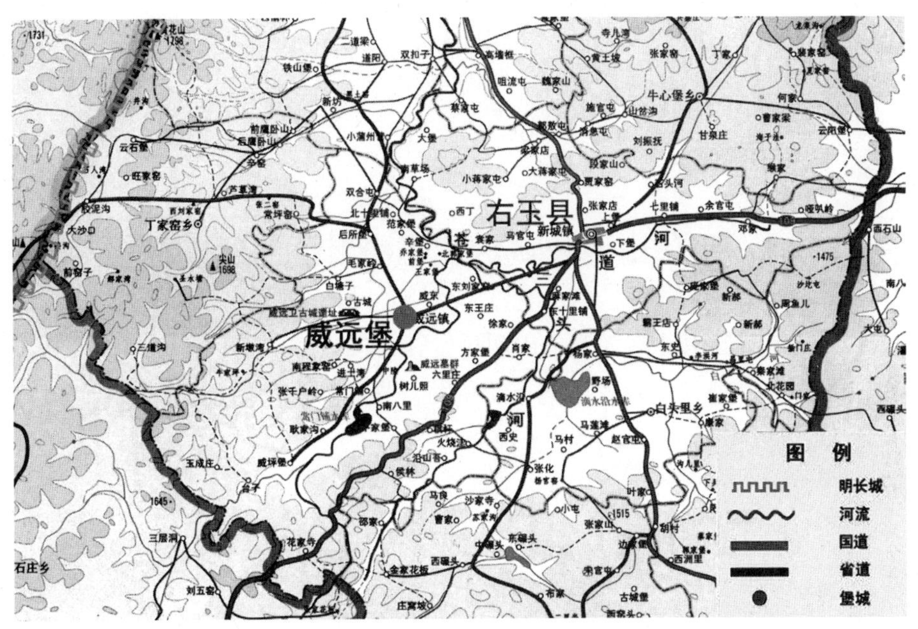

图1-23　威远堡区位图[10]27

第 2 章 山西省明长城沿线军事堡寨的演化过程及影响因素

2.1 明代山西长城沿线军事聚落的形成过程

明代长城分南北两线进入山西后，在偏关县老营堡交会，其中外长城由河北张家口进入山西省大同市、偏关县直达黄河天险；内长城由河北阜平进入山西，经灵丘、繁峙而达神池。

2.1.1 明代山西外长城沿线军事聚落的形成过程

尚珩认为一套完整的长城防御体系主要由三部分构成：以点状分布的各级军事城堡所组成的抵抗核心；以线性分布的长城墙体作为区域性防御的前沿主体；以烽火台之间相互传烽形成的烽线，连接各级军事单位，从而便于传报、指挥和应援。由此，“点”、“线”而编织成了一个立体的“面”，即面状的区域性防御体系[9]4。山西外长城就是“大边”长城，其位置大致是今晋蒙交界处，明弘治年间修筑长城墙体完成之后，为了加强其整体防御能力，又在大边内侧继续修建防御设施，主要包括堡寨、墩台和烽火台。

2.1.1.1 开创时期

明前期在防御前线建立了都司卫所制度下的防御组织，如果说都司卫所是军防体制的组织保障，那么城堡关隘则是重要依托。因此在设立都司卫所制度的同时，朝廷也非常重视城堡关隘的修建。

首先是城堡的修建。大同镇所属城堡，按军事等级可分为镇城、卫城、所城、堡城，按行政级别可划分为府城、州城、县城。洪武时期城堡的修建见表 2-1。其次是山口关隘的修建。洪武六年，“山西都司于雁门关、太和岭并武、朔诸山谷间，凡七十三隘俱设戍兵以防胡寇”[22]。根据文献并结合实地调查发现，这些山口防御设施主要位于山西中北部的恒山山脉以及东部的太行山山脉北麓地区，这些地区在明朝是名副其实的“内地”。但是由于其北部是平坦的川道，南部是高耸入云的山地，地势十分险要，在此建设堡寨设立关口，易守难攻。并且跨越山地往南便是城镇密集、经济发展条件较好的忻定盆地，故在此修建军事防御设施非常必要。具体来说主要包括山口防御军事堡寨和长城。

洪武时期大同镇城堡修筑情况表 [9]16　　**表** 2-1

道	路	所辖城堡	修筑年代
阳和道所辖新东二路	东路	天城城（镇虏卫附）	洪武三十一年砖设
		阳和城（高山卫附）	洪武三十一年砖设
分巡冀北道所辖北东路暨不属路	不属路	蔚州城	洪武七年包砖
		广昌城	洪武七年砖建
		广灵城	洪武十六年砖建
		浑源州城	洪武元年因之
		大同城	洪武五年大将军徐达因旧土城包砖
分守冀北道所辖西井二路	井坪	应州城	洪武八年土筑
		怀仁城	洪武十六年设
		马邑城	洪武十六年土筑
		朔州城	洪武三年砖建

2.1.1.2　发展时期

永乐时期朱棣调整了边防指挥系统，取而代之的是设总兵官镇守，实行重点防御。总兵官一职通常由皇帝直接任命，以侯、伯、都督等高级将领担任，与巡边、备边将领不同的是，总兵官有明确的镇戍之地，是专职的边防指挥者。总兵官权力很大，既节制辖区内的都司卫所，又可直接征调都司所属的各级将领，从而统帅军队。在此基础上，形成一种新的统兵体制，从总兵、参将、游击将军到守备、千总、把总等，各司其事，分担其责，完全按照临战状态来组织，因此比较适合这一时期的边防需要 [9]28。

由于大同“东连上谷，南达并恒，西界黄河，北控沙漠，居边隅之要害，归京师之藩屏” [23]。成为京师右辅，防卫压力增大。“若以地之轻重论，诸边皆重，而蓟州、宣、大、山西尤重。何则？拱卫陵寝，底定神京，宣、大若肩背，蓟、晋若肘腋也”[24]。因此这段时期首先是继续修建城堡。根据文献记载，修建城堡情况按照时间划分，可分为永乐初期和永乐末期两个高潮；按照地域划分可分为缘边和内地两个区域；按照军事等级划分可分为卫城、县城、堡城三个级别。其次，对于内地已有重要城堡进行必要的修缮，以加强其防御能力。第三是广筑“子母堡”等民堡，即兴建功能齐全的，以大堡为中心的子母堡防御系统。因为蒙古骑兵机动性强，来去迅速，只有用高城深垒，功能齐备的子母堡才能避其锋芒，保障内地居民的人身安全。第四是“筑烟墩，谨烽堠”，针对元朝士兵的作战特点，必须构建完备的通信设施及时报警，使官军能及时进入临战状态，为此，在筑堡的同时，对烟墩的构筑也极为重视。最后是堵塞山口，建关筑城。为了防止敌人突然入侵，永乐朝在洪武朝的基础上继续修建大同镇的长城。经过一系列修建、修缮工作，大同镇的军事防御体系得到了加强和巩固，由此确立的军事堡寨的体系框架也为后世所沿用。

2.1.1.3 成熟时期

明朝将总兵镇守制度立为定制，从此一直沿袭这项制度。首先是修缮城堡。洪熙、宣德、正统时期对大同镇所属城堡进行了大规模的维修。包括山阴、马邑城、威远城等；其次是在镇城、卫城的外面修筑城堡以加强镇城、卫城的外围防御能力，如红寺儿堡、沙河堡、威远卫、关头堡等；最后是在缘边地带已有城堡之间设立城堡，以加强边墙的防御能力和城堡间声势相连，协同作战能力[9]44-46。

明成化前战争采取“以攻为守”的军事策略，加之长城以北有数百里的战略前沿，而且长城沿边地区人口稀少，故所建城堡不多。到了成化年间，开始采取被动防御的策略，且长城北部属地尽失，人口密集的内地地区成为战争前沿，之前所修建的城堡或日久坍塌，或在战争中被损毁，因而在修筑边墙的同时也大量修筑堡寨。首先是在已有卫城、堡城之间增筑堡寨；第二是在“冲要”地区创建堡寨。

明成化、弘治时期是以修缮边墙这一带状防御设施为主。到了正德年间，停止了对边墙的修建，而是在此基础上进一步加强堡寨及墩台、烽火台等纵向防御设施的修建，二者相互结合，逐渐形成了面状的防御体系。

2.1.2 明代山西内长城沿线军事堡寨的形成过程

山西内长城沿线军事堡寨的发展经历了以下三个阶段：

（1）开创时期

从明洪武到明天顺年间，明长城的外三关（雁门关、宁武关、偏关）的防御体系初步形成，尤其是雁门关和偏关的堡寨的防御体系基本上达到完备的程度。在偏关一带，从宣德到景泰年间创建了河曲营城、楼子营、水泉营堡、八柳树堡、滑石涧堡、唐家会堡等大小城堡。宣德四年（1429 年）在偏关设置了镇守总兵，偏关为山西镇镇城。

（2）发展时期

从明成化到明正德年间，军事防区从外三关扩张到东部的北楼口、平型关一带，同时在已有的三关防区内，增补中小城堡来加强防线，以进一步巩固和增强明长城外三关的军事防御能力。从明成化三年（1467 年）建设老营堡来加强偏关东部长城防线开始，成化到弘治年间，在宁武关一带长城沿线，神池堡、石梯隘口、利民堡、八角堡、阳方口堡、林家平隘口、小营儿隘口等城堡被创建。正德六年（1511 年）开始建设平型关关堡和平型关关城，平型关一带由于险要的地理环境被作为山西镇防区东部的一个军事重地。明正德十一年（1516 年），明长城以北新建了水峪口、胡峪口、北楼口、小石口、马兰口、茹越口、大石口、水芹口（八岔堡）、吊桥岭（莲花峪）、庙岭口（夹柳树）、石厘口（雕窝梁），由此形成了内长城以北严密的军事防御体系。

（3）调整时期

从明嘉靖到明万历年间，在明长城以南的后防要冲上也增加了较多的军事堡寨，以充实和完善山西镇军事防区。在此期间，在三关地区军事辖区内的主要交通要道上，分别兴建了神池堡、五寨堡、三岔堡、楼沟堡、河会堡、阳方堡、寺焉堡、韩家坪堡等城堡。此外在明长城沿线还增补了一些堡寨以加强防卫，包括朔宁堡、盘道梁堡、长林堡、贾家堡、柏杨岭堡、桦林堡。在此时期随着堡寨体系的建立和完善，山西镇的军事防区指挥体系也发生了较大的变化，于嘉靖二十二年（1543 年）改偏关副总兵为总兵，镇址由偏关移驻于宁武关，之后宁武关成为山西镇的最高军事指挥中心——镇城。

2.2 清代山西明长城沿线军事堡寨的功能变化

2.2.1 清代明长城沿线镇城的变迁及其特征

明代实行省、府（州）、县三级行政建制，设置山西行中书省，习称山西省，辖有5府，即太原、平阳、汾州、潞安、大同。清朝承袭明代的行政区划制度，设置山西省，地域范围较大："东界直隶、井陉，西界陕西吴堡，南界河南济源，北界内蒙古四子部落草地"[25]，辖有9府，分别是太原、汾州、潞安、泽州、平阳、蒲州、大同、宁武、朔平。由此可见，大同作为大同镇的镇城，同时也是府级城镇，一直担当晋北区域中心的功能；而山西镇的镇址于嘉靖二十一年（1542年）由偏关移驻宁武后，一直到雍正三年（1725年），偏关始设县，而同时宁武升级为府城，宁武成为府城主要得益于具有战略意义的交通区位。"宁武关在今宁武县、古楼烦地。旧宁武屯，明成化二年（1644年）立关，嘉靖二十二年（1543年）有三关镇守总兵镇之，辖雁门、偏头二关"[26]，宁武驻军的地位反映出，就交通位置来说，宁武交通地位甚至比代县还要重要。

2.2.2 清代明长城沿线卫、所城镇的变迁及其特征

清初卫、所城镇大多因袭明制。明代卫、所的设置，"本纯为军事之性质，军士皆为世籍，征调则属于诸将，事平则散归各卫，多以屯垦自给，初与普通行政区划不相涉也。其后边境屯防制度日渐破坏，军士人民漫无区别，而卫、所遂兼理民事矣。边境州、县省并者亦以其治民之事责诸卫、所，于是卫、所之一部遂由军区兼理军民之务，浸假而成为地方区划矣……大抵边关之地守戍责重，其地军民多与防守有关，故州、县之任即委之卫、所，后又置卫、所于未设州、县之区域，故其权渐重；若内地则不然，民户多于军伍，卫、所治民实无必要，于是卫、所遂有实土与非实土之区别。实土兼含民政性质，非实土则专为军事制度也"[27]。清统一了北方长城内外后，明朝山西卫所城镇的变化约有以下两种方式：

（1）合并卫所城镇。顺治七年（1650年）并高山卫入阳高卫，称阳高卫；同年镇虏卫入天城卫城，称天镇卫。另外，尚有云川卫入大同左卫，玉林卫入大同右卫。这样，单纯的卫城数目减少了。

（2）军事中心改置为行政中心。这种变化彻底改变了沿边卫、所城镇

性质，主要在雍正时期完成。雍正时期的卫、所改制，从本质上基本结束了旧的边防军事城镇格局，主要以军事功能为主的卫、所城镇被行政中心城镇所取代，这种变化为沿边城镇的非军事化发展奠定了基础。

2.2.3 清代明长城沿线堡城的变迁及其特征

在明长城“镇—路—卫—所—堡”军事聚落体系中，堡城是级别上低于卫、所的军事城镇，而且数量较多，分布广泛。其变化途径通常有两种：一是行政中心化；二是裁撤、消亡或成为乡堡[28]237。

第一种形式，即行政中心化，有两种途径：一种是转化为县治，成为某区域的政治行政中心：如山西的偏关，于清朝雍正三年（1725年），升宁武为府，偏关所改为县，并以偏关城址为县域行政中心（县治）；另一种是转化为次一级的乡镇中心地。

第二种形式，即裁撤、消亡或成为乡堡，是国家政治、军事格局发展转变的必然结果。在这种情况下，因为防御功能的下降或消失，一些自然条件、生活条件差的堡城就因人口的迁移而消失，即便有存留者，也必然萧条破败，难以维持以往的兵戈铁马的情景了。有些堡城在明代军事防御时期，生存条件就比较困难，如山西偏关地区的柏杨岭堡（偏关东北九十里）、教儿焉堡（偏关东八十里），堡内缺乏水源，清代逐渐成为废堡。可见随着清代边防形势的缓和及政府边防政策的调整，若不具备为县治、乡都的条件，军事堡寨就自然面临被淘汰的结局。另据光绪《天镇县志》云：“县在前明为极边，东路七堡、新平四堡皆屹然重戍也。国家承平日久，无事秋防备巡徼者。今存二堡一口”。又，“凡边口要隘悉建堡，无堡者筑石墙或重桓，发兵防守，今惟马市、瓦窑二口驻有营，余皆闭塞”。可见，明长城沿线的堡城在和平时期由于军事功能的丧失，一些堡城已经丧失了发展的必要性，而继续留存的堡城，除个别险要关隘外，其余城堡的功能将在政治和经济功能方面发生相应的转化。

2.2.4 清代晋北地区的城镇体系结构和军事堡寨的关系

从明代到清代，长城沿线的军事堡寨虽然屡经废毁和重建，大多数堡寨还是在原地及其附近延续发展并进一步演化为城镇或村落。时至清代，山西省北部区域建立了完整的四级城镇等级体系，即省级城镇、府州级城镇、县级城镇和市镇。

（1）省级城镇

省级城镇只有太原。

（2）府州级城镇（包括直隶州和直隶厅）

在晋北的府州级城镇中，除了忻州以外，其余的城镇皆由明代的军事堡寨演化形成（表 2-2）。

清代山西省北部府与直隶州城镇一览表 [28]25 **表 2-2**

城镇名称	行政级别	今址	建置年代
大同	大同府治	山西省大同市	袭明制
宁武	宁武府治	山西省宁武县	雍正三年（1725年）
右玉	朔平府治	山西省右玉县西北右玉镇	雍正三年（1725年）
保德	直隶州治	山西省保德县	雍正二年（1724年）
代州	直隶州治	山西省代县	雍正二年（1724年）
忻州	直隶州治	山西省忻州	雍正二年（1724年）

（3）县级城镇

清代由于政治、军事格局的变化，原有的边防城镇在功能上实现了转变，一部分具有行政职能的城镇蔚然兴起。其主要途径为两个方面：一是清政府通过行政区划调整将部分军事功能型城镇转变为行政中心城镇（表 2-3）；二是通过开发边疆，开垦土地发展农业，促进沿边新县的设立。这两种途径，以前者为主。在清代，晋北被裁减的县城只有一个，是山西省朔州马邑，在嘉庆元年（1796 年）被撤。

清代晋北地区由军事堡寨转化的县级城镇一览表 [28]30 **表 2-3**

县、厅城镇	今址	设置时间	军事型城堡
神池（县）	山西省神池县城	雍正三年（1725）	宁武卫神池堡
五寨（县）	山西省五寨县城	雍正三年（1725）	岢岚五寨堡
左云（县）	山西省左云县城	雍正三年（1725）	左云卫
平鲁（县）	山西省平鲁县平鲁城镇	雍正三年（1725）	平鲁卫
偏关（县）	山西省偏关县城	雍正三年（1725）	偏关守御千户所
天镇（县）	山西省天镇县城	雍正三年（1725）	天镇卫
阳高（县）	山西省阳高县城	雍正三年（1725）	阳高卫

（4）市镇

市镇是适应农村商品经济发展而出现的以经济活动为主要功能的小城镇。目前学术界普遍认为它兴起于宋代，明清时期有了较快的发展，但主要是集中于经济发达的江南地区。清代和明代相比，山西省的市镇无论在数量上还是地域分布上都有了显著的发展。晋北地区，明代未见有市镇的著录，至清代，怀仁、广陵、平鲁、静乐、五台、繁峙、应州、灵丘、代州、河曲等州县都有镇出现（表 2-4）。

《嘉庆重修一统志》(1820) 晋北地区市镇分布表[29]39　　表 2-4

府州名	市镇数	府州名	市镇数
大同府	5	代州直隶州	3
朔平府	—	忻州直隶州	6
宁武府	—	保德直隶州	—

2.3　近代山西明长城沿线军事城镇的功能变化

2.3.1　近代时期的划分

近代时期，是指 1840 年第一次鸦片战争爆发至 1937 年抗日战争爆发这一段时间。中间以辛亥革命为界，大致可以划分为晚清和民国两个时期。

2.3.2　近代山西明长城沿线军事城镇的功能变化

随着近代经济的发展，在一些传统经济城镇走向衰弱、消亡的同时，还会有一些现代工商业城镇的兴起。在近代，晋北地区现代工商业城镇发展的主要动力如下：

2.3.2.1　交通地位的变化带来城镇功能的变化

民国时期，随着近代公路和铁路的兴建，铁路、公路沿线兴起一批新的城镇，因此晋北城镇数量逐渐增加，如大同县、阳高县、天镇县在晚清时期都没有市镇，1914 年京绥铁路修通至大同之后，大同县、阳高县、天镇县都出现了以贸易为主的市镇。还有一些城镇因为近代铁路、公路的修建更加兴盛。如山阴县岱岳镇和崞县原平镇在晚清时期，都是人口规模相对较少的城镇，北同蒲铁路和太同公路修通之后，岱岳镇和原平镇都发展成为规模较大的城镇，如岱岳镇在民国时期曾成为山西四大银号之一——晋北盐业银号总号所在地。

晋北地区除了铁路、公路沿线地区的城镇发展较快以外，忻定盆地也是晋北城镇发展较快的一个地区，主要有以下三个方面的原因：一是依赖雁门关的防御作用，经历战争较少，社会稳定；二是距离太原较近，交通方便。在1920年山西修筑太同公路时，忻定盆地除了太同公路主干路南北向穿越外，同时还修筑了忻州到五台的公路支线和太同公路相接，从而极大地方便了忻定盆地对外的联系和交往；三是忻定地区比较受山西军政人员的重视。民国时期，山西许多高级军政人员的家乡大都在忻州的五台、定襄等地，这些高级军政人员对家乡的发展刻意扶植，使当地的城镇发展较快[30]72。

在晋北地区城镇总体发展较快的情况下，经由忻州取道杀虎口前往蒙古国、绥远商路沿线的城镇却由于交通地位下降地位下滑。如右玉县“杀虎口，在县北二十里，昔为归化市要冲，设税关监督，今监督虽仍旧，名已移驻丰镇，往来客货遂稀”[31]219。平鲁县“井坪所在县南六十里，市方二里，为边戍往来要冲，县西北镇川口、大水口无不可出入长市者，是以绥化招垦，晋北之民负来而来，自铁路通，上鲜有冠盖往来也”[31]223。近代铁路的修筑，交通线路的改变，使原来传统商路沿线的军事堡寨呈现出不断衰弱的趋势。

2.3.2.2 矿产资源条件的优势促进了一批城镇的发展

民国时期，晋北地区还兴起一批矿业城镇。晋北地区的矿产资源比较丰富，1930年以后，山西省政府推行“省镇十年建设计划案”，在北同蒲铁路和平绥铁路沿线兴建矿山和工厂，使北同蒲铁路沿线开始出现一批新的矿业城镇，如1930年在崞县轩岗镇开办了西北煤矿第二厂、1935年在宁武县管涔山开办了宁武采矿所等。

2.4 山西省明长城沿线军事堡寨演化的影响因素

任何聚落都是复杂的人类政治、经济、社会、文化活动在历史发展过程中交织作用的物化，是在特定的建设环境下，人类各种活动与自然因素相互作用的综合反映。是技术能力与功能要求在空间上的具体表现[32]。山西省明长城沿线军事堡寨的发展演变主要包括自然因素、军事因素、经济因素和社会因素，各因素相互作用、相互影响，共同对军事堡寨的发展演化起到决定和推动的作用。

聚落功能是指某一聚落在某一区域中所起的作用、所承担的分工，与聚落性质相比更加具有时段性与可描述性。事物的发展变化是以渐变和突变两种方式进行的[32]。明代晋北军事聚落自形成之时，就随着战事、政治、经济不断发生着变化。尤其是在经济因素的影响下，使得聚落的功能不断发生变化。清代政治和军事格局发生了根本性的变化，使得晋北聚落的军事功能随之发生了变化。

在明代，晋北地区是明朝政府和蒙古族对峙的军事地带。为了防范蒙古族对晋北地区的侵扰，明朝政府在晋北明长城沿线修建了大量的军事堡寨。入清以后，随着北方边境的向北推移，这些军事堡寨原有的军事职能逐渐削弱，其中一部分转化为经济城镇，于是造就了晋北地区出现了大量具有“城”或“堡”名称的城镇。光绪《山西通志》在记载晋北地区的乡镇时，使用的大多是带有“堡”的名字，如在记载大同县所属城镇时，光绪《山西通志》是这样记载的“乡镇：南乡，东井集。北乡，镇门堡、守口堡、靖鲁堡”；记载右玉县所属城镇时，是这样记载的，“乡镇：北乡，杀虎堡。南乡，威远堡。西南乡，铁山堡、云石堡”❶。虽然自明及清，卫所已经改制，但其中大部分保留有“城”或“堡”的名称。

2.4.1 自然生态因素

明长城处于我国第二阶梯向第三阶梯过渡的界面性地带，也是半湿润向半干旱过渡的生态脆弱带。在植被条件上山西省明长城处于森林草原与草原过渡地带。明朝在长城沿线由于农业开垦、喂养军马、烧荒等军事行为极其频繁，对这一区域的生态环境造成了前所未有的压力，加之在14世纪以后的明清时期，中国进入了一个“小冰期”气候期，气候变得更加寒冷、干燥，生态环境自我修复功能较弱。在自然与人为双重因素的影响下，明长城沿线区域的生态环境变得敏感而又脆弱。

以烧荒为例，据《明神宗实录》和正德《大同府》的记载，当时烧荒

❶ ［清］王轩，杨笃撰：《山西通志·府州厅县考6》：卷28，山西省图书馆藏．

的空间范围是在长城外侧或二三百里或四五百里以内的地方。在这个范围内，无论何种植被类型，“务将野草林木焚烧尽绝”。长城外侧的区域100 ~ 200km，正好是天然植被过渡的重要区域，这种不考虑生态环境而持久的烧荒行为，极易使地表裸露。明代是中国气候转寒转干的时期，植被修复能力低下，裸露或半裸露地表，会遭受到强烈的风蚀和水蚀，会导致草原的退化加剧，形成土地荒漠化现象。以今山西北部和河北张家口地区为例，明嘉靖至万历的 90 年里，这里共发生 12 个年度的沙尘暴，平均七年半就有一个年度发生，且涉及的范围广，几乎遍及本区长城以南的整个地区 [33]。

2.4.2 政治因素

在 20 世纪中后期，激进学派的代表人物哈维（D.Harvey）强调关于聚落环境的研究应从政治、社会、行政、文化背景加以认识。同时必须了解社会制度、政治经济环境和政治权力的相互作用 [34]。明长城沿线军事堡寨是军事防御时期的产物，明朝以后国家政治及军事政策的转变对军事堡寨的演化产生了本质上的影响和变化。

明代长城在历代长城的修筑中无论在规模还是军事防御作用上都达到了顶峰。进入清朝后，随着国内政治、军事形势的变化，蒙古族已经依附于清王朝的统治下，明长城失去了原来的军事作用，两千多年来不断修筑的历史从此结束。

在这样的背景下，入清以后，随着部分长城沿线军队的撤离，特别是雍正年间山西长城沿线普遍地撤销镇城、卫城和所城，虽然在一些军事重镇仍有驻军防守，但随着明末卫所制的瓦解，建立在卫所制基础上的明长城沿线军事堡寨的军管行政区模式已经消亡。新的管理体制必定带来新的生产模式，这些军事堡寨逐渐演变为地区的行政中心、乡镇中心或村落。

2.4.3 经济因素

2.4.3.1 农业发展

明代是长城沿线军事堡寨农业发展的重要时期。自明初起，政府非常重视屯田。当时“屯田遍天下，而西北为最。开屯之例，军以十分为率，以七分守城，三分屯种”❶。不仅派遣军士屯垦，民间也允许开垦。而当时推行的开中法，更促进农业地区的扩大。当时盐利至大，盐商欲获准贩盐，须先输粮至边地，然后才能至盐仓取盐。盐商由远地运粮，路途艰辛充满风险，所以干脆就地开垦田地，就地缴纳粮食。这样军、民、盐商皆麇集开垦，蔚成风气，最后就几乎无地不垦了。甚至在崇山峻岭中，也“即山之悬崖峭壁,无尺寸不垦”❷。农业地区的扩大几乎使长城沿线的畜牧地区和森林地区无所附丽了。清代末年，农业地区又越过明长城，向北延伸，长城以南就更说不上有多少游牧地区了[35]395。山西明长城沿线以山地为主,地势险峻,海拔多在1200m以上,西北部地区自北向南纵贯了绵延的管涔山、芦芽山和吕梁山，其海拔高度达到了2000m以上。明长城沿线的农耕区主要集中在大同盆地及周围的黄土高原丘陵缓坡地上。由于地形复杂，且气候寒冷，导致该地区的农业发展受到较大的限制。大部分地区只能种植一年一熟、生长期长的耐寒粗粮作物，如莜麦、山药、谷子、豆类、荞麦和胡麻等。

尽管明朝山西省的农牧分界线大体是以长城为标志的，但由于民族之间长期的经济与文化方面的交流融合，造成了农业区和牧业区的分界线越来越不清晰。尤其是水土流失严重的晋西北地区，畜牧业成为农民农业之外的另一项生产活动。畜牧业之外，各地人们还根据本地需求从事一些商业活动，以弥补微薄的收入，但与当时实力雄厚的晋中商人不可等量齐观。

2.4.3.2 商业因素

明长城军事作用的消失，使原明长城沿线军事堡寨限定区域形态的重要边界被打破，从这时起长城以南的广大汉族聚落和长城以北的蒙古族聚落都获得了更大领域范围活动的自由，赢得更多的生存资源，并让自身融入彼此的物质和文化环境，获得了更好的发展机会。如果把清代长城沿线南北一定纵深范围内的聚落作为一个整体，从区域经济的观点来看，农耕和游牧两种经济活动相互联系、相互制约，其关联性和空间差异性导致了区域之间存在着生产要素和商品的供需关系，也可被称为互补性的发展。

1. 商业贸易发展的背景

晋商指山西商人，尤指明清时期的山西商人。据文献记载，在春秋战

❶《关中两朝文钞》：卷七，张炼《屯田议》，陕西省图书馆藏.

❷《明经世文编》：卷三五九，庞尚鹏《清理大同屯田疏》，山西省图书馆藏.

国时期晋商在中国开始出现，从春秋至元朝末年，晋商在中国的商业活动中是比较活跃的商帮，明清时期晋商发展至顶峰，逐渐发展成中国商帮之首。这个时期晋商的崛起是与明朝在晋北军事前沿所采取的经济发展策略密不可分的，晋北明长城防御前线大量存在的军事堡寨形成了庞大的消费市场。为了解决这一市场对大量粮食、布匹的需求，明政府实行"开中"制度，在洪武三年（1370 年）开始采用开中法。开中法类似于北宋实行的折中法及其变种，就是让商人运粮到边疆，以所运之粮换取盐引，然后凭盐引到指定的盐场支取食盐，再到政府规定的销盐区销售，获取利润。山西商人以"极临边境"的优势，以此作为契机。明初盐商分为五个纲（即行帮），除浙直纲外，宣大纲、潞泽纲、平阳纲、蒲州纲都是山西人。其中潞泽、平阳、蒲州分属晋南，宣大分属晋北。这表明开中法之后，晋商仍以晋南为重，但已向北延伸。因此不仅大同、宣府等北方边镇是山西商人活跃之地，就是西北边镇也多山西商人。山西商人集粮、盐商于一身，在开中制的实施过程中，兴起于商界。在归绥，直到新中国成立前夕，山西商界仍有不少大同、朔州、忻州的商人[36]221。今天在晋北地区保留有大量清代、近代山西商人曾经经营过的集镇和居住的村落，聚落形态虽不比晋中、晋南地区的奢华，但具有鲜明的地域特色，是整个山西商业聚落的重要组成部分。

2. 边地内军民贸易

从明代山西北部大同镇、山西镇军事堡寨的人口规模来看，不亚于州县城邑。军事聚落中，将士的生活是以国家军饷开支来维系的，而一般的州、县的居住人口则没有这种固定的收入。军人享受军户世袭制度在堡寨安家，大批军士携家带口来到山西北部，士兵家庭每月固定的军饷收入要投放到市场当中去，形成军事堡寨内商品交换的主体，刺激了商品经济的发展。由于有商品交换的需求以及商人的参与，明代晋北明长城地区逐渐形成了国家军事防御体系下的生活消费稳定市场。边地内军民贸易是给内地将士及家属供应物资的特殊贸易，不过受战事影响很大，也是一种畸形的贸易，可以说是明长城地区特殊的地理环境和军事卫所制度的产物[37]32。

3. 汉蒙民族贸易

古代中原汉民族生产和生活使用的耕牛、皮毛，特别是战争中使用的军马，主要来自于北方蒙古地区，而古代北方游牧民族的衣、食、日用品则主要依赖于内地汉民族的农业和手工业。由于晋北位于汉族和少数民族两大经济区域之间，所以南北区域之间的商品交换在交界地区十分活跃。

明长城沿线不仅是明朝与蒙古族对峙的前线，也是汉族同蒙古族等游牧民族互市贸易的场所。明长城沿线‘九边’地区的民族贸易通称为“马市”。马市在明朝经历由朝贡贸易发展为自由贸易，官市过渡到民市，即从“朝贡优赏贸易”演变推进为“和平互市贸易”[37]32。隆庆五年（1571 年）明王朝与蒙古俺答汗所达成的“封贡通市”和议后，九边各镇正式开设马市共十一处。此后军事聚落中的军事职能慢慢向城镇商业化演进。比如，大同新平堡，农历七月三日至十四日，官市贸易，黄台吉、摆腰和兀慎部马 726 匹，价 4253 两；私市贸易，马、骡、牛和羊共 3000 头，扶赏费 561 两；山西水泉营，农历八月四日至十九日，官市贸易，俺答、多罗土蛮和委儿慎部马 2941 匹，价 26400 两；私市贸易，马、骡、牛和羊共 4000 头，抚赏费 500 两。互市期间，蒙古部落派 300 名士兵驻于城外，明廷派 500 名士兵驻于市场之内，维持秩序，保证交易公平，惩戒违法乱市。明代，东起辽东，西至肃州的长城沿线，边贸场所星罗棋布，蔚为大观[38]。

明蒙边贸市场分大小两类，“大市”岁开一次，参与互市的主要是部落酋长和贵族，一般部族成员则参与“小市”贸易。在大同镇有三处贸易堡城，即得胜堡、新平堡和守口堡；在山西镇有一处贸易堡城，即水泉堡。这些都是岁开一次的大市，属定期、定额的贸易往来，官民杂市其中。此外，还有按月开放的小市，属于官府监督之下民间自由往来的民市。小市多设于沿边城堡旁，或在边地划定市场交易。在山西镇段内的小型贸易市场，除在水泉堡外，还在老营堡、广武城、破虏营（在柏杨岭堡）、河曲营城设置市场，这些地方都是长城内外重要交通要道上的堡寨。

另一种贸易形式是定期的集市，即以堡寨内的寺庙和兵营为中心，进行定期贸易活动。每逢集市，牧民和商人利用牲畜满载货物前来交易。

2.4.4 社会文化因素

聚落空间的形成与发展是社会生活的需要，也是社会生活的反映，同样，空间关系与社会关系也存在密切的关联，社会组织的整体性和分离性是空间互动和分离的根本原因。在中国的乡村，绵延数千年的宗法制度形成以血缘为基础的严格的家族与宗族关系网络，并以此构成基本的聚居组织单位。近现代以后，随着社会的发展，血缘网络逐步为地缘、业缘所取代，人们“在相互理解性、社会距离感知以及相似的个人经历的基础上，建立了相互关系，形成了新的社会群体”[39]。

社会文化因素主要指约束人们的思想意识形态方面的因素，是人们对社会和文化、对自然以及对人们本身经过长期实践而形成的思想和观点。在我国几千年的封建传统社会下，影响和主宰民众思想意识的传统文化主要是儒、道、佛三种思想。

2.4.4.1 宗族制度

从西周开始，我国就已经确立了宗法等级制度，儒家随后又在宗法制度上将其不断发展和完善，从而形成了一套严格的等级制度和伦理道德思想，并延续了二千多年。《周礼•考工记》中的匠人营国制度，其“居中为尊”的封建礼制思想深刻地影响着不同朝代城市的布局，在国都、州（府）城等各级城市中，在城市中心位置上布局的往往是皇城和宫城，以及代表州（府）城等最高行政管理机构的官署衙门。

进入清朝后，即以儒家为“圣学道统”，实行外儒内法的统治思想。这种思想表现在：礼祭先师孔子；礼奉古代圣王；以“孝”治天下[21]。以此作为清朝治理国家的政治倡导和国策依据。它顺应了长期以来已经形成的汉民族奉行儒学的文化传统，达到了巩固政权和社会稳定的目的。在明长城沿线军事堡寨的功能布局中，官署衙门是军堡内部构成要素的典型代表形式，不同城堡中官署和官邸的位置存在差异，但一般多位于城堡的北部。重要官署主要位于南北主要街道的北部，次级官署则位于次要街道的路边，而且因府第的级别不同呈现出不同的规模。

在我国血缘关系表现在家庭、家族和宗族三个由小至大的层面，这种依据血缘关系为纽带而形成的一种同族聚居的现象，历经封建社会两千多年的发展与演化，至今在广大村镇聚落中有着广泛而深入的影响，这种由血缘派生的“空间”等级与层次关系，数千年来一直影响着中国传统村镇的形态。

明长城沿线军事堡寨的四合院形制的产生，也明显地受到宗法礼制观念的影响，儒家的“三纲五常”等伦理道德观念表现在社会关系方面有天、地、君、亲、师等尊卑顺序，表现在家庭成员内部则为长尊幼卑、男尊女卑、嫡尊庶卑。这种观念对住宅及院落形制也具有潜在的制约关系，而这样的制约关系在四合院布局形式中表现为：北屋为尊，两厢次之，倒座为宾。

2.4.4.2 宗教信仰

在我国古代传统社会中人们普遍信仰宗教，儒家和道家思想在社会生活中有着广泛的影响作用。自佛教传入我国以后，人们又开始信仰佛祖、菩萨。但是，无论哪一种宗教信仰，都源于人们对理想生活和目标的追求，而这些追求不但存在于人们的心里，也反映在人们对神灵膜拜的行为上，人们带着崇拜的心理去从事和信仰相关的活动，包括设立祠堂、建造庙宇，甚至在聚落的总体形态上也体现出信仰与崇拜所包含的意境。

在山西传统的乡村社区里，有一种信仰几乎是人们共有的，那就是信奉关羽将军。在乡下，几乎家家户户都供奉着“关老爷”的神像，村落与集镇上的庙宇大多也是“关帝庙”，无论是官方，还是民间，对关公的崇拜之盛，在中国民间诸人神之中是罕见的。除了修建关帝庙，山西一些地区的传统集镇也有建造其他庙宇的，如龙王庙、牛王庙、泰山庙，均是保佑聚落稳定平安、财富兴旺的寄托性建筑设施，这些设施无形中给集镇聚落的居民提供了一些公共活动场所，而庙宇本身则常常成为集镇聚落尤其是山区集镇景观的构图中心。

在清代，晋北地区原来以军事管区建立的卫所制等陆续实现了向行政建制的转化，特别是雍正三年（1725 年）地方行政改制后，确立了大同、朔平、宁武 3 个府以及忻州、代州、保德 3 个直隶州。据雍正《朔平府志》云：“自汉唐以来，三教并行，寺观且遍天下。郡介边方，其俗尤盛”[40]。清代晋北地区宗教和民间传统信仰确实非常兴盛，宗祠和庙宇数量相当多。

2.4.4.3 风水观念

风水，又叫堪舆、形法、地理或相宅等。名称虽然不一，实质是一样的，就是“相地”，选择地址。风水术是人们在长期生活实践中积累的一种生活常识和经验，今天，用科学的目光来审视风水，根除其封建迷信的因子，保留其科学合理的特质，使它成为人类对自然环境进行选择和处理的一门学问，有利于对传统聚落的选址进行分析和研究。

风水理论在对传统聚落、建筑的选址、规划布局和经营建设上一直起着指导作用。负阴抱阳、背山面水是风水中基地选址的基本原则和基本格局。一般而言，理想的风水宝地最好是马蹄形的，三面有山环抱，风水穴位于主峰的山脚下，山势走向呈某种吉祥动物的态势，穴前有一片临水的开阔地，流水呈环形绕过，穴地高爽干燥，方位朝阳。这种“穴”的典型模式被认为可以“藏风聚气”，是有利于生态的最佳风水格局。

风水之术主要是通过考察山川地理环境，包括地形地貌、河流水系、气候环境等择吉营建城郭、房舍和陵寝等。所谓选址看风水主要就是选择宜人的山水环境，因此古人认为：“地理之道，山水而已”。《风水选择序》中说："风水之说必求山水之相向，以生地中之气"。风水术其实就是山水之术，地脉就是山脉，河流就是水脉，内外相乘也就是山水相配得宜，所以风水术中多是论山水的，"龙、砂、水、穴"无不与自然山水紧密相关[13]88。

明长城沿线军事堡寨建设的主要目的是防卫，但其建设的过程与历代的城池选址、布局与建设的步骤是相同的。我国历代的城池选址、布局与建设的过程为：相地—辨方—定平—营建，这四个方面都包含了我国古代朴素的风水学思想理论。

2.4.4.4 民俗文化

民俗是人们在一定的社会形态中，根据自己的生产、生活内容与生产、生活方式，结合当地的自然条件，自然而然地创造出来，并世代相传而形成的一种对人们的心理、语言和行为都具有持久、稳定约束力的规范体系。"相沿成风，相习成俗"，是中国传统文化的一个重要内容。风俗对人类行为是能发生功能的[41]。

山西晋北的民俗文化活动的形式包括剪纸、炕围画、面塑、皮影、彩灯、民间舞蹈、民间锣鼓、地方戏曲等，其中炕围画主要分布在晋北地区，炕围画就是绕炕周围一米高，数米长的墙面上绘制的整套图画装饰，是山西民间艺术中一种地域性很强的造型艺术，也是居室装饰的重要部分。

2.5 山西省明长城沿线军事堡寨的演化类型

明长城沿线军事聚落的发展具有以军事为中心的经济特点，这决定了其经济体系是在政治、军事因素的主导下，由自然、经济、社会因素共同作用而形成的。

清代长城防御意义不再存在，影响沿线堡寨的政治、军事因素随之消失或极大程度地被削弱了，聚落的发展也走上了"自主"的轨道。总体上说，堡寨随着地区人口规模的增加，经济发展由于注入新的因素而出现渐进的变化。这种发展更多遵循聚落产生和发展的一般规律，更多受到自然因素和经济体制的制约，呈现一种内在自发性。也正是这种内在自发性，使得该地区的大部分堡寨并没有消亡，而是从军事功能转化为新的城镇功能从而得到延续和发展。

山西省明长城沿线共有 120 多个军堡，建设年代为 1370 ~ 1597 年间，建设时间持续 200 多年，堡寨大多经历从小到大、从寨到堡、从堡到城的发展过程。从历史演化过程看，明长城沿线的堡寨主要经历了以下三个阶段的演化过程：明代防御时期、清代民族贸易时期及近现代功能变化及衰落时期，在演化过程中堡寨的功能定位及空间结构具有明显的特征和变化（表 2-5、图 2-1）。

山西省明长城沿线军事堡寨的演化类型表 **表 2-5**

演化类型	区域中心城镇或普通村镇	商贸城镇	被裁撤堡寨	无人居堡寨
基本动因	区位条件较好，承担区域中心的作用或具备生产生活的功能	交通区位独特，往往具备边关贸易的优势	是单纯的军堡，功能单一，不具备生活的功能	自然生存条件严酷，不适合人居
代表实例	晋北的大部分县城、较多村落	右卫镇、得胜堡、阳明堡	共19座边堡	柏杨岭堡、桦门堡

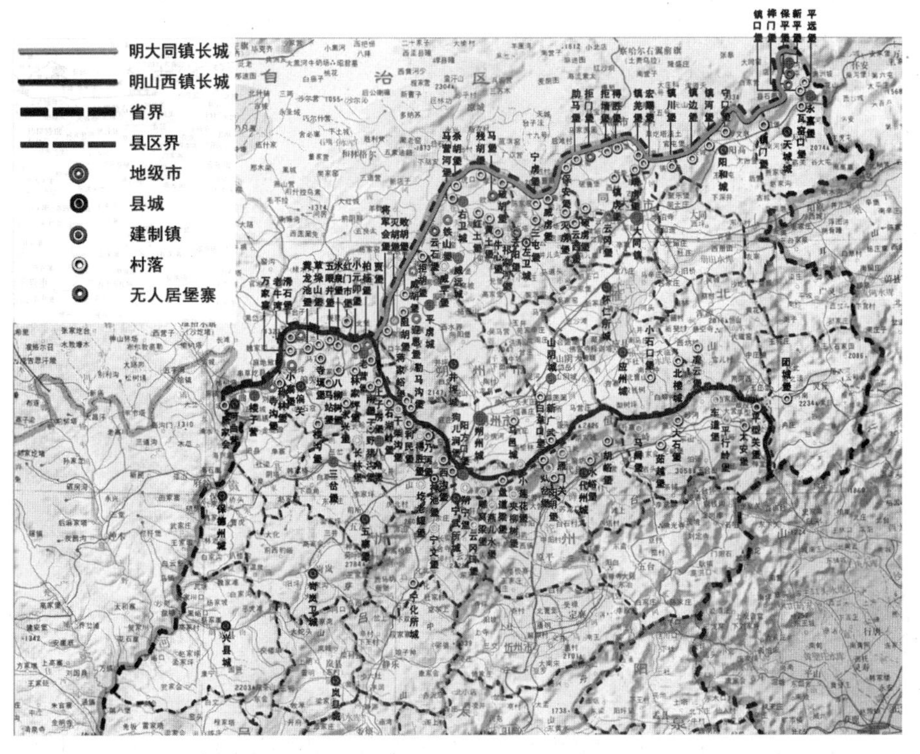

图2-1　山西省明长城沿线军事堡寨的演化类型图（图片来源：自绘）

2.5.1 从军事卫所演化为区域中心城镇，从堡寨演化为普通村镇

在清代，晋北地区原来以军事建制的卫所等相继实现了向行政建制的转变，特别是雍正三年（1725 年）地方行政改制后，确立了大同、朔平、宁武 3 府以及忻州、代州、保德 3 个直隶州，而这些府州正是原来的镇、卫（所）所在地。此时的原明代堡寨虽在撤卫立县以后失去了军事价值，但一方面由于堡内设施相对齐备，建筑质量相对优于一般乡村，人口也较为集中；另一方面这些堡寨大多分布在边墙一线，仍担负着交通与防护的重任。各县之下，堡寨大多设有分防把总或分防外委，同时布有塘汛，是重要的政治、军事与交通中心，所以仍普遍延续为本县重要市镇，经济基础相对较好。而大部分堡寨在相应的行政建制下，由于承担了军队后裔的生产和生活的功能，逐渐演变为一般意义上的现代村镇。目前晋北大量的村镇是在原有军堡的基础上发展而来的。

因此，由镇城到府治，由卫所城到县城以及边堡分防、塘汛的设置，形成了沿边一整套行政管理体制，进一步加强了各堡寨之间的联系。入清后，原明代长城沿线较大堡寨不但没有因撤军而消亡，反而又有了一定的发展，各地方官大多致力于边堡的维修，使之为新王朝服务。山西北部的城镇体系也基本沿用明代堡寨体系，沿长城边墙一线分布。这些堡寨通过职能转型，既承担了本县行政与防卫中心的职能，也担当了本县经济中心的职能，其网络体系与明代保持不变。

2.5.2 从军事堡寨演化为商贸城镇

山西外长城沿线许多关隘型堡寨在清代失去防御功能之后，由于汉蒙之间的贸易需求，许多关隘型的堡寨发展成为重要的贸易关口。为了便于管理，关城内外又陆续建设马市楼，庙宇，南、北致远店，街市等。每日商业交易，军官巡逻，热闹有序。山西明长城沿线具有商贸功能的典型军事堡寨举例如下：

2.5.2.1 右卫镇

右卫镇建于明洪武三十五年，正统年间将关外的玉林卫迁入大同右卫，合称右玉，嘉靖四十五年重修，万历三年用砖包砌了城墙。山西省右玉县右卫镇自古就是北方要塞，与蒙古族部落领地相邻接壤，是军事战场的前沿。

明代中后期，右卫镇逐渐由军事重镇发展成为沿市街进行物资交换的商贸中心，为民族融合以及经济文化交流起了重要的桥梁作用。到清雍正三年（1725 年），撤销玉林卫置右玉县，同时在右卫城设置朔平府，管辖朔州、平鲁、马邑、左云、右玉五州县及宁远厅（今内蒙古的凉城县、卓资山县），城内驻扎将军都统、府县参守等官员，城外南、北、东门外有八旗官兵驻守。建府后，右卫城成为区域的行政中心。由于右卫地处山西通往内蒙古的交通要道上，商业贸易发达，京包铁路建成后，右卫镇丧失其交通优势，慢慢衰败下来。

右卫城平面基本呈方形，东西约 1117m，南北约 1460m。设四座城门，东为和阳门，南为永宁门，西为武定门，北为镇朔门，城门处均建有瓮城，门上各建城楼。城内正对城门的东西、南北大街交汇成十字街，交汇处原建有鼓楼，现在已经损毁。城内按照里坊制进行划分，庙宇、民居布满 30 余条大街小巷。城内商贾云集，楼市繁华，有“小京城”之称。城内字号商铺类型多样，数量很多（图 2-2、图 2-3）。据《右卫文化图治》记载，较有名的当铺包括世德永、永兴当、义生泉；饭店包括五盛园、宾宴楼、聚丰园、德盛园、长盛园；糕点铺包括异馨居、德兴元、义兴园、兴隆园；粮店包括天义店、万义店、天盛店、公盛店；药铺包括万盛堂、福义武、万盛开、兴盛荣；缸房包括义德昌、义生泉、三义元、义凤永；旅店包括大兴店、四美店、惠来店、石槽店；面铺包括万胜永、兴顺泉；发货店包括元恒店、高升店；手工作坊包括天顺纸坊、德盛泉毡坊以及由刘鸿基开的粉坊，王元在南街、仓街开的油坊、粉坊和北街朱剪子匠开的剪子铺。这些商号规模虽不比晋中、晋南的规模大，但仍然传承“诚信经商、以义制利”的晋商风格[37]41。城内还布置有将军府、都统署、县衙、库官、粮饷府、常丰仓等，并拥有许多庙宇。

图2-2　右卫城南街清代商铺（一）

图2-3　右卫城南街清代商铺（二）

2.5.2.2 得胜堡

隆庆五年（1571 年）三月二十八日，隆庆皇帝下诏封俺答为顺义王，其子弟亦各封官职，并批准了通贡互市，史称“隆庆和议”。同年三月，得胜堡北部的四城堡作为明蒙马匹交易市场而修建。此时的得胜堡不仅是屯兵之所，也是蒙汉互市的管理之所。所以在万历三十二年（1604 年），又对其进行了扩建[1]。扩建后的得胜堡就是今天所看到的规模。它不仅是边防哨所，在和平时期也是晋蒙的商贸之地，号称是全国最大的边贸口岸“马市”。

据杨勇写的《清末民初新荣区商户兴衰例举》，得胜堡马市的边境贸易一直延续到清朝末年，由此形成的晋商店铺不仅门面林立，而且经营范围广泛，在周边地区首屈一指。截至清末民初，全堡有油坊 18 家，当铺 3 家，缸坊 1 家，磨坊 4 家，粉坊 2 家，面铺、杂货铺若干家。尤其是大东街的益顺昌，从乾隆年间发迹，一直延续到 1938 年日本入侵，其经营的项目有油坊、缸坊、粉坊、磨坊、面铺、杂货铺，还兼营槽牛贩卖生意，不但完全垄断了堡内守军、县佐衙门的粮油加工、商品供应等业务，而且还垄断着内蒙古集宁以南的大部分商贸。日本侵略中国后，在日货充斥和日军掠夺下，曾经辉煌的益顺昌便破产了（图 2-4）。

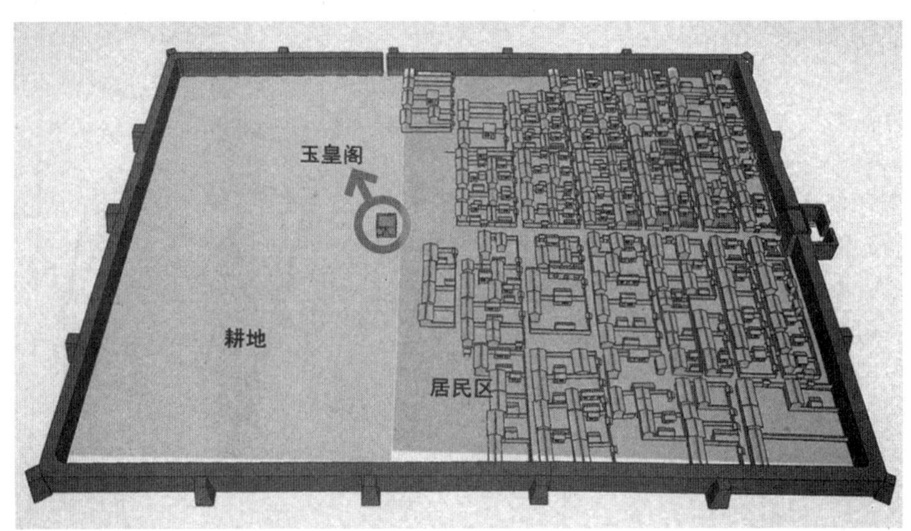

图2-4 得胜堡内部用地现状格局图[17]47

[1] 大同市新荣区委员会综合委员会．大同市新荣区文史资料（第六辑）. 2007:18.

2.5.2.3 阳明堡

阳明堡镇位于山西省忻州市代县县城以西 9km 处，是代县的西大门。阳明堡镇是一个具有悠久历史的古镇，蕴含着深厚的军事文化和商业文化底蕴，据史载，阳明堡古镇从春秋时期开始建城，名曰“羊头城”，不久又改称“羊头堡”。后来这一称谓从“羊”到“扬”再到“阳”，逐步演变，到宋代筑堡后就演变为现名“阳明堡”。

阳明堡是明长城雁门关防御体系的一个重要组成部分。由于地处雁门关南口，阳明堡是蒙古军入关南下的第二道防线，因而被称为是“雁门天下第一堡”，是军事备战的前沿。阳明堡的主要军事功能是在这里集中兵力，储备粮草，由于军事战略地位重要，历来是兵家必争之地。

忻州自古以来是山西的战略要地，素为兵家所重，古代道路多为战争中的车马调运和输送粮草所辟。古代设置驿站的道路，即称“驿道”，后来俗称为“官道”。在战国时期，忻州驿道已经初具规模。其后，经过两千多年的发展和完善，在明清时期形成了以忻县为中心，可南通太原，东出河北，西到陕甘，北达雁门的格局。而阳明堡是忻州盆地通往大同盆地这一主要道路上的一个重要的商业节点，因此，数千年来一直是商埠物流中心和“茶马古道”的重要集镇。早在宋元时期，由于商贸繁荣，外来人口增加，阳明堡镇由于堡内空间有限，居民逐步出关向关口周边扩展，依附城堡，形成了东关和南关两个“新”的聚居区。这种格局一直延续至今（图 2-5）。

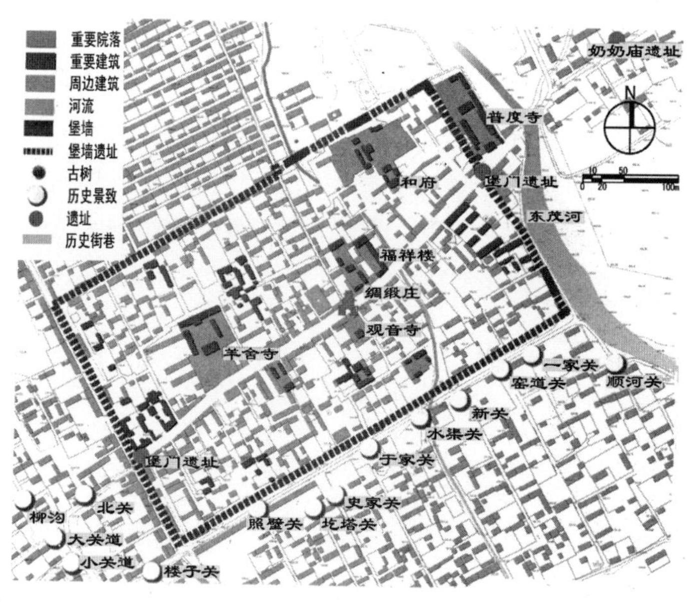

图2-5 阳明堡历史格局图[36]238

2.5.3 一些单纯的军事功能的堡寨被裁撤

清军入关以后，长城内外归属同一政权管辖，民族关系缓和，在顺治年间，山西明长城沿线裁撤了 19 座城堡，其中包括红土堡、黄土堡、祁河堡、牛心堡、云阳堡、云西堡、云冈堡 7 座收保之堡与马营河堡、残胡堡、马堡、威平堡、灭虏堡、三屯堡、灭胡堡、迎恩堡、威胡堡、拒门堡、保安堡、铁山堡 12 座长城边堡。所谓收保之堡是指只限于收聚居民、少数驻军和物资，即“有警据险固守，亦足保障”，而并不能组织防守或遏阻敌军[42]。

2.5.4 由于自然环境约束成为无人居堡寨

山西省明长城沿线的军事堡寨地处黄土高原地区，是农耕文化和游牧文化的交织区，境内重峦叠嶂，沟壑纵横，自然生态系统较为脆弱。晋北堡寨的选址大都是首先考虑军事地理位置，通常都建在地形复杂，易守难攻的地区。但是水源因素经常成为险要地势选址的制约因素。这些堡寨从功能的角度讲只是单纯的军事驻防功能，并不利于居民居住与生产、生活，在今天多已成为远离行政村中心的自然居民点，甚至有些已经废弃。如山西偏关县的柏杨岭堡“该堡系万历二年所建，旧设于柏杨岭，后因高山缺水改移于窨儿焉，仍存故名，而新堡亦复无水，军士取汲于塌崖沟中，兵马寡弱，幸赖老营（堡）依迩，缓急可济（图 2-6）”[42]37。还有些堡寨修建于山巅，堡内无水，只是为了预警而建，如八角堡、会远堡等。还有桦门堡位于天镇县新平堡镇红土沟村所在地东侧 250m 处，地处中低山区，坐落于海拔为 1735.9m 处的梁峁上，三面环山，峰坡汇于红土沟，向北倾斜成一沟涧，西距边墙 1km。该堡用水条件极差，堡内仅有水井一口。驻兵一般多到红土沟、黄羊沟汲取泉水。周围并无开发农业的条件，纯粹为防守边墙而设。桦门堡驻兵撤于清初，归属瓦窑口汛。民国初，弃为空堡。

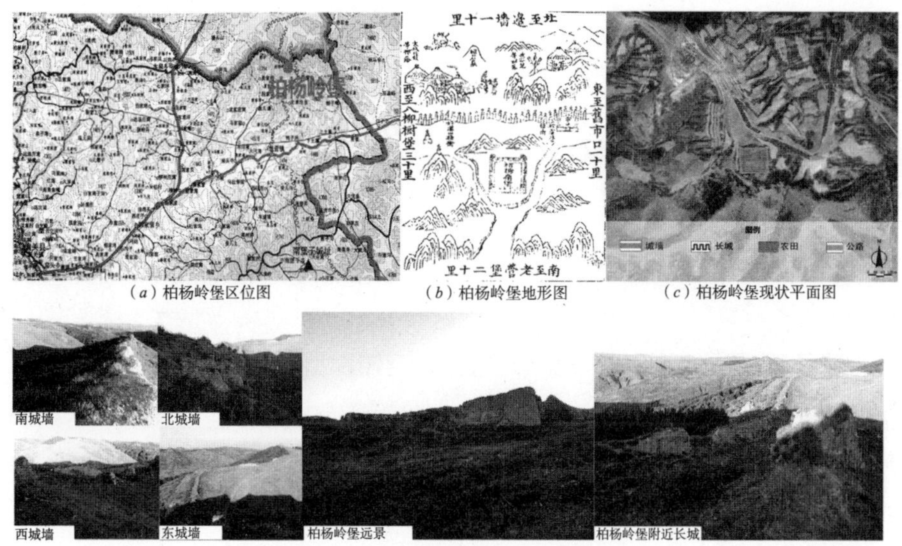

（*a*）柏杨岭堡区位图　（*b*）柏杨岭堡地形图　（*c*）柏杨岭堡现状平面图

图2-6　柏杨岭堡区位及现状平面图

图片来源：（*a*）来源于《山西省地图集》中偏关县 1∶25 万地形图；（*b*）来源于《宣大山西三镇图说·山西镇》；（*c*）在航拍图的基础上通过调研自绘；照片为自拍

2.6　小结

清代由于明长城已经失去原有的防御作用，明长城沿线的军事堡寨的功能发生了很大的变化：镇城级的大同成为晋北的区域中心，卫所城大部分演化为地方行政中心，堡城则演化为一般的村镇。

山西省明长城沿线军事堡寨演化的影响因素是多方面的，主要包括自然生态因素、政治因素、经济因素和社会文化因素。明长城沿线的堡寨是军事防御要求的产物，明朝以后国家政治及军事政策的转变对军事堡寨的演化产生了本质上的影响和变化。随着明末卫所制的瓦解，明长城沿线军事聚落的军管型政区模式已经消亡，这些聚落逐渐演变为地区的行政中心、乡镇中心或村落；山西外长城沿线许多关隘型堡寨在清代失去防御功能之后，由于汉蒙之间的贸易需求，这些关隘型的堡寨发展成为重要的贸易关口，而位于内长城沿线交通要道处的堡寨往往也发展成为商贸型城镇；另外出于防卫形势的变化，山西明长城沿线裁撤了 19 座城堡；一些军事堡寨由于水源和用地条件等的限制，失去生存条件逐渐演化为无人居的堡寨。

第 3 章 山西省明长城沿线军事堡寨的景观分析与价值评价

明长城沿线的军事堡寨作为戍边将士驻守和生活的载体，无声地记录了几百年来明长城沿线政治、经济、文化等各方面的巨大变化。进入近现代发展阶段以来，工业化和城市化猛烈冲击着传统的堡寨聚落发展模式。在长城作为世界文化遗产保护的背景下，明长城沿线的军事堡寨仅有个别被认定为国家（省）级文物保护单位的保护名录，如何评定和保护大量尚未进入我国文物保护登录制度下的军事堡寨的文化遗产价值，是明长城整体保护工作中值得研究的重要工作。

3.1 明长城保护状况

清朝末期，随着冷兵器时代的结束，明长城的军事防御作用逐渐减弱，对明长城的大规模保护和维修工作亦随之停止，长城进入了遭受破坏的时期。近百年来在人为和自然破坏侵蚀下，20 世纪初大致上仍然保留着原形的长城，不少地段已经损坏倒塌，关隘敌楼砖蚀墙圮，残破不堪，有的甚至荡然无存，或仅存一堆废墟。

新中国成立初期，党和政府在财政极其艰难的情况下，仍拨巨款多次对明长城和许多关隘及相关的名胜古迹进行维修，并将八达岭、居庸关、山海关、嘉峪关和附近明长城列为第一批全国重点文物保护单位，同时设立了文物保护机构，设专职人员进行保护和管理。特别是到了 20 世纪 80 年代以后，由于“爱我中华，修我长城”社会赞助活动的深入开展，全社会保护长城的意识有了大幅度的提高，明长城保护工作进入了一个新的历史阶段。

3.1.1 明长城保护回顾

3.1.1.1 长城普查

2009年4月18日，国家文物局和国家测绘局隆重发布：明长城的长度为8851.8km。其中人工墙体的长度为6259.6km，人工墙体是指现存明代人工建造墙体，包括不同材质的各类具有人工修筑特点的长城墙体，即土、石、砖、山险墙等不同类型长城墙体的总长度；壕堑长度为359.7km，壕堑是指以墙体和壕沟作为组合防御体；天然险的长度为2232.5km，天然险是指在地势险要之处，与墙体共同构成防御体系的山体、河流、沟壑等自然地物。至此，明长城有史以来第一次有了精确的长度。而按照《长城资源保存程度评价标准》，保存较好的比例不足10%，保存一般的只有约20%。明长城墙体保存状况总体堪忧（表3-1）。

明长城墙体保存状况表 **表** 3-1

墙体状况	墙体评价标准	现存长度（km）	所占比例
较好	墙基、墙体保存比例为3/4以上	513.5	8.2%
一般	墙基、墙体保存比例为1/4～3/4	1104.4	17.7%
较差	墙基、墙体保存比例为1/4以下	1494.7	23.9%
差	墙基、墙体仅留地面痕迹濒临消失	1185.4	18.9%
消失	地面遗迹不存	1961.6	31.3%
总体		6259.6	100

资料来源：TheGreatWall.com.cn

3.1.1.2 长城维修

在长城普查的基础上，按照“修旧如旧，保持原状”的八字方针，相继对北京八达岭、居庸关、慕田峪、司马台，河北山海关、金山岭，天津黄崖关，辽宁九门口、虎山，甘肃嘉峪关以及内蒙古、山西、宁夏等处长城和卫所、关口、墩台、烽堡进行了重点修复。经过维修整理后的长城，不仅再现了明长城当年的雄风，同时还增加了相应的游憩设施，为国内外游客游览明长城提供了方便。

1. 成功案例

山海关关城作为仅有十几万人口的小城，十几年来投入到长城修复、复建中的资金达到 1.4 亿元。对老龙头旅游区内两段残墙的处理，是在整个修复、复建工作中成功的典型。一段是 1985 年复建老龙头的工程中，发现深埋在沙土内近百米的夯土残墙，复建中将其完整地保存下来，并加置了保护罩和文字说明牌，另一段是澄海楼与老龙头入海城墙之间的夯土残墙，也得到了很好的保存。

2. 不成功案例

虎山长城 1990 年被发现，1992 年实施修复工程。第一期工程设计为 1200m，修复了 670m，其余的 600m 在 2001 年 4 月动工，2002 年 5 月完工。但在修复中有很多遗憾，一是太新，所有考古发掘的长城遗址全被破坏了；二是用砖太多，根据考古发掘虎山长城大部分是不用砖的，只有个别建筑才会用砖，修复时这一特征没有进行科学的研究。导致长城只是简单的翻新，结果把很多历史遗迹都破坏了。

3.1.1.3　公布各级文物保护单位

在调查、研究的前提下，按照其历史、艺术、科学三大价值，选择长城主要地段或关隘、城堡，由省、市各级人民政府分别公布为相应级别的文物保护单位，并分别由相应级别的人民政府和文物主管部门划定保护范围和建设控制地带。

3.1.1.4　实施《长城保护条例》

2006 年 12 月 1 日起，我国正式颁布实施《长城保护条例》，这意味着改变了过去仅仅将长城局部地段公布为国家（省、市、县）级文物保护的管理制度，开始明确规定将长城作为整体进行保护。该条例所称长城，包括长城的墙体、城堡、关隘、烽火台、敌楼等，从而在长城保护的内涵和外延上进一步明确内容。条例的颁布一是在国家层面上充分体现了长城保护的重要性；二是《条例》的具体规定具有很重要的调控功能，比如破坏长城的惩罚制度等；三是具有引导功能，比如长城保护和利用的备案制度等。

3.1.2　明长城保护的最新状况

3.1.2.1　长城资源调查的最新公布情况

国家文物局于 2012 年 6 月 5 日在北京居庸关长城发布了长城资源调查

和认定成果——中国历代长城分布于15个省区市，总长度为21196.18km，认定长城分布于北京市、天津市、河北省、山西省、内蒙古自治区、辽宁省、吉林省、黑龙江省、山东省、河南省、陕西省、甘肃省、青海省、宁夏回族自治区、新疆维吾尔自治区等15个省区市，包括长城墙体、壕堑、单体建筑、关堡和相关设施等长城遗产43721处[43]。

调查结果显示，受长期以来的地震、洪灾、风雨侵蚀等自然因素和人为破坏因素的影响，我国长城遗址保护状况不容乐观。有大量长城遗址存在坍塌、倾斜等重大险情，抢救保护这些有代表性的长城遗址已刻不容缓。

国家文物局表示，各级政府在“十二五”期间要依法落实《文物保护法》和《长城保护条例》确定的长城“属地管理”原则，进一步明确每一处长城遗产的保护管理责任。进一步加强长城“四有”基础工作和长城保护队伍的能力建设，建立较为完善的长城保护管理体系；编制完成长城保护总体规划，应对长城沿线明确划定保护范围和建设控制地带；实施重点段落的抢救性保护维修工程，全面排除重大险情，基本解决长城保护面临的突出问题。按照险情的轻重缓急程度，组织技术力量分批开展长城抢救性保护维修工程。

3.1.2.2 长城保护对象进一步明确

随着时代的发展，人们对于包括长城等在内的文物保护的理念和认知水平也有了较大提高。以前谈起长城，较多的是关注长城墙体本身和修筑于墙体之上的附属设施——敌台、马面、城门等。随着文化遗产保护概念的扩展，人们在关注文物本体的同时，也开始注意对其环境风貌、景观的保护。对于长城而言，以前调查中容易被忽略的一些与长城有关的遗迹，例如长城沿线的堡寨，相关的生产、生活设施，长城周边的自然、人文状况等，都将作为长城保护的重要内容。山西省明长城沿线军事堡寨大量存在，这些军事堡寨也是晋北各级城镇、村落存在和发展的基础，在这方面地理学、历史学、长城学等各学科已经积累了较为丰富的研究成果，但在城乡规划学的研究领域涉猎尚少，尤其是军事堡寨的保护与利用领域缺乏系统而深入的研究。

3.2 山西省明长城沿线军事堡寨保存现状的等级评价

3.2.1 评价依据

山西省明长城沿线的军事堡寨在明代主要以军事功能为主，同时交通位置便利、区位条件独特的堡寨兼具边贸和生活的功能。清代随着和平时期的到来，堡寨聚落进一步向居住生活、商业贸易功能方向转化。但进入晚清民国时期，由于交通线路的变化以及山西在全国整体经济功能的下降，明长城沿线的边塞贸易逐渐萧条和冷落，一些堡寨甚至沦为荒城。大多数堡寨演变为一般的村落，交织着保护和发展的矛盾和问题，个别的军事堡寨由于独特的区位及堡内留存了大量的历史建筑而成为文物保护对象，但大部分堡寨需要进一步评定其保护价值。

住房和城乡建设部《中国历史文化名镇（村）评价指标体系》作为全国古镇（村）的遴选标准，是目前较为成熟的评价方法。但其指标要求相对较高，参照标准较为固定，并不适合于明长城沿线军事堡寨的评价，如按照该评价指标体系评分，则明长城沿线军事堡寨几乎没有符合历史文化名镇（村）标准的村镇。

国家文物局于 2009 年 5 月公布了《长城资源保存程度评价标准》，其中“关堡保存程度评价标准”如表 3-2 所示。

长城关堡保存程度评价标准 表 3-2

长城关堡保存程度	评价标准
较好	格局基本完整，建筑大部分保存，墙体保存3/4以上，其他设施保存1/2以上
一般	格局不完整，建筑少量保存，墙体保存比例为1/4 ~ 3/4，其他设施保存1/2 ~ 1/4
较差	格局尚可辨认，建筑无存，墙体保存比例为1/4以下，其他设施保存1/4以下
差	格局不清，建筑无存，墙体濒临消失

资料来源：TheGreatWall.com.cn

山西省明长城沿线的军事堡寨绝大多数尚未登录至保护名录中，原因是大量的堡寨遭受严重的破坏，历史文化遗存保存情况参差不齐。参照《中国历史文化名镇（村）评价指标体系》的基本鉴定要求以及长城“关堡保存程度评价标准”，并结合山西省明长城沿线军事堡寨的空间特色和要素分析，确定了以下的现状等级评价依据：

1. 在山西省明长城军事防御体系中所处的历史地位

2. 军事堡寨的保存程度，包括以下的方面：

（1）城墙的保存程度

（2）聚落空间格局保存的完整程度和特色

（3）历史建筑规模及历史传统建筑（群落）的典型性

3. 聚落民俗文化和地域文化的传承性

4. 居民的传统生活方式的延续性

根据这四个方面的标准对山西省明长城沿线的军事堡寨进行定性评价，可以将军事堡寨的保存现状划分为以下四个等级：历史整体格局与风貌保存较好、历史整体格局与风貌保存一般、历史整体格局与风貌保存较差和无人居堡寨。其中历史整体格局风貌保存较好的军事堡寨有潜力成为历史文化名镇（村）或传统村镇。

3.2.2 历史整体格局与风貌保存较好

3.2.2.1 已注册为历史文化名镇（村）或传统村镇

"历史文化名镇（名村）"、"历史文化村镇"的提法是我国独有的，国外一般称历史小城镇（Small Historic Town）、古村落（Old Village and Hamlet）等。2003 年，我国第一批中国历史文化名镇（村）公布的文件中将"保存文物特别丰富并且具有重大历史价值或者革命纪念意义，能较完整地反映一定历史时期的传统风貌和地方民族特色的镇（村）"定义为历史文化名镇（名村）。历史文化名镇（名村）是我国历史文化遗产的重要组成部分，它反映了不同时期、不同地域、不同民族、不同经济社会发展阶段聚落形成和演变的历史过程，真实记录了传统建筑风貌、优秀建筑艺术、传统民俗民风和原始空间形态，具有很高的研究和利用价值[44]。

山西省在历史文化名镇（村）保护实践与理论探索方面做出了重要贡献。在快速城市化进程中，及时公布了 101 个历史文化名镇（村），为抢救历史文化名镇（村）的物质遗产奠定了政策基础。目前，山西省历史文化名镇（村）的总体数量及已经公布的国家级历史文化名镇（村），在全国北方地区稳居第一。历史文化名镇（村）遗产类型的聚落型主要是指历史文化村镇留存下来的自身的空间格局所具有的历史价值，在历史文化村镇整体的空间格局下所形成的群落空间，历史文化名镇（村）的价值体现主要是依靠自身整体空间格局，而不是个别文物保护单位或者历史街巷。

传统村落是指拥有物质形态和非物质形态文化遗产，具有较高的历史、文化、科学、艺术、社会、经济价值的村落。2012 年 4 月，住房和城乡建设部、文化部、国家文物局、财政部联合启动了中国传统村落的调查与认定，并颁布了第一批 646 个中国传统村落名单，将传统村落的保护列入了国家重点项目[45]。山西省共有 48 个传统村落，其中大同市天镇县新平堡镇新平堡（村）和忻州市繁峙县横涧乡平型关堡（村）进入我国第一批传统村镇的行列（表 3-3）。

晋北地区已注册为国家级、省级历史文化名镇（村）或传统村落的军事堡寨[37]67 **表 3-3**

序号	名称	注册时间	级别
1	大同市南郊区云冈镇（不属于军堡）	2003年9月	第一批山西省历史文化名镇
2	忻州市代县阳明堡镇	2006年11月	第二批山西省历史文化名镇
3	大同市天镇县新平堡镇	2009年8月	第三批山西省历史文化名镇
		2010年12月	第五批中国历史文化名镇
4	朔州市右玉县右卫镇	2009年8月	第三批山西省历史文化名镇
5	大同市新荣区堡子湾乡得胜堡村	2009年8月	第三批山西省历史文化名村
6	朔州市山阴县张家庄乡旧广武村	2009年8月	第三批山西省历史文化名村
7	大同市天镇县新平堡镇新平堡（村）	2012年4月	第一批中国传统村落
8	忻州市繁峙县横涧乡平型关堡（村）	2012年4月	第一批中国传统村落

3.2.2.2 尚未注册但历史格局保存较好的传统村镇

这种类型的堡寨往往具备重要的历史区位条件，整体空间格局特色鲜明，历史空间格局整体保存较好，街巷格局较完整，有一定量的历史文化遗存。这一类村镇大多位于独立并相对封闭的区位环境，历史街区的空间格局没有遭到大规模破坏，街巷格局通常可以描述为“几街几巷”。这种格局是源于北方传统的社会结构形式，而民居建筑具有较强的地域特色，如晋西北的窑洞及晋北传统的四合院民居形式等。这种类型的军事堡寨有潜力成为历史文化名镇（村）或传统村镇，如偏关老牛湾堡、偏关老营堡、右玉县杀虎堡，下面以山西省右玉县的杀虎堡举例说明。

1. 地理位置

杀虎堡位于右玉县西北 10km 处，始称杀胡堡。紧靠长城北边墙，是右玉县通往内蒙古和林格尔的交通要道。在《朔平府志》有以下描述：“杀虎口乃县直北之要冲也，其地在云中之西，扼三关而控五原，自古称为险塞”。它是明代抵御外来侵略的防御重地，又是清代晋陕商人西出通商的主要口岸和通道。杀虎口由杀虎关、杀虎堡和栅子外三部分组成，占地约 $4km^2$。

2. 历史地位的变化

山西省右玉县的杀虎口，号称“代山环水、首附朔郡，北控塞口，第一要冲”，也是明清时期晋商从内地向塞北口外和漠北亚欧等地通商的必由之路，在民间广为流传的走西口，走的就是杀虎口。

杀虎堡不仅是北方游牧民族和中原农耕民族争战的要地，而且也是“和亲”、“附汉”、“迁徙”和互通关市的通道。先人们从雁门关至杀虎口走出了一条南北通衢——马邑古道。马邑古道南延北伸，形成了中原通往大漠以至中亚、波斯和欧洲的交通大动脉。它在北方游牧民族和中原农耕民族的长期交流和融合过程中，起到了重要的纽带与桥梁作用。

清代康熙御笔赐匾，改“杀胡口”为“杀虎口”，从此，杀虎口息战事以兴商贸、散硝烟而响驼铃。杀虎口在战争时期是边塞要冲，而在和平时期则是事关国计民生的重要贸易税卡。在清代极盛时期，官税日进斗金斗银。即使是在军阀混战的民国初年，每年的官税银仍达到 87 万余两，几乎占北洋政府年税银的十分之一[46]81。民国时期随着北同蒲铁路和太同公路的建成，经由忻州取道杀虎口前往蒙古、绥远的商路被北同蒲铁路和太同公路取代，从此这条古道沿线的城镇日趋衰落，杀虎堡也逐渐趋于冷清。

3. 杀虎堡的历史空间格局及景观特征分析

（1）连环三城，各有分工

杀虎堡建于明嘉靖二十三年（1554 年），开始用夯土筑城，万历二年在土城外面用砖石包砌，周长二里，高三丈五尺。万历四十三年在杀虎堡的南面另筑平集堡，其周长二里。后来在两堡之间东西筑墙，形成中关，中关的东西南北各有一门，将杀虎堡与平集堡连接起来。这样旧堡、中关、新堡连环为一体，唇齿相依、掎角相望。形成了一个周长约三里的军事堡寨，有效防御杀虎口的安危。在和平时期，中关是汉蒙马匹等货物交易的场所，现在杀虎堡、中关和平集堡统称为杀虎堡。中关现在部分城墙以及平集堡南门、北门保存完整（图 3-1）。

图3-1 杀虎堡的历史格局模型图

（图片来源：杀虎口博物馆内拍摄的模型照片）

（2）街道整齐，里坊布局

明代杀虎堡内驻兵千余人，堡内街巷布局规整，体现为里坊制形式。堡内的交通由一条南北向的主要街道和与之相垂直的若干巷道构成。堡内设有许多军事性质的建筑场地，明代设守备衙门，清设驿传道署、巡检司署、中军都司署，驻马兵二营，步兵八营[47]113，营房、校场、仓库多呈“一字形”排列布局。这些都是军事聚落与普通聚落在功能上的差异。此外杀虎堡内还建有大量的寺庙建筑，以满足军队和家属的精神需求，常见的庙宇有关帝庙、玄武庙、鲁班庙、火神庙等。这些寺庙建筑，规模都不大，有的只有一开间，用土坯筑成，与民居相似，建筑构造形式较为简单。

3.2.3 历史整体格局与风貌保存一般

山西省明长城沿线堡寨经过近600年的演化，除了高层级的镇、卫、所城大都演变为区域性的政治、经济、文化中心外，大部分堡寨成为地方性的村镇中心。而在改革开放和市场经济的新形势下，在多种文化的冲击下，明长城沿线的传统堡寨面对新的机遇和挑战。但屡屡发生的是堡寨文化遗产的破坏和损毁现象。这些堡寨所承载的历史与现实、近期利益和长远利益、经济利益和历史文化价值之间的矛盾越来越明显。一方面作为见证明清时代军事和生活城镇的历史文化遗产应该受到保护；另一方面，传统村镇的广大居民的生活居住质量，需要跟上时代发展的要求，如何解决这些问题，是明长城沿线军事堡寨保护中的关键问题。

这类堡寨的特征是历史空间格局保存一般，但拥有城墙的遗迹及少量的历史建筑，空间格局没有遭到大规模破坏，但在自发建设的过程中，民居大多已经更新，这一类村镇的数量较多，下面以山西省偏关县的水泉堡举例说明。

水泉堡位于山西省偏关县的北部，内长城沿线，在明长城设有关隘，称红门口，也称鸿门口，因此水泉堡是关隘型堡寨。明宣德九年修建，为了屯兵而建。堡城呈长方形，有一条主街，像船，南门外有一处水井。明万历年间，家属、商人涌来，居民区扩展，由长方形变成簸箕形。军堡特点是兵多、庙多（20 多座）、油粮多、字号多。明末清初，水泉堡凭借拥有通往内蒙古的交通要道和关口位置，商业和手工业非常繁荣，是偏关县的小杂粮集散地，并拥有多家字号，如曹锦文的“三盛营”，牛仲华的“元成泉”，牛繁的“聚和德”，张守仁的“万延泰”，孙二和的“车和永”等商贾字号，这些字号大多是晋南商人扶持联营而成。

民国时期东北军（奉军）进关后，在水泉堡住了一个多月，强行索要粮草，抢劫商店，导致手工艺匠无生意可做，民不聊生，人们逐渐向内蒙古大青山等处逃离搬迁，人口日益减少，从此水泉堡开始衰败。1938 年日本进驻后（18 天），城池遭受了严重的破坏，新中国成立初期也遭受一定程度的破坏，城门于 1969 ~ 1979 年间通地道时也遭到破坏。目前现状人口为 600 人左右，镇区有 60 多个姓，属于戍边将士的后代。南门正在维修，风貌不佳。城墙留存西南土堆，西城墙南段已毁，北段残留，参差不齐，附近的长城也破坏严重（图 3-2、图 3-3）。

图3-2　从南侧远眺水泉堡

（图片来源：偏关县文物局提供）

图3-3　从西侧远眺水泉堡

（图片来源：偏关县文物局提供）

3.2.4 历史整体格局与风貌保存较差

指现状堡墙基本消失殆尽，历史格局和历史建筑基本消失的军事堡寨。这种堡寨往往地处交通优越的地区，堡寨所处的村镇发展较快，加之在建设发展中忽视了历史文化遗存的保护，随意拆除堡墙和历史建筑，导致军事堡寨历史整体格局与风貌基本上不存在，如偏关县的八柳树堡。这种类型的堡寨由于丧失了保护的基础，不再作为保护的对象。

3.2.5 无人居堡寨

通过考察和分析，大部分荒废的堡寨都位于山势险要、海拔较高的位置上，取水困难，不具备基本的生产生活条件。有些堡寨是纯粹的军事功能，只是为了预警而建，如山西偏关县的万家寨堡、柏杨岭堡；还有一些堡寨位于山巅或山腰之处，用地有限，堡内无人居住，仅仅在内部耕种，如偏关县的小寨堡、上纸坊堡、寺沟堡、五眼井堡、教儿焉堡。由于这种类型的堡寨大多位于偏僻的地区，没有任何保护措施，自然侵蚀现象严重，加之堡内有人耕种，人为损毁墙体的现象屡屡存在，举例如下：

山西省偏关县的万家寨堡：明朝兵部尚书万世德祖父在此守黄河，在黄河东岸断壁沟谷内东头孤峰上，修两层石头围垣，上层站岗放哨、瞭望，下层驻兵，严密监视黄河西岸蒙古军的入侵，故名万家寨。下层周长约50m，上层周长约40m（图3-4）。

山西省偏关县的小寨堡：位于小寨村西北900m处孤岩之上，西望黄河河谷及小寨北沟，海拔1097m，地势险要，周围均为沟谷（图3-5）。

图3-4 万家寨堡的地形环境

图片来源：第三次全国文物普查不可移动文物登记

图3-5 小寨堡的地形环境

图片来源：第三次全国文物普查不可移动文物登记

3.3 山西省明长城沿线军事堡寨的景观类型和景观要素分析

3.3.1 文化遗产研究的景观视角

纵观国际上文化遗产保护运动，保护理念经历了从点上的文物保护到线性廊道的保护再到面上的历史城镇、街区的保护；从自然和文化的单一保护到将自然与文化融为一体的过程[48]。近些年，“文化生态保护区”、“文化空间”、“生态博物馆”、“文化景观”、“大遗址”等概念成为文化遗产研究的热点话题，一定程度上体现了文化遗产研究的景观视角，是在文化遗产保护利用理念上的拓展和提升。因此，文化遗产保护利用工作迫切需要有新的理论和方法来指导，需要运用新的学科视角来解决目前所存在的问题。在景观研究层面上，更强调文化遗产在空间、时间和文化要素上协同，因此也更有利于整体再现历史上的人类社会发展面貌，赋予文化遗产以更深刻的人文意义，拓宽和提升文化遗产的保护和利用价值[49]。

3.3.1.1 文化景观概念的形成

世界范围内对遗产构成的认识基本上可以分为自然遗产和文化遗产两大类，而文化遗产又分为有形文化遗产和无形文化遗产。但随着对历史遗产认识的深入，人们逐渐意识到一些遗产类型既难以完全泾渭分明地归入到“文化”和“自然”这两大范畴中，同时又兼具“有形”与“无形”的特征（如聚落景观）。因此，自 20 世纪 80 年代以后，“文化景观”（Cultural Landscape）的概念应运而生。它作为一种特殊的遗产类型，是对既有历史遗产构成体系的补充和完善[50]。

1992 年世界遗产委员会将文化景观正式列入世界遗产的范畴，规定这类遗产地由国际自然与自然资源保护联合会（IUCN）和国际文物古迹理事会（ICOMOS）2 个国际机构共同审议。它代表了《保护世界文化和自然遗产公约》中第一条所表述的“自然与人类的共同作品，它表现出人化的自然所显示出来的一种文化性，也指人类为某种实践的需要有意识地用自然所创造的景象”。目前全球已有 55 处文化景观被列入世界遗产[51]。其后，美国国家公园管理局（NPS）也对文化景观这一概念进行了界定，指出它是代表“一个联系着历史事件、人物、活动或显示了传统的美学和文化价值，包含着文化和自然资源的地段或区域”[52]。

3.3.1.2 文化景观的类别

按照世界遗产委员会公布的《实施世界遗产保护的操作导则》，文化景观可以分为 3 个主要类别：

（1）设计的景观（Designed Landscape）：是由人类刻意设计和创造的景观。包括出于美学原因建造的花园和公园景观，它们经常（但并不总是）与宗教或其他纪念性建筑物或建筑群有联系，如法国的凡尔赛花园。

（2）进化而形成的景观（Organically evolving）：反映了组成要素和形式上的进化过程。它又包括两种次类别，一是残留（或称化石）景观（Relict/Fossil Landscape），反映一种过去某段时间已经完结的进化过程，如古文化遗址；二是持续性景观（Continuing Landscape），它在与传统生活方式相联系的当代社会中仍起到积极作用，而且其自身进化过程仍在进行，同时又展示了历史演变发展的物证，如传统种植园、传统聚落等。

（3）关联性景观（Associative Landscape）：也称为复合景观，此类景观的文化意义取决于自然要素与人类宗教、艺术或历史文化的关联性，多为经人工护养的自然胜境，如风景区、宗教圣地[53]。

3.3.1.3 我国文化景观的类型分析

我国的遗产保护体系是在借鉴国际保护理念的基础上逐步建立和完善的，在以“自然—文化”“有形—无形”为依据的遗产类型划分中也存在一些难以明确界定的对象和范畴。因而，文化景观也应成为我国遗产构成体系的必要补充。

（1）设计景观：由历史上的匠人或设计师按照其所处时代的价值观念和审美原则规划设计的景观作品，代表了特定历史时期不同地区的艺术风格及成就。这类景观包括古代园林、陵寝以及与周边环境整体设计的建筑群。例如苏州园林、明十三陵、晋祠等。

（2）遗址景观：曾见证了重要历史事件或记录了相关的历史信息，如今已废弃或失去原有功能的建筑遗址或地段遗址。作为历史见证，其社会文化意义更重于其艺术成就和功能价值。例如明长城沿线大量存在的无人居堡寨属于此类型。

（3）场所景观：被使用者行为塑造出的空间景观，显示出时间在空间中的沉积，人的行为活动赋予这类景观以文化的意义。这类景观包括历史城镇中进行相关文化活动和仪式的广场空间，以及具有特殊用途和职能的场所区域。例如南京夫子庙庙前广场、重庆磁器口古镇码头、西安的钟鼓楼广场等。

（4）聚落景观：由一组历史建筑、构筑物和周边环境共同组成，自发生长形成的建筑群落景观。聚落景观延续着相应的社会职能，展示了历史的演变和发展。包括历史村落、街区等。例如明长城沿线大量有人居的堡寨聚落属于此范畴。

（5）区域景观：区域文化景观是一种大尺度的概念，超越了单个的文化景观，强调相关历史遗产之间的文化联系。按照其文化资源组织的线索和构成形式又可分为名胜区、文化路线（Cultural Routes）和遗产区域（Heritage Area）[51]。例如明长城及其沿线大量的军事堡寨以及其他的军事防御设施共同构成的军事类的区域景观。

3.3.2 山西省明长城沿线军事堡寨的景观类型

3.3.2.1 聚落景观

"聚落"指的是人类聚居的地方。全面地说，"聚落"的内容应包含居住空间、土地与资源的分布、开发利用方式、形成它的社会关系及人与自然环境的关系，这些构成聚落特征的因素同时也是聚落遗产地保护所应包含的内容[54]。聚落类文化景观包含在持续性景观的范畴中。

文化景观是一个较为复杂的概念，它是"处在了自然和文化、有形价值和无形价值、生物多样性和文化多样性的交界面上，它们代表了一种紧密的关系网络，而这种关系正是文化和种族认同感的本质所在……是各社会团体和遗产、人类社会和自然环境之间的基础联系不断认同与发展的象征"[55]。认同感和景观之间的联系是把握文化景观与人类联系的关键，除了国家意义的象征外，是场所的应用、传统文化活动的延续、人们的日常活动创造了丰富的文化生活场景，尤其是通过对景观的文化价值的认同，人们通过日常生活赋予地方场所感和认同感。拉尔夫（Relph）巧妙地将其概括为"地方的认同感是由物质形态、可见的活动和功能、符号和象征意义3个相关因素组成的，缺一不可"[56]。这三个相关因素也是理解聚落景观的关键因素。

赵荣、李同升认为，文化景观具有要素的复杂性、类型的多样性和动态性的特性[57]。根据文化景观要素的特性，单霁翔把聚落类文化景观分为自然基底、硬质要素、软质要素三个组成部分。硬质要素又可以划分为相对稳定的和活动状态的两种类型。自然基底，指为人类物质文化建立和发展提供的自然基础条件，包括气候、地形地貌、河流湖泊、土壤和植被等因素；硬质要素是指具有形态和色彩，可以被人们肉眼感觉到的有形的人文因素，包括建筑、道路、人物、服饰、交通工具和植物等有形的内容；软质要素是指人类的生产和生活中逐渐形成的影响聚落社会、经济、文化等各方面的社会组织形式和价值观等无形的内容[58]。

从以上几个方面进行总结，聚落景观具有较强的地域认同性、生活延续性特征，富有人类生产生活的气息。在传统的聚落中，无论是固定的物质要素，还是延续的生活方式和传统文化，以及具有象征意义的建（构）筑物等，都可以成为聚落类文化景观中不可忽视的要素。聚落类文化景观是“活着的”文化遗产，人们仍然生活在聚落中，而且是继续发展变化的，这是其最本质的特点，遗产保护也必须适应生活延续性这一特点。

根据山西省明长城沿线军事堡寨景观要素的组合特点以及人们保护与利用方式存在的差异性，可以将聚落堡寨划分为以下两种类型：

1. 风景区依附型堡寨

这种类型的堡寨往往是地势险要的关隘型堡寨，由于具备独特的自然环境条件，即山、水、长城和堡寨有机结合而形成具有开发景区的优势和条件。这种类型军事堡寨的景观要素主要是由自然环境要素、明长城、军事堡寨及其他军事要素（烽火台、望河楼等）共同形成。例如山西省沿黄河分布的军事堡寨，偏关县的老牛湾堡、桦林堡等，以及山西省明长城沿线著名关口附近的军事堡寨，如右玉县的杀虎堡、繁峙县的平型关关堡等属于这种景观类型的堡寨。

2. 居住生活型堡寨

山西省明长城沿线的军事堡寨大部分演化为戍边将士后代生产和生活的村镇驻地，这种类型的军事堡寨也是晋北明长城沿线村镇的载体，其不同于一般村镇的特点在于：城墙、民居、钟鼓楼、寺庙、戏楼等景观要素交相辉映，构成居住生活型堡寨聚落的景观特征。堡寨规模较大的，村镇被完整包围在城墙以内；堡寨规模较小的，随着村镇规模的扩张，村镇用地会突破堡墙的限制在外围用地条件较好的方向扩展。

3.3.2.2 遗址景观

联合国教科文组织于 1972 年在《保护世界文化和自然遗产公约》中给

遗址下的定义为："从历史、审美、人种学或人类学角度看，具有突出的普遍价值的人类工程或自然与人联合工程及考古地址的地方"[59]。

遗址是堆积在地层里面或者是留在地层表面，过去人类的生活所遗留下来的东西或相关现象。这些物质遗留或遗迹所存在的地区，就叫作遗址。遗址具有时间深度和空间的范围，是很清楚被界定的有实体存在的古迹[60]。地面遗址通常都是残缺并不再使用的。遗址中通常会包括各种遗迹和遗物以及过去的环境以及过去的人类所遗留下来的所有东西。明长城沿线无人居堡寨是属于遗址的范畴，但它们曾经是驻军的聚落。

山西省明长城沿线的遗址类堡寨往往孤立于荒原之中，有的和长城边墙唇齿相依，有的和长城边墙遥相呼应，并和复杂的地理环境融为一体。遗址类堡寨虽然残损严重，但仍然具有丰富和复杂的文化内涵，反映出不同时期军事堡寨的功能演化和环境变化，在明长城沿线军事堡寨的防御体系研究中占有一席之地。

3.3.2.3 三种景观类型军事堡寨的特征比较

风景区依附型堡寨、居住生活型堡寨和无人居堡寨是山西省明长城沿线具有不同景观特色的三种类型的军事堡寨（表 3-4），同时也是军事堡寨保护与利用模式的典型代表形式。

山西省明长城沿线三种类型军事堡寨的特征比较（资料来源：根据调研整理）

表 3-4

类型名称	主要特征	典型实例
风景区依附型堡寨	往往紧依或靠近长城，有的是关隘型堡寨，自然地理环境独特，依山傍水，形成了山、水、长城和堡寨交相辉映的整体格局，具有开发为景区的潜在优势和条件	偏关县的老牛湾堡、桦林堡；右玉县的杀虎堡；繁峙县的平型关关堡等
居住生活型堡寨	具备生产生活条件的军事堡寨大部分演化为居住生活型的村镇，地形条件相对较平坦。不同于一般村镇的特点在于：城墙、民居、钟鼓楼、寺庙、戏楼等景观要素交相辉映，构成居住生活型堡寨聚落的景观特征	偏关县的老营堡、水泉堡；右玉县的右卫镇、威远镇等
无人居堡寨	地理环境险要，往往位于高山之巅，很难维持正常的生产与生活。失去军事功能之后，演化为无人居堡寨，在景观上往往只剩下残垣断壁，孤立于荒野之中	偏关县的柏杨岭堡、滑石堡；右玉县的新、旧云石堡等

3.3.3 山西省明长城沿线军事堡寨的景观要素

作为一种文化景观形式，山西省明长城沿线军事堡寨通过有形和无形景观的要素向人们传递着景观中包含的信息，由于对于事物的要素与结构的分析有利于更加明确地认识文化景观的本质特征，本研究借用美国学者阿摩斯 • 拉普卜特（Amos Rapoport）在《建成环境的意义——非语言表达方法》一书中对建成环境及其意义的研究中所使用的概念，将山西省明长城沿线军事堡寨的景观分为固定特征因素、半固定特征因素和非固定特征因素三种形式。包括对各种环境和场景的直接注意，观察其中所表现的线索，并鉴别环境的使用者对这些线索如何解释，即这些线索对人类行为、情感等的特定意义等，以及各类特征因素如何共同构成聚落的领域感和空间感[61]。

李和平、肖竞认为，文化景观的构成要素划分为“物质”和“价值”2个系统，文化景观物质系统的构成要素按照特点和空间规模可具体分为5种：行为、建筑、空间、结构、环境，价值系统可分为人居文化、产业文化、历史文化、精神文化等要素[51]。

我国传统聚落要素按照成一农的归类，包括衙署、城墙、祭祀地、庙学、仓库、街道、居住区等，也可按类型归类为：领域、边界、中心、节点。基于对凯文 • 林奇以及对吴良镛先生的城镇设计要素研究成果的认识和理解，结合古代城图的绘制方法，军事堡寨的空间形态构成要素可以概括为：环境、边界、骨架、建筑群和场地、标识体系5个方面。

在以上分析的基础上，山西省明长城沿线军事堡寨的文化景观构成要素如下：

3.3.3.1 固定特征因素（fixed-feature elements）

固定特征因素基本上是固定的或变化得少而慢的因素。大多数标准的建筑因素（墙、屋面、地面）以及堡寨中的街道和建筑物均属于这一领域。显然，这些因素的组织方式（空间组织）、大小、位置、顺序、布置等等都会表达意义[61]。山西省明长城沿线军事堡寨的固定特征因素包括自然环境要素、城墙、街巷、建筑和标识景观等。

1. 自然环境要素

山西省明长城与沿线的军事堡寨大部分地处山峦峻岭之间，其营造选址、建筑格局、构筑物形制往往与周围的山脉融为一体，相互因借，相得益彰，形成了人类创造与自然环境的巧妙结合，创造了独特的军事防御体系与人类文化景观。山西省明长城沿线的丘陵和山地地貌，为堡寨式聚落据山而建，依山而守，提供了必要的有利地形条件。如山西省偏关县的20多座军事堡寨，由于地处不同的自然地理环境，堡寨的形态和规模呈现较大的差异性。各堡寨对地形的利用往往体现在以下两个方面：一是利用高山陡地，即居高临下作为一种位能的贮备，使场地的安全感得以增强。堡寨依山靠河，借助山势的屏蔽和河流的阻隔作用提高聚落的防卫能力。如偏关县的老牛湾堡是借助黄河和长城的双重防御来进行防卫，偏关县的草垛山堡、黄龙池1号堡是利用本身的险峻地势进行防卫的；二是利用微地形，即村落位于较平坦的塬地顶端，利用高坎、丘陵、谷沟等自然地物垂直高度的隔离作用获取防御优势，其作用与山地相似。天然的沟谷作为堡寨某一方向或几个方向的防御屏障是较常见的堡寨选址环境，如偏关县的桦林堡（图3-6）和永兴堡。

（a）桦林堡区位图　（b）桦林堡地形图　（c）桦林堡现状平面图

图3-6　桦林堡地理环境及现状平面图

图片来源：（a）来源于《山西省地图集》中偏关县域1∶25万地形图；（b）来源于《宣大山西三镇图说·山西镇》；（c）在航拍图的基础上通过调研自绘；照片为自拍。

2. 边界——城墙

中国城墙建造的历史起源于史前龙山文化时期的藤花落古城，这是我国古代城池建设的一个开端，以后一直到发现郑州商城，这标志着从商周时代开始，我国古代的城池建设进入一个新的阶段。以后持续发展上千年，到明清时期达到鼎盛，全国规模不等的城墙有数千座，这在世界发展历史上都是绝无仅有的。以城墙为主体的城池筑城体系在我国延续了约 4000 年之久，到明代已发展得相当成熟。俗话说“唐修塔，明修圈（“圈”就是城墙），大清修佛殿”，明代是筑城活动的高潮时期，如今在全国范围内所看到的城墙，大部分是明代新建或扩建的，虽然相对于以前的朝代基本形制未变，但在构造方式和使用材料上都得到了完善。据统计，西汉时期构筑的郡、县城池已达 1400 多座。明代的疆域虽然不及汉代，但是城池数量超过西汉，成为中国历史上城池数量最多的朝代[62]。

正如程大锦先生在《建筑：形式、空间和秩序》中所言“四个垂直面围绕一个空间区域，大概这是建筑空间限定中最为典型的，当然也是限定作用最强的类型，由于该区域被完全地围合，所以它的空间自然是内向的”[63]。堡寨的城墙是组成外围防卫体系的基本要素，有了四面围合的城墙便构成了城池的规模大小和空间的界定。

明代的军事堡寨多为正方形或矩形，采用夯土筑成，外包青砖。作为具有军事职能的城墙不仅仅具有“围”的特点，更重要的是它具有抵御军事打击的功能。从防御功能来看，城墙是各个外围防卫其他要素的线性连接和运用平台。如城楼、角楼这些“点”要素，由城墙串联发挥“线”性职能；雉堞、马面作为城墙的组成部分，在形状上突破传统意义上“墙”的构成形式，使其更具有军事防御、有效御敌的功能。

明长城沿线的军事堡寨一般都是由朝廷出资在平坦的基地上依照中国古代“方形城制”的基本模式进行有规划的建造，所有的军事堡寨都是为了防御而建，所以城墙、城门、城楼、望楼、炮台、垛口等防御性建筑是构成堡寨布局所必需的景观要素。这些景观要素界定了整个堡寨形成一个内向封闭、边界明确的领域。

直到近代时期，山西府、直隶州城镇基本上还处在围墙城镇时代。每一个府、直隶州城镇都有城墙相围，大部分府、直隶州城镇的城区范围仍仅限于城墙之内。在城墙之内，城区被以城门为起点的道路分割成一个个的坊区，居民、官署、书院等机构分别分布在这些坊区之内，相互之间通过城内道路进行沟通和联系。这样，在考察府、直隶州城镇的内部空间结构时，城门的数量、位置以及城镇道路的分布格局就成为一个非常重要的元素[30]190。

我国古代城镇的城池形式存在两种基本的划分，顾朝林等人将其分为两种类型：即方形和不规则形。他们认为。“在中国漫长的封建社会时期，城市的形态大多数是方形的，其次是不规则形的”。

（1）城墙体系

军堡的防御层次分为长城—军堡周围的烽燧—关城—瓮城—城门—城墙几部分，加之堡墙上的垛口、射击口、窝铺、堡墙内侧周圈马道、角楼等设施，共同构筑了固若金汤的军事防御城堡[64]。明长城沿线的军事堡寨的选址多从军事要求出发，建成有深沟高垒的防御设施。城墙是军事斗争的产物，是一切防御措施的载体，所以城墙上的附属建筑都体现服务战争这一思想。城门、瓮城、城楼、角楼等附属建筑从不同角度构成一个完整的攻防体系[12]32。

城墙和池是堡寨的边界形态，也是最外围防护结构，城墙由于防御的要求建造得非常坚固，因此可以留存到现在，而池大部分不存在了，今天能看到的是城墙外围的壕沟以及内侧低洼的水塘。

城门是城池与外界沟通的出入口，城门的设计和施工反映了建造者最高的工艺水平，主要的门往往结合瓮城进行建设，这样更有利于防御。城门上的城楼具有守护、瞭望等许多方面的功能，也是城池的标志性建筑。堡寨往往不开北门，而是修建一些庙宇，多为真武庙，希望得到真武大帝的保佑。门洞都是砖拱券式样。规模较大、防守位置重要的城堡门洞深达19m，门洞内设厚达20cm的木制大门。门扇还由铁板包裹，布满铁蘑菇钉，从而增强了门扇的硬度，降低了火攻城门的危险性。

瓮城是建在城门外的小城，前后门均不正对，与道路的关系也是有意做成“屈曲相对”，士兵可以在瓮城墙上组织侧射火力，用以增强城堡的防御能力。还有的城在瓮城之外还设有关城，即使敌军攻破关城门，仍可借瓮城门防守。

马道是设置在城内紧靠城墙的一种斜坡蹬道，多位于城内主要街道的尽端，有利于调集军队并增强防御中兵力的移动性，作战时防守将士以及战马可以从此登城。规模较大的城堡有三至四处马道，也有的城堡每面有两个马道。

城墙转角设有方形角楼墩台，上面建有城楼，巡防兵丁驻守其中，每隔一定距离还设墩台，以便组织防守的侧射火力，二层空心角楼的作用是实现城守死角，加大防守面，增强高空侦察和射击能力，是一座堡寨不可缺少的防御设施。

（2）城池形式

1）方形城池

南宋陈规在他的《守城录》中说：“城身，旧制多是四方”。方形城池在我国北方平原地区比较多。方形平面是中国城市所追求的理想模式，是“天圆地方”中的“地方”观念以及以封建王权为至尊的伦理等级文化的体现与象征。从防御性角度看，方形更易保证施工质量和判定方位，便于指挥调动。

先秦时代，是我国历史上筑城的高潮时期，大部分城池采用了方形的城池形式，例如，郑州商城是略长一点的方形，西周王城与东周王城也采取方形。在战国时期流传的周王城图，是总结了史前以及先秦时代的一些城池才形成的。自王城图流传以来，秦汉时代的城池，都继续做方形城，王城图流传 2000 多年来，特别是《考工记》补入《周礼》之后，周王城图便成为城池的标准。受周王城图影响所建设的都城，都是方形的或略为长的方形，如秦咸阳城、汉长安城、三国时建康城、曹魏邺城、北魏洛阳城、唐长安城、明清北京城等。因此，《周礼•考工记》是一种营城制度，同时也作为一种礼制和等级制度的一部分被确定下来，进而形成一种礼制观念被继承下来，并反映在中国历代城镇的建设中。

美国学者凯文•林奇在审视了中国古代商朝都城和汉唐长安城后，把方形城市确定为中国城模式，他说：“这样的城市传统在中国是由公元前 1500 年开始的，而且几乎延续到近代。中国城市模式的思想也逐渐在文字中完善。城市是正方形的，规则的，坐北朝南的，强调围合、城门、序列、有意义的方向，以及左右对称。以创造与维持宗教和政治的秩序为明确目标。仪典与空间配合在一起。中国人表达了（而且确实相信）天人合一的和谐感，若是和谐被破坏了，一定有灾难降临。这样一个有位置次序、时间次序、行为次序、服饰次序的世界是安全的”[65]。这是从价值标准解释中国方形城的代表。

2）不规则城池

我国古代城池的建造，虽然以《周礼》的王城制度为基本原则，但是有许多城池是因地制宜建造的，体现了《管子》“因天材，就地利，故城郭不必中规矩，道路不必中准绳”的规划思想。原因是城池在选址时，其中最重要的一条原则是要靠近水系。城池是人口集中的地方，用水量很大，选址时必然要考虑水源条件，以临水为原则。其次是地形地貌条件，往往会给城池的建设带来诸多制约，如我国的南京城。

明长城沿线的军事堡寨大部分是在军事防御形势下按照方形的城池形式修建的，只是方案与具体地形相碰撞的过程中迫使方形形式的局部发生变化，从而形成不规则形。如偏关古城，城池位于偏关河东畔，且所处地势东高西低。据《山西通志》载，偏关古城在历史上从洪武二十三年（1390年）到弘治元年（1488 年）历经几次大的展拓，最终形成较大的城池规模：周五里十几步，高三丈五尺，东西南三门，上建重楼。嘉靖、隆庆、万历、天启年间又多次进行增修，并加以青砖包砌。由此可见偏关古城历经了近百年的营建，一方面显示了其在军事地理位置上的重要性，另一方面也充分体现了我国古代不规则城池的营建思想：充分利用城池的山、水、地势条件，虽然是严整的军事城镇，仍然在布局上体现出了灵活自由、因地制宜的规划思想（图 3-7）。

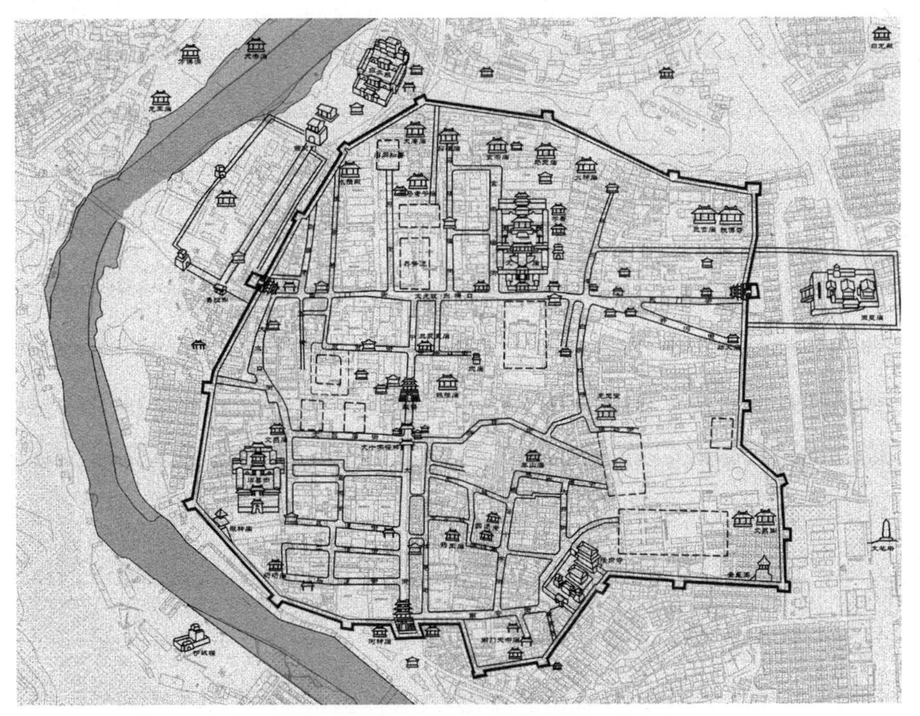

图3-7　山西省偏关古城历史格局图

（资料来源：山西省偏关古城保护规划）

3. 骨架——道路和场地

所有的聚落都是由各具特征的领域及使各领域相互连接的路径所构成。这种“多样的领域与路径”是聚落形成过程的共同原则，任何一个成熟或典型的聚落，都占据一定的空间，是由多种物质要素和设施构成的有机整体，在这个有机的系统中，道路是聚落内部人与人之间相互交往和沟通的重要空间；广场是人们社会生活和文化活动的中心，一切社会交往活动都与聚落的生产生活紧密相连 [66]。

明长城沿线的山地型堡寨为了达到防御的目的，街巷往往通过宽窄和坡度的变化、丁字路口的设置、尽端路的安排、街门过街楼的布置等方式制造丰富多变的景观与迷惑莫测的路径；而对于平原性堡寨，其道路系统往往呈现出规则的几何化的形态，如“田”、“井”、“王”字形或鱼骨状的道路系统。如此格局，端正方整，泾渭分明，体现了我国最早《周礼》的规划布局思想。道路空间是由堡墙、院墙做边界实体，这样的围合本身就包含了防卫的思想。聚落的公共活动场地，则往往布局了戏台或寺庙，主要为村民提供了看戏听戏、庙会赶集、举行庆典、闲谈聊天的活动场地。

中国传统城市通常采用“里坊制”和“坊巷制”，两者均以经纬道路界限将住居划分为“里”或“坊”，里（坊）内每户以院落组织空间布局，它们是聚落整体构成的基本单元，以坊门、坊表作为内外界定的特征。这种组织方式使聚落空间呈现序列性和层次性强的特点[67]。这种特点在山西省明长城沿线的军事堡寨聚落中表现得非常鲜明。

（1）“十字形”或“非字形”街巷系统

九边重镇的城市多数为沿边地区的中心，除军事防御职能外，同时也具有较强的政治、经济职能。因此，一般镇城的规模都相对较大，修建在地势平坦的交通要道上，平面呈方形或长方形，周长在 12 里以上，大同镇城由于是防御北元势力的重镇，更是达到了周长 24 里的规模。镇城的城门数量最少为四门，即每边各开一门，干道系统呈“十字形”或“非字形”。镇城的道路可分为干道、一般街道、巷道三级，形成垂直相交的类似棋盘式的道路网。城中重要的衙署、军事指挥建筑分布在主干道两侧；在干道、街道的交会处形成店铺林立的商业区，两侧还分布城内的主要庙宇寺院。

卫、所城以屯军为主，经济职能相对较弱，但也有不少非军籍居民。卫、所城周长四里至七里，如万全卫城周六里十三步。少数因险设防的堡寨是屯兵系统的最小单位，为纯粹的军事设施，居民基本以驻军为主，基本没有经济职能，堡的周长一里到四里不等。卫、所、堡城根据地形而设，一门到四门不等。卫所城道路结构布局多为十字街，堡城大则十字街，小则一字街，道路分为街与巷二级。街巷整齐平直，通往堡门的主街宽阔畅达，并且多依古制在城墙内侧设环城马道。

实例 1：山阴县广武城，坐落于雁门关外之北山坡上，内长城脚下，傍关依塞，是防御北敌南下的前沿哨所，素有北门锁钥之称。由于地势平坦，城池平面为规则的长方形，南北长约 500m，东西宽约 300m。内部街巷为常规的军营形制，十字主街宽约 7 ~ 8m 连通各个城门，通达顺畅，相交于中心十字广场；支巷则基本沿南北向主街正交分布，呈现东西走向（图 3-8）。

实例 2：右玉县右卫城，位于右玉县城北，自古为北方重镇，清代为朔平府驻地。右卫城东西约 1117m，南北约 1460m，设四座城门，城内正对城门的东西、南北两条大街交会成十字形，交会处原建有钟楼，现已毁圮（图 3-9）。

实例 3：右玉县杀虎堡，在右玉县城西北约二十里处，始称杀胡堡，紧靠外长城，明代为山西通往内蒙古的咽喉要道。最具特色之处在于，经过多次加建，形成南北向多堡相连的局面，呈现“目”字形。北堡称杀虎堡，南堡称平集堡，中间以东西墙相连，形成中关，并在东、西、南、北四个方向各开一门，将南北两堡相连。整个堡内的交通通过南北向的主街和与之相垂直的若干巷道构成（图 3-10）。

（2）较为自由的街巷系统

山西省明长城沿线的军事堡寨大都形态规整，但也有个别聚落由于地形的要求，街巷布局较为自由，如山西的偏关古城。偏关古城内的历史街巷共有 33 处，纵横交错，脉络清晰，主要骨架为南北向的中大街及东西向的东西门街，呈现为“T”字形，其他次级街巷随地形起伏变化，形式灵活。街巷体系空间变化丰富，尺度宜人（图 3-7）。

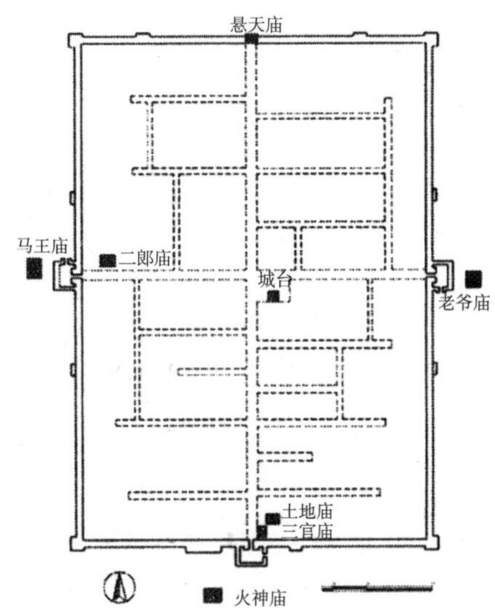

图3.8　旧广武城街巷图[37]28

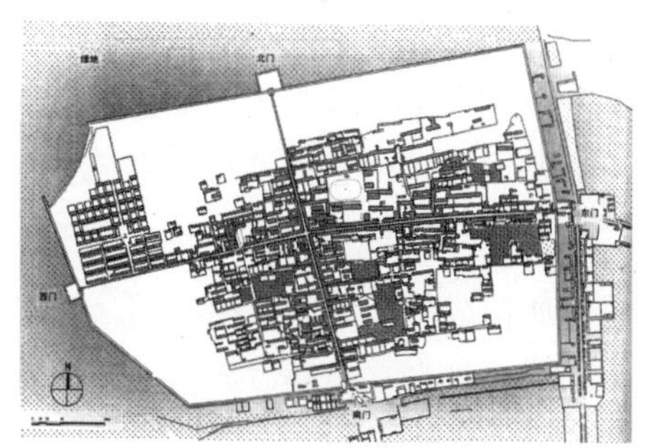

图3-9　右卫镇平面图[36]54

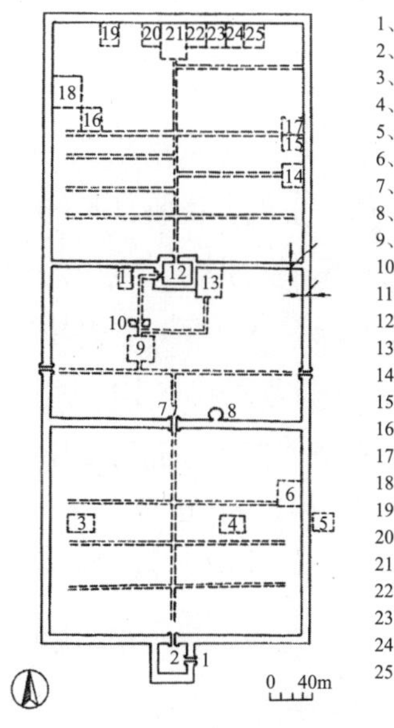

图3-10　杀虎堡街巷图[37]29

4. 建筑群和场地 1——官署衙门和营房

官署衙门是军堡内部构成要素的典型代表形式，不同城堡中官署和官邸在城中的位置不尽相同，一般多位于北半城。重要官邸、王府院落进深十进院以上；一镇之官府较其他官员府第大，为五进院；其下级官员府第、官署多以三进院为主。文、武官署在建筑规模上相近，但形式略有不同，文官署进大门后左右厢房较多，类似普通的民居、官邸布局，武官邸大门内多有一空场院落，立以旗杆，为练武场地，其旁多供关帝等武神[6]151。平型关关堡内的官署衙门可分为文衙门和武衙门，位于城区西北部，东临南北向主街，现在地面建筑已经不存，其形制需进行遗址发掘考证。

明代堡内大量的建筑是营房，还有训练用的校场。大部分营房的建筑形制今天很难在资料中看到，因为其建筑的等级和规格比衙署、府第、祠庙低，史料中不把其作为介绍的重点，而到了清代，营房逐渐被民房所替代。平型关关堡内的营房和校场也是如此。

5. 建筑群和场地 2——民居

民居，是村镇生活的最基本的空间，也是山西省明长城沿线军事堡寨空间的主要构成部分。它包括单个的宅院、院落组和占据一个地块的几个院落所组成的大户人家的府邸，还包括沿街地段常见的商住建筑。

从地域的角度讲，晋北地处北半球高纬度地带，属于中温带大陆性季风气候，四季分明，冬天漫长寒冷、夏天短暂温热多雨。昼夜温差大，平均气温在 6.5℃左右。总体来讲，常年气候寒冷干燥，聚落的建筑形式也非常注意向阳保暖。同时由于该地区为边关重地，因而聚落建筑并不奢侈华丽而重在朴素与实用。

在明代，军人是一种终身的职业，每个军士都有上级发给的户籍证明，军户的人员、土地、税收都是统一管理的，军户居住在军事营堡等防御性设施中完成操守、驻防、屯田的任务。其所受的军事管理，即一种具体到操作层面上的军营、军户管理模式，是中国古代封建社会军事防御性聚落中长期、普遍存在的，与里坊制度同源、目的相近的制度——“堡伍制度”。军堡中的军户“五家为伍”，即以五家军户并排为一街巷单元，每军户中出一丁，即前文所述之正丁，结为一小队，称作“伍”。“伍”是军队的最小单元，一般一敌台、烟墩由五人协守，“伍”也是屯田的最小组织单位——小旗所带管的五、六人的屯耕小组。这样一来，军户的居住、操守、防御等活动被严密地组织起来[68]。目前，大同东北方与内蒙古接壤处的镇边堡内发现有此模式的例证。

从居住层次来看堡寨内的结构，基本上可归纳为屋—院落—组团—堡的层次。屋围合成院，若干进院构成院落，有时多个院落（通常三个以上）互相靠近，中间仅以院墙或房屋相隔，并以过厅或院门作为连通，当地人将此种院落布局称为“连环院”。

从空间形态来看，合院和敞院是山西省明长城沿线堡寨聚落住宅的基本空间单元。“合院”中的“合”有“围合、围拢”的意思，“院”即“院落、庭院”。“合院”就是四周用房屋、院墙、栅栏等围拢起来的“半封闭”空间。晋北合院的平面往往向心方正，中轴对称，对外封闭，对内开敞[69]。合院往往是宗法伦理、风水观念的综合体，合院的对称、正反、虚实、层层相抱的形态是“藏风聚气”、“通天接地”的风水观念在建筑上的反映（图3-11）。

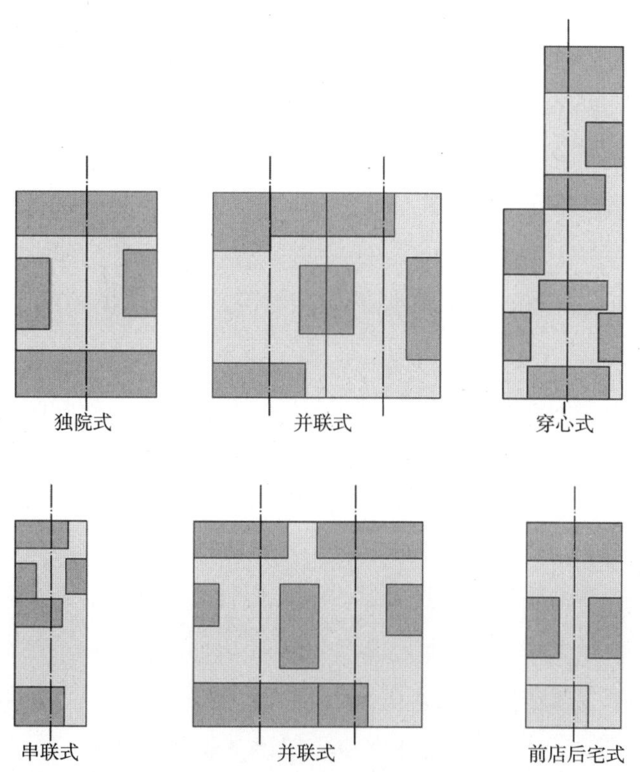

图3-11　偏关古城典型院落平面格局图

农村商店、作坊很多是小型的单开间家庭店坊，所以往往与住宅混为一体。具体形式有前店（坊）后宅式，或下店（坊）上宅式的两层建筑，当然也有三进院或门面为两开间的店坊。在平型关关堡的南北向主街两侧分布了较多的商业店铺，这些店铺和民居院落相结合，呈现出前店（坊）

后院的形式。

共同的生活法则和相似的文化意象，使人们在营造房屋时自觉不自觉地在遵守着共同的建造法则、建造过程和建造方式。由于明长城在晋北跨越了大同市、忻州市、朔州市 3 个地级市 17 个县（区），不同县（区）各有不同的地理形势和文化环境，因此造就了不同地域类型的居住建筑形式。总体来看，晋北民居的形式，主要有窑洞、木构架平房、瓦房等类型，这些类型和地理环境有着密切的关系。

（1）晋北中部和东部

该地域的民居以合院式建筑为主，院落大多为一进到三进或多进，也有带偏院的，形成多重院落，还有一进院落联排式布局，形成“一字型”布置形式。平川地区常见的院落有“阔院式”、“四合院”、“三合院”或“穿心院”等形式[36]224-225。

阔院式民居：历史上晋北地广人稀，土地资源较为充裕，所以民居的建筑密度一般较小。加之气候寒冷，为了使住宅能够充分接受阳光，院落一般比较开阔，多为五间，外院建筑也常常布置为五开间。当然，也有一些普通四合院采用三三制布局，即正房、厢房、门房各三间，但院落尺度都很宽敞，与晋中、晋南的“窄四合院”刚好相反。此外也有两进两出，三进三出的深宅大院。阔院式民居层高较低，常常采用满面开窗的方式，有利于广纳阳光。

穿心院：是指多处院落互相串通而形成的院落群。穿心院的院门大都设在沿街处，从大门进去，穿过里面的两处以上的院子，一直走向内宅。晋北民居穿心院最讲究的大门是广亮大门，其次是抱厦大门和垂花门。即使是普通的青砖门楼，也是做工精细。

气候条件是民居建筑形式的基本约束条件。晋北地处北温带半干旱气候区，冬季长，无霜期短，降水量少，全年以西北风居多。因此，当地的居住建筑一般主要房间坐北朝南，山墙、后墙一般不开窗，用厚重的砖墙砌筑，以防风寒。由于当地的雨水少，屋顶一般为缓坡或平顶。

（2）晋西北地区

晋西北由于地处黄土高原地区，山区民居一般依山就势，这种村落的布置大体可以分为两种类型：一种是与等高线平行布置，在水平方向上相互联系；另一种是与等高线垂直布置，在竖向进行组合。因此就院落类型而言，前者可以称之为“敞院”，后者称之为“台院”。在晋西北地区，“敞院”是一种较为普遍的形式，乡民称之为“野院子”，是指没有围合或正房两侧不设厢房，仅用砖墙甚至是土墙篱笆围合的院落，虽不免朴素简陋，却蕴含了集约节约的思想（图 3-12、图 3-13）。所谓“台院”是利用连续不断的黄土岗，通过稍加填挖形成台地，然后在平整的台地上布置的院落。这种院落的特点是利用下层窑洞的屋顶作为上层窑洞的院落，充分利用山地空间和地形高差，合理组织居住空间，从而使得建筑空间层层叠叠，别具一格[70]。

图3-12　山西省偏关县桦林堡敞院（一）

图3-13　山西省偏关县桦林堡敞院（二）

晋西北属于黄土高原沟壑区的组成部分，绝大部分的地表被广阔而丰厚的黄土所覆盖，境内沟壑纵横，丘陵起伏。气候多变、风沙较多、空气干燥、寒冷少雪。面对这种极端严酷的气候条件尽量减少与外界的接触以保持自身能量的平衡可以说是一种明智的选择。窑洞住宅这种“封闭式”的防热御寒方式反映在建筑的空间形态上是一种内向的空间格局。许多窑洞建筑一般都用 80 ~ 100cm 的生土墙或掩土砖墙砌筑，屋顶覆以较厚的土层，而且只在一面开窗，以便保持室内的恒温恒湿[70]。所有门窗都朝向一个封闭的内院，外墙几乎都是实体，既防风又隔热。很显然，这种内向型的空间形态对于适应晋西北的气候条件具有无可替代的作用。

山区民居一般有“土窑”和“石窑”两种形式，比如朔州地区的山区民居多采用土打窑、傍崖掏窑、网基窑和石碹窑。土打和傍崖窑冬暖夏凉，略显局促；网基窑是用黏土和麦秸和泥脱下土坯做材料，这种窑的特点比土打窑敞亮；石碹窑一般是凭山而居的村民就地取材，用石头碹成，结实美观（图 3-14）。晋西北保德州、宁武府等地区，该区经过历代屯垦，森林资料短缺，木料难找，而砖石却价格低廉，人们就地取材，造屋“凡墙壁皆以砖石，上覆以瓦，梁柱窗栈而外，无用竹木者。土石价省于木，故作室者木工少而土石之工多”[71]。在偏关甚至一般居民仿官署住宅而建造民房“惟关城民居颇壮观，胆大半仿官署而为之，盖工料廉而轻营易也”[72]。

图3-14　山西省偏关县老牛湾石窑民居

6. 标识景观

明长城沿线军事堡寨中采用的直交轴线经常与一种明显的中心结合在一起，并结合城池形式和城门的方位，促成了聚落方向感和意象的形成。标识景观通常位于聚落的中心区或其他重要的位置上，同时标识景观是聚落场所的成因，是人们集聚的诱导体，应包括塔楼、寺庙、戏台等公共建筑以及城门，甚至还包括更小的要素，如水井、门、屏、路标等[73]。明长城沿线军事堡寨的标识景观也有自己独特的表现形式。与堡寨聚落防御功能相对应的景观元素，如城墙、城门以及位于堡寨附近的望河楼或瞭望台通常是形成标识景观的重要组成部分。此外，聚落的标志性建筑物，如钟鼓楼、寺庙及戏台是公共活动的场所，是聚落中重要的结点元素，也是标识景观的组成部分。

（1）钟鼓楼

由于规模大小、政治经济地位及思想理论体系化程度的不同，古代城市在空间布局上更为遵循“宇宙图式”，在追求内容上的整体性的同时，形态上更注重整体性、象征性和自律性，是被形制、观念等制度化了的结果。它通常围绕一个中心空间组织建筑群，体现了一种原发的社会心理要求及理性和秩序观念，深刻而直接地反映着一种社会向心概念[67]。在很多的军事堡寨中的核心位置上分布了高高矗立的望楼、钟鼓楼、高阁等标志性建筑物，它们同时担当了点式防御的功能，与城墙的防御体系相呼应。楼阁通常位于堡城中央、街巷节点之处，且多与鼓楼、玉皇阁等合建。根据街巷走势，门洞开券形式分为一字形和十字形两种类形。现存的经典防御楼阁有代州城边靖楼、偏关古城的钟鼓楼和新平堡玉皇阁。

（2）寺庙

山西省明长城沿线的军事堡寨作为戍边将士生活的场所，既要承担防御的功能，又要储备生活物资，满足堡内人民日常生活的需要。庙宇在堡寨修建中是必不可缺少的精神文化，它也是堡寨驻军长官苦心经营的场所，表达着官方对堡内人民思想的控制。

寺庙是城堡公共建筑的重要组成部分，直接关系着人们的精神生活。作为一个城堡最基本的宗教和祭祀场所，寺庙是不能随意而建的。国家礼制、宗教观念和民俗心理影响着寺庙的位置和样式。人们按照经验创造着众神存在的空间，有目的地用自己的理念修建着庙宇。

其一是关帝庙。关帝是由人们对三国时蜀汉大将关羽的灵魂崇拜演化而成的民间俗神。明神宗万历四十二年，关羽被封为三界伏魔大帝，天尊关帝圣君。关帝在边塞城堡中是忠勇的化身，也是战神和守护者，在堡寨广泛地受到居民的信奉。大部分关帝庙都修建在堡门附近，有守堡镇四方的作用。

其二是城隍庙。城隍是神话传说中守护城池的神，城隍神的性质，相当于"冥界的专门官僚"和现世的府、州、县相对应。在万物有灵的观念下，城隍被人们神化，成为城池的保护神。明初，国家祭祀体系中确立了城隍的固定位置，一般位于堡内西面或驻守衙门附近，符合人们对自然现象的认识。城隍制度作为定制，只有县级以上行政单位才有资格设立城隍庙。如："得胜堡、镇河堡、助马堡、镇羌堡的城隍庙位于堡西面，镇鲁堡的城隍庙在堡东面靠近衙门处"[74]。堡内大都还是真武庙，多位于堡北，因为真武大帝主镇北方，有镇堡之作用。另外在晋北堡寨民众心中，真武大帝有制邪气，免受灾害的能力。

（3）戏台

戏台是城堡内重要的集会和娱乐场所。早期戏台是为娱神而进行的表演活动，因此多建在庙的正对面。而在军事聚落中的戏台则表现出布局的灵活性，有的作为路的底景，正对路口而设；有的骑在路上叫穿心戏台；也有的与庙一起设在瓮城内。当城堡的物质防御功能早已远去，其所蕴含的庇护、保卫等精神防御的内涵以庙宇、戏台等为载体，却一直传承至今。如平型关关堡内的戏台位于关堡内十字形大街的交汇处，明清时期是全城的中心活动所在地。

3.3.3.2 半固定特征因素（semifixed-feature elements）

半固定特征因素包括家具、窗帘及其他陈设的布置和类型、花木、古董架、屏帏及服装，直至沿街设备、广告牌示以及其他因素，这些都能够相当迅速而容易地加以改变。正是半固定特征因素的存在表明了空间的意义。无论居住或非居住场所，往往使用很多半固定特征因素，而且绝大多数由使用者安排，因此，它们易于用来表达意义[61]。

晋北地区明长城沿线堡寨聚落中建筑的室内布置的差异性不大，在室内陈设上最基本的内容就是火炕、锅灶。以正北房为例，火炕一般盘在东、西卧室的南面，高度一般为2尺。火炕的长度是整个房间的东西长度，宽度6尺左右。因为炕里留有烟道,故人们常以留几个烟道为宽度单位,叫“几洞炕”。如“八洞炕”就是内有八条烟道。烟道同灶台相通,只要烧火做饭,炊烟便通过火炕中的烟道进入烟囱道从房顶的烟囱排出。这样，既可以使烟气能够及时排出，又可以保持火炕的温热不潮，对冬季睡觉尤好。旧式的火炕都是用土坯来盘，下面用大坯立插烟道，上面用炕板平铺，最后用泥灰平整。锅灶,有用砖垒的,也有用土坯垒的,高度一般为尺八,所谓“尺八锅台二尺炕”。锅台的外侧底部中间留有小风口，用于安插风箱的风嘴，抽拉风箱鼓风[46]147。

3.3.3.3 非固定特征因素（unfixed-feature elements）

非固定特征因素指的是场所的使用者或居民、他们变换着的空间关系、体位和体态（人体运动）、手臂姿势、面部表情、手与头颈共同放松程度、点头、目光接触、谈话速度、音量和停顿以及许多其他的非语言行为。正是非固定特征因素构成了非言语表达研究的主题[61]。

出生和住处的基本联系，血统和土地的联系，这些就是村庄生活方式的主要基础[75]。芒福德曾用我国宋朝的《清明上河图》来说明城镇的活力和生活氛围。图中呈现的各类人物、各种活动、各种表情、各种动作等形成了极其丰富的非固定特征景观。芒福德认为，这种充满生机与活力的图景隐含了未来理想城市的特质。实际上，《清明上河图》的生活图景在我国现在许多的历史文化名镇（村）、历史文化名城和历史街区中仍然可以领略和感受，如我国云南的丽江古城和山西的平遥古城等。

我国的乡村聚落是在传统的农耕经济的基础上形成的乡土社会，农民与生俱来的乡土意识来源于农民在择地定居的过程中建立的乡土关系。在这里，乡是农民世代居住的场所，而土则是农民生活的根基，传统农民的乡土意识正是“土”这个农民谋生的根基和“种地”这一农民最为基本的经济活动紧密作用的结果。乡土意识的延续派生出农民对血缘以及地缘关系的重视。在传统乡村，血缘关系是农民之间主要的社会关系纽带，同血缘关系联系在一起的是传统农民对地缘关系的重视，而在地缘基础上建立起来的邻里关系就成为除血缘以外最重要的社会关系[76]。传统聚落的生动的外表常常是在无意间由很多事件所造成的，而这些事件的主体——村民，都有着相类似的生活环境、文化背景和生活方式以及道德规范和宗教崇拜，基本上大家都遵循着相同的生活法则，因此村民的生活本身体现了较强“地缘”和“血缘”集群关系。基于人类天生的社群要求以及实际生活需要，在各种日常的集会中心或社会交往中心，如村中井口、涝池周围通常会自发形成别具一格的休憩和交往活动；结合庙宇、戏台设施成为文化娱乐、日常交往或集市贸易的公共场地。

晋北的堡寨聚落沿袭的非物质文化活动丰富多彩，其中具有地方浓郁特色的文艺活动包括秧歌、道情、耍孩儿、二人台、踢鼓拉花、打狮子、跑旱船、龙灯、高跷、腰鼓等十多种；还有就是庙会活动兴盛，如晋西北偏关县的庙会活动视规模大小分为 3 种：其一为大型的庙会，如十年一度的“龙华盛会”（万人会），会期长达一个月；其二为中型的庙会，会期为三至五天、七天不等；其三为小型的庙会，会期为一两天左右。民间手工艺制作包括剪纸、泥塑、刺绣等。

3.4 山西省明长城沿线军事堡寨的价值构成

价值是客观存在与主观反映的共存，其实质在于它的客观有效性以及人们的主观感知。文化遗产是人类历史发展的见证，它可以再现昨天、前朝甚至远古的历史风貌，是特定历史时期的活化石，代表着一些独特的创造成就和独特的人文价值。任何文化遗产都具有历史、艺术、科学价值，因此，文化遗产的保护首先是对其价值的保护。我国的文化遗产资源的内涵十分深刻，外延十分宽泛，应该而且必须赋予创新认知。文化遗产的价值研究，随着人们认识的进展，还会有新的提炼、概括和提升。只有确定文化遗产的核心价值内容以及构成这种价值的相关要素，才能对文化遗产进行有效的保护。

3.4.1 国外重要的遗产价值理论

3.4.1.1 20世纪初里格尔的古迹（Monuments）价值论

1. 里格尔对古迹的定义

最初提出古迹价值体系的是奥地利艺术史家里格尔（A.Riegl，1858～1905），他在其著名的《纪念物的现代崇拜》（1903）一文中，提出了纪念物的几种主要价值。里格尔的价值主体是“纪念物”（Monument），他本人对此的解释为：“从最古老和最原始的意识来说，一处纪念物就是一件人类创造物，为使某个人类事迹或事件长久地存活于后代人的心中而建立”[77]。我国一些学者用“古迹”来翻译“Monument”的含义，目的是让读者更容易理解其含义。

里格尔区分了两种类型的古迹：带有“目的性的古迹”（intentional monument）和“非目的性的古迹”（unintentional monument）两种，“目的性的古迹”指的是自人类有文明以来，为了纪念某个伟人功绩或重要事件而建造的纪念物，是希望将某个人类事件留存于后人心中，是有“目的性”的建筑物，如历史上留存下来的各种纪念性的建筑物或纪念碑；“非目的性的古迹”是无意而为之的，建造之初并不是有意识地将它们的艺术和文化证据留给未来，将这类作品作为纪念物并不是他们原初的目的，而恰恰是人们现在对它的理解。比如中国的万里长城，在建造之处是出于军事防御功能的需要，并不是为了永存于后世而建的，但是今天由于其在技术和艺术的卓越成就而成为世界文化遗产，遂成为传承于后代的古迹。

2. 古迹价值的分类

里格尔把古迹价值归纳为两大类，一为纪念性的价值（Commemorative Value），包含了历史价值、岁月价值和目的性的纪念价值，是对古迹历史的思考所体现出来的价值；另一类为当代价值，包含了使用价值、艺术价值和新物价值（newness value），这类价值是从现代人的角度去认识古迹，是给现代人所带来的价值。各种类别的价值是相互关联的，而且每处古迹都拥有多种价值，必须对其进行分析和判断。

在纪念性的价值的分类中，里格尔认为历史价值体现在古迹代表了人类活动的某个特殊的历史阶段，是具有时间特定性（Time-specific）和记录性的（documentary），所以古迹保存越完整，其历史价值就越大。历史价值希望完全阻止衰败，为将来的艺术史研究保留一份尽可能真实的证据，因此必须彻底清除衰败的迹象，对古迹现状作最妥善的保存[78]。但是里格尔又提出这样的质疑："拿一座城堡的废墟来说，它没有反映出原始的形式、结构、内部房屋的布局等等，参观者没有任何有关这些东西的联想。单单是这座城堡的历史价值，还不能解释现代观者对它怀有强烈兴趣的原因"[77]。

里格尔古迹价值的最大贡献在于他开创性地提出了古迹的"岁月价值"（或译为年代价值），他指出："历史古迹像一种催化剂触发了观者一种生命循环的感觉，这种瞬间情感力量的获得既不依靠学术知识，也不依赖于历史教育，因为它仅仅是由感官知觉引发的"[77]。不管是受过教育的专家，还是普通的百姓，都会感受到这种力量，就像宗教情感一样具有普遍性，里格尔将其称为"岁月价值"。古迹的岁月价值是随着时间的进程不断积淀的价值，体现于古迹从最初状态到不完整状态和每天的磨损。保护岁月价值的目的是保存古迹被创造出来以后大自然所造成的年代的痕迹，揭示建筑物发展历程和时间的进程，保护由于自然力和现代化所引起的变化，将干涉仅限于防止它过早衰亡所采取的必要手段[78]。

"当代价值"（即古迹对现代人的价值）包括"使用价值"（Use-Value）和"艺术价值"（Art-Value）。"使用价值"是指建筑物的实际功能，要通过维持或改变建筑物的现状来满足现代功能上的要求。而"艺术价值"是指对拥有者的美学价值，它追求艺术形式，受现代观者变化着的审美观所影响，艺术价值也与时间有关，根据一定时期内的审美取向来决定如何保护或修复。艺术价值是由新物价值和相对的艺术价值所组成，新物价值是指一件新的作品或新的状态，通过视觉知觉鲜明地表现自己，是一种本质的艺术价值，属于艺术价值的分支，指功能上的完整性，是重新建造的那种崭新的状态。里格尔认为，岁月的力量是新物发展的潜力，新物要和旧物有所区别，真正的现代作品必须在概念和细节上尽可能减少对已有作品的重复和对旧物的崇拜[78]。相对的艺术价值是指古迹对今天所具有的艺术价值，强调历史与现代的关系，"不仅从人类创造的角度去欣赏前人的作品，而且从其特殊的形状和色彩方面去欣赏"[77]。新物价值和相对的艺术价值的区别在于：新物价值是一种崭新的艺术，它给人以愉悦的感受，可以让人直接感受到；而相对的艺术价值与当代社会的主要文化兴趣有关，可能只有受过一定美学教育的人才能体会到，并受现代人的艺术意志所影响（表 3-5）。

里格尔（Riegl）的古迹价值体系和对应的保护措施[78]　　表 3-5

价值类别	内涵	判别依据	保护目标	保护措施
历史价值	对应一个特定的历史阶段，呈现其间人类在某特定领域的创造发展	稀有程度或年代的久远	希望完全阻止衰败，为将来的艺术史研究保留一份尽可能真实的文件	必须彻底清除衰败的迹象，对古迹现状作最妥善的保存，尽量制止衰败的自然进程
岁月价值	从最初状态到不完整的状态和每天的磨损	通过视觉知觉直接诉诸我们的情感	保存古迹被创造出来以后大自然所造成的年代的痕迹，揭示建筑物发展的进程和时间的痕迹	保护由于自然力和现代化所引起的变化，将干涉仅限于防止它过早衰亡所采取的必要手段
目的性的纪念价值	将某一时刻保存于后代人的意识中	初建时的目的	直接追求不朽性，要求永恒地存在和无终止的生成状态	必须修复古迹，以维持其纪念性
艺术价值	对拥有者的美学价值	一定时期内的审美取向	传达美感的愉悦；是每个时代相对的、变化的艺术观念	需要对建筑进行修复，使其完整统一
使用价值	建筑物的实用功能	为人类需求服务的可能性	维持建筑物被使用的需要	对年代久远的古迹关注历史价值，对年代较近的古迹关注使用价值和岁月价值，可以进行修复
新物价值	一件新的作品或新的状态	通过视觉知觉鲜明地表现自己	形状与色彩的完整性，追求风格的统一性	对形状和色彩进行修复以符合现代人的艺术意志

3. 基于古迹价值理论的保护方法

里格尔从历史建筑的价值本身去思考保护方法，对我国文化遗产保护有重要的启示。在今天明长城及其沿线堡寨的保护事业中，修复工作是保护工作中最常见的方法。当地政府总是希望历史建筑继续被使用，或者作为游览景点，或者在城墙内部做空形成展览馆、博物馆，也就是具有一定的使用价值。因此尽管需要保留它的岁月价值，但是如果非常残破，还是需要一定的修复措施，使其“延年益寿”。即使是一段残墙，它也具有一定的景观作用，能给人以历史沧桑之感，人们同样希望它健康地存在，并采取措施继续延长它的生命。但是，所采取的任何修复措施必须尊重建筑的“岁月价值”，不能凭主观臆断，而应以“最小干预”为原则去实现其“使用价值”。

山西省明长城沿线的军事堡寨有一种类型是荒废的堡寨，即目前已经无人居住，仅剩余残垣断壁，给人一种衰败的感觉。依据里格尔的古迹价值理论，如果从古迹的岁月价值出发，承认古迹的衰败是不可逆转的。岁月价值遵守自然规律，承认建筑产生、发展、衰败至灭亡的必然过程，如果要采取措施，那么仅仅限于防止其过早衰亡，允许它随着时光的流逝一点点地变化，他不同意那种一成不变的保护方法，更反对人为的粗暴干涉，不能根据人的主观想象对古迹进行增加、减少或替换。也正如拉斯金所说，人们要悉心呵护一座老建筑，“在它松散时，用铁箍把它箍起来；不要介意辅助措施的难看，拄着拐杖总比失去一条腿要好；在这样维护时，一定要温柔，要充满敬意，要持续不断，这样就可以在数代以后，子孙仍然在它的阴影下生生死死”[79]。

3.4.1.2　1960年代以后国外重要的文化遗产价值理论

从里格尔以后，直到 1960 年代遗产研究逐步成为一个跨学科的研究领域，才陆续有学者提出更具综合性的看法，并形成于法律文件和保护制度。

俄罗斯古建专家 O.N. 普鲁金在其著作《建筑与历史环境》中将遗产价值的内容分为：“内在的价值——属于其自身的纪念意义（如历史的，建筑美学的成果，结构的特点等）；外在的价值——主要指城市规划的环境，这些古建筑在其周围环境中所受的支持（如建筑的历史环境，城市规划的价值，自然植被的或环境景观的价值等）”[80]。罗马“保护和修复国际研究中心”（ICCROM）前主任，英国学者费尔登先生（Feilden，Bernard M.）在其《历史建筑的保护》一书中，将遗产价值定义为“情感价值，文化价值与使用价值三类”[80]。

1987 年 6 月，在联合国教科文组织起草的《世界文化遗产公约》第二章“保护原则”的第二条“关于遗产价值”中，详细阐述了关于文化遗产与历史环境的价值组成，它成为国际对文化遗产价值构成相对完善的总结。主要内容包括四个部分：历史真实性价值、情感价值、科学美学及文化价值、社会价值。其中前三项为遗产的内在价值，在内在价值的基础上，会产生遗产的可利用价值（表 3-6）。

以此为基础，目前国际社会关于历史文化遗产的价值被进一步描述为“所有与人类行为相联系的历史的、考古学的、建筑的、技术的、美学的、科学的、精神的、社会的、传统的或者其他特殊文化意义的部分”[80]。这样广泛的定义阐述了遗产价值所包括的所有层面。

《世界文化遗产公约》对于历史文化遗产价值构成的描述[81]　　表 3-6

组成		具体内容
内在价值	历史（真实性）	包括：地点，设计，背景环境，材料，工艺，技术，感受以及联想
	情感价值	包括：珍奇的、认同的、延续的、精神的、象征的和崇拜的价值。 表现为：国家与民族的认同与象征、历史的传承感、新奇性质与宗教信仰
	科学、美学、文化价值	包括：艺术美学的、文献的、历史的、考古的、建筑的、城市规划的、生态的、古人类学的和文化人类学的科学的价值
可利用价值		包括：功能的；经济的（旅游）；教育的；社会的；政治的价值

3.4.2　我国学术界在遗产价值领域中的主要观点

在遗产保护工作中，我国有些学者已注意到目前文物保护法中的价值类型有其不足之处。如吕舟曾指出，文物建筑除了历史、艺术与科学价值，还具有文化价值及情感价值。文化价值指遗产与“某一特定的地方文化之间的联系，或在文化的发展或延续过程中所具有的作用”，情感价值则是指遗产由于与地方文化、历史、环境所特有的密切关系而成为该地的标志物，并与特定人群产生怀古联系[82]。李新建与朱光亚也曾指出，“建筑遗产对今天的社会和人群的生产生活、行为方式、情感信仰、风俗习惯的影响似乎成为其价值体系中被忽略的部分”，并建议借用澳大利亚文物与藏品委员会（HCC）对文物与藏品价值的分类，称之为社会或情感价值。

徐嵩龄从遗产战略制订与实施的角度，提出中国应以“系列遗产”为中国遗产保护的核心概念，据此建立中国对遗产类型和价值的认识体系，并进而为国际遗产界的概念体系做出评价与贡献。他认为此概念可以从一个更高的层次，即遗产间的相互关联上透视遗产的价值，从而摆脱孤立评价单体遗产的狭隘，充分揭示遗产的真正价值[83]。近几年如美国、加拿大、澳大利亚等国家的遗产界提出以历史脉络或历史主题为核心概念的遗产调查、评估与管理的框架，徐青龄所提主张与上述趋势可说不谋而合。朱光亚建议国内遗产评估工作中应吸纳国外遗产评估中关于整体性、社会性和地方性的优点。王世仁在《中国文物古迹保护准则》的理念评析中指出：评析文保法规定的文物三大价值是文物的自身价值，总体上都属于历史价值，但同时文物在当代社会又具有社会价值（即“使用价值”），两种价值的统一是保护文物的最高目的。考虑历史价值和使用价值的关系，在保护规划中评估使用价值必须有“底线”，以免过于强调遗产的经济资源价值。

总之，文化遗产的价值体系是一个复杂的内容，根据以上国际和国内的研究成果，文化遗产一般在包含了文物保护法中的历史、科学、艺术、社会价值之外，还有情感价值、休闲娱乐价值及经济价值等。但经济价值不应成为保护与否的影响因素，所以在遗产保护法律中可以不列入经济价值。相反，社会人文价值在今后的价值评估中应得到加强。

3.4.3 山西省明长城沿线军事堡寨的价值评价

在综合以上分析的基础上，山西省明长城沿线军事堡寨的价值构成体系主要应包括以下几个方面：历史价值、科学价值、艺术价值、文化价值和社会价值。

3.4.3.1 历史价值

1. 明长城沿线军事堡寨是长城与明代边塞防御体系的组成部分和重要节点，是中国明代北方军事防御设施的主要组成部分，是当时社会、军事、历史的重要见证。长城作为中国代表性的文化遗产系统，其边墙、关隘、堡寨、敌楼、烽火台等不是孤立存在的，而是和军屯地、生活地、物质供应地、边贸交流地以及多民族不同民俗传承一起，构成中国古代各民族交流和军事防御的文明系统。

2. 明长城沿线军事堡寨是我国明代长城防御时代的活标本。堡寨在建设之初是军事防御聚落，后来演化为居住、生活、生产活动的物质载体，综合体现地理环境、地域文化、乡土特色和独特生活方式，是区域整体人文生态系统特征的凝聚。明长城沿线的军事堡寨在总体上作为长城文化遗产的一部分，历史文化脉络的延续真实地体现在传统聚落所具有的历史文化的积淀中。传统聚落的选址、乡土建筑与居住环境的营造大都依据古代“堪舆”学理论，择吉而居，讲求五行风水。许多聚落都具有各自的特色，充分体现了传统文化指导下形成的人居生态之美。聚落堡寨的文化遗产不仅包括有形的艺术和建筑，如城墙遗址、历史街区，而且还包括无形的语言、音乐、习俗、手工艺制作以及人们的生活方式。

3. 明长城分布在草原文化与中原文化的交错地带，自古就是各族集结和交流的重要地区。随着草原游牧民族经济生活的日益扩大，对中原农业经济的依赖更加突出。遍布于长城沿线的关城堡寨，就是中原汉族同北方少数民族互通有无、贸易往来的物质集散地。明自隆庆和议以后，关市贸易更加繁荣。除官办的贡市、关市、马市外，还有更多的民市、月市、小市等。和平时期边塞各处呈现出物阜民安、商贾云集的景象，无异于中原的兴旺景象。

4. 明长城沿线堡寨军事设施的兴衰见证了中国历史上北方各民族之间的战争与和平、兴盛与衰落的历史。明长城及其沿线军事堡寨一定程度上保障了农耕民族和游牧民族相对和平的交往。因此，在这个意义上，明长城及其沿线堡寨不仅仅是军事防御工程，更是边疆和平、国泰民安、民族融合的象征。

5. 明长城沿线堡寨聚落是该区域许多历史事件、人物、传说的直接见证。

3.4.3.2 科学价值

明长城是世界文化遗产，作为其构成部分之一的堡寨聚落所代表的明长城军事防御体系，反映了当时的军事思想、科技水平；等级分明、功能各异的各类堡寨是明代山西境内长城军事聚落选址和空间规划、建筑技术、施工工艺的重要实例，具有重要的科学价值。就军事堡寨本身而言，科学价值还体现在以下几个方面：

城池形制：城墙结构、城池大小、城门设置、城池形状等各方面具有缜密的规划和设计方法。

民居形式：从院落及建筑形态上看，山西省明长城沿线军事聚落的传统民居具有典型的地域特色，是山西北部民居文化的代表类型和历史见证。这些民居或体现为传统窑居，依山就势、布置合理、尺度适宜，或体现为典型的北方四合院形式。

单体建筑：在山西省明长城沿线的军事堡寨中，标识性建筑往往表现为塔楼、寺庙、戏台等公共建筑。不同类型的公共建筑是人们从事宗教活动和公共活动的场所，可以满足战争和和平时代人们的社会交往和精神需要。

3.4.3.3 艺术价值

明长城及其沿线军事堡寨大部分地处山峦峻岭之间，其营造选址、建筑格局、构筑物形制与山脉融为一体，相互因借、相得益彰，体现了古代先贤的文化审美情趣与军事战略思想。形成了人类创造与自然环境的巧妙结合，创造了独特的军事防御体系与人类文化景观，具有重要的文化艺术价值。有一些堡寨位于黄河沿岸，外围防御体系和长城、黄河及周边地理环境相结合，气势磅礴、雄伟壮观，具有雄浑的大地景观之美，是摄影、绘画、游览的绝佳圣地。

3.4.3.4　文化价值

在《巴拉宪章》中“文化重要性”被定义为“对过去、现在或将来的世代有意义的、美学的、有历史意义的、科学的、社会的或精神上的价值”，“体现在遗产地的本身，其环境、使用、联想、意义、记载，与之相关的场所和事物”[84]。保护的目的就是要保护这种文化的重要性，必须在真实性的检验中保证对所有价值的尊重。

1. 明长城沿线军事堡寨是人们生活的载体，同时也是社会组织结构和社会关系的体现，明长城沿线堡寨与明长城唇齿相依，是明长城这个开放的文化体系中的一部分，从规划的角度发掘军事堡寨的演化是人类文化学研究的重要内容。

2. 山西省明长城沿线军事堡寨在经历战争与和平的社会发展过程中，孕育出丰厚的地域文化，如黄河沿岸的渡口文化、汉蒙民族之间的边塞文化、民间的宗教信仰文化以及住居文化等，这些文化活动几百年来通过口传、文字等方式代代相传，构成了当地人们生活的精神家园。

3.4.3.5　社会价值

山西省明长城沿线军事堡寨大都是有人居住的历史性场所，并在社会经济和文化的影响下继续发展。今后通过对军事堡寨遗产的全面保护和科学展示，其一可以激发当地村民的保护热情，激活当地的民俗文化和民间艺术，带动村民参与保护和利用的工作；其二可以成为国内外宾客了解中国古代民族融合史、军事思想发展史和边塞文化发展史的重要途径；其三以其为载体进行历史文化传播，可有效推动当地旅游产业和经济文化的快速发展。

3.4.4　基于价值构成的山西省明长城沿线军事堡寨的保护导向

从 19 世纪中叶到 20 世纪中叶，欧洲文物建筑保护专业从萌芽到成熟的长达百年的发展过程，主要是以历史信息为主和以审美为主的这两种价值观和方法论的斗争过程。最终以历史信息为主的价值观被更多的人承认、接受，成了主流。世界上成员国最多的文物保护组织国际古迹遗址理事会（ICOMOS）的一系列决议、宣言和“宪章”代表着这个主流。1964年通过的“威尼斯宪章”是它的纲领，后来陆续通过的许多文件基本上围绕着这个纲领丰富和拓展。联合国教科文组织几次派到中国来考察的文物保护专家，都是这个主流的代表人物。教科文组织向各国推荐的文物建筑保护教科书，则阐释着这个主流。

3.4.4.1 强调真实性原则，突出体现军事堡寨的历史价值和岁月价值。

我国遗产保护专家阮仪三先生多次提出：保护文化遗产就是要保护它所遗存的全部历史信息，强调遗产保护的可读性。陈志华先生认为“真正的现代文物建筑保护，着眼于保护它的原生态，保护它们本来的一草一木，一砖一瓦，保护它们的实体（或要素），而不是以说不清道不明的‘风貌’当作保护的主要对象”[85]。同济大学的张松教授明确提出“文化遗产保护的原真性代表遗产创作的过程与其物体实现过程的内在统一关系、其真实无误的程度以及历经沧桑的侵蚀状态”[86]。在这方面成功的案例有2003年制定的周庄、同里、乌镇、西塘、南浔古镇的保护规划，规划获得亚太地区文化遗产保护杰出成就奖。这几个古镇采用了保留历史痕迹的做法，对历史建筑进行修补以达到坚固的目的，已经被风雨侵蚀的山墙没有被粉刷一新，历史的斑驳在这里清晰可见。

山西省明长城沿线军事堡寨保护的真实性原则体现在以下几个方面：1. 保护军事堡寨的背景环境；2. 保留原有建筑材料及其历史记忆；3. 修复设计应尊重原始设计思想；4. 保持传统的建造技术和工艺水平；5. 历史建筑尽可能保持与历史功能的关联性。

3.4.4.2 慎重对待“复原”与“重建”手法，处理好“岁月价值”和“新物价值”之间的关系。

在今天的明长城沿线堡寨聚落的保护案例中，大多是采用了“复原”与“重建”的手法。如山海关关城的修复工程、嘉峪关关城的修复工程以及正在进行的山西大同古城的修复工程。对于“修复”与“重建”，主要强调其“艺术价值”和“新物价值”，给人以完整的艺术感，但是却完全丢失了历史建筑的“岁月价值”。在中国人的传统观念中，人们乐于欣赏完整的东西，“风格性修复”方式很容易成为主角，但是复原与重建的建筑无法寻回原有建筑历史的痕迹。新建筑在形式上可能很完美，可是在拆除老建筑的时候，也将建筑所拥有的古老精神一同拆除掉了，它所代表的精神很模糊，因为它试图展示建筑古老的灵魂，但是它做不到，因为它是由新一代人所建的。

国内著名古建筑保护专家陈志华先生认为：“当今世界上关于文物建筑保护占主导地位的思想是尽可能地保护文物建筑所承载的历史信息的真实性，也就是保护它作为历史的实物见证的价值，而不是把它们的完整、统一、和谐等审美价值放在第一位。不允许为了完整、统一、和谐等损害历史信息的真实性”[85]。应该借鉴欧洲“风格性修复”和“历史性修复”的经验教训，理性思考历史建筑的价值问题，不能单纯强调“岁月价值”，也不能是纯粹的“新物价值”，要掌握好其中的“度”，其衡量标准就是要尊重自然，延缓衰老。

3.4.4.3 弘扬文化价值，充分挖掘军事堡寨的社会价值

明长城沿线军事堡寨是研究长城文化的重要组成部分，它不仅蕴含了深刻的军事防御思想，同时也包含了丰富的地域住居文化、边塞文化、宗教信仰文化等。作为现代村镇的载体，这些军事堡寨应该充分利用历史文化资源，挖掘文化潜能，形成文化相关产业，带动村镇的经济和社会发展。

3.5 小结

山西省明长城沿线军事堡寨的整体保护状况堪忧，在120多个军事堡寨中，仅有5个堡寨进入了国家（省）级历史文化名镇（村），有2个进入我国传统村镇保护名录中，大量的军事堡寨游离在保护名录之外。参照国家文物局对于长城“关堡保存程度评价标准”以及《中国历史文化名镇（村）评价指标体系》的基本鉴定要求，将山西省明长城沿线军事堡寨的现状保存程度划分为四个等级：历史整体格局与风貌保存较好、历史整体格局与风貌保存一般、历史整体格局与风貌保存较差和无人居堡寨。其中历史整体格局与风貌保存较好的军事堡寨有潜力成为历史文化名镇（村）或传统村镇。

聚落类文化景观是“活着的”文化遗产，具有较强的地域认同性、生活延续性特征，富有人类生产生活的气息。本书将山西省明长城沿线军事堡寨的景观要素划分为固定特征因素、半固定特征因素和非固定特征因素

三种形式。其中固定特征因素包括：自然环境要素、城墙、街巷、建筑和标识景观；半固定特征因素中，最具特色的是室内的火炕；非固定特征因素包括了人们的文化娱乐、日常交往或集市贸易等。这三种要素相互联系，相互作用，共同构成富有历史和生活气息的堡寨聚落。

文化遗产的保护首先是对其价值的保护，只有确定文化遗产的核心价值内容以及构成这种价值的相关要素，才能对文化遗产进行有效的保护。文化遗产的价值体系是一个复杂的内容，根据国际和国内的研究成果，文化遗产一般除了文物保护法中的历史、科学、艺术、社会价值，还有情感价值、休闲娱乐价值及经济价值等。在分析历史演化、现状保存程度和景观要素的基础上，对山西省明长城沿线军事堡寨的历史价值、科学价值、艺术价值以及文化价值和社会价值进行了分析和评定。

第 4 章
山西省明长城沿线军事堡寨保护与利用的策略

从分布特征来看，山西省明长城沿线军事堡寨是呈线性分布的区域性文化遗产，目前我国的文化遗产保护的主要法规依据是《中华人民共和国文物保护法》，其次还有一些国务院颁布的条例和地方政府制定的地方性法规。在这些法规中，历史文化遗产保护涉及三个层次：历史文化名城、历史文化街区和村镇、文物保护单位。后者针对单体文化遗产，前两者针对历史文化街区和历史文化名城。这种体系架构实际上未涉及区域性的遗产保护。像明长城沿线呈线性分布的大量的军事堡寨的文化遗产，需要借用国际上先进的区域性遗产保护理论建立军事堡寨的区域保护体系。

明长城沿线军事堡寨的价值在于地域文化的整体保护，这一点应该与江南古镇的成片保护、茶马古道上聚落的保护、京杭大运河遗产廊道保护等相似，历史文化遗产保护的对象不是一个个孤立的个体，而是应拓展成相互关联的线状区域或面状区域的地域文化保护。这样不仅有利于对历史文化遗产内涵的挖掘和解读，同时在保护与利用上，从地域整体性的角度出发，可以避免出现同质竞争、资源重复建设、生态环境遭受破坏等现象。

4.1 遗产廊道的保护理念

4.1.1 遗产廊道的定义与内涵

4.1.1.1 定义

遗产廊道(Heritage Corridor)的概念源于 20 世纪美国兴起的绿道(Green Way) 和遗产区域的概念。遗产廊道是绿色廊道和遗产区域的综合，它为线性遗产的保护提供了新的思路。绿色廊道 (Green Way) 中 Green 代表绿色，表明存在自然或半自然植被的区域；way 表示是人类、动物、植物、水等的通道，这是绿色通道的两个重要特征[87]。因此，绿色通道就是绿色的、中至大尺度的线性开放空间。美国国家公园局对遗产区域的定义是“为了当代和后代的利益，由居民、商业机构和政府部门共同参与保护、展示地方和国家的自然和文化遗产的区域”。遗产区域包括较大尺度的独特资源，可以是河流、湖泊或山脉等自然资源类型；又可以是运河、铁路、道路等文化资源类型；还可以是废弃废旧的工厂、矿地等文化资源类型。美国保护基金会在其名为《新一代的国家公园》一书中将遗产区域保护定义为一种从要素到整体环境的保护方法[88]。在遗产区域观念与方法的指导下，遗产保护对象由传统的单个孤立的遗产点或自然公园转变成了有人类居住的区域文化景观。在美国，遗产区域还有遗产廊道（Heritage Corridor）、城市文化公园（Urban Cultural Park）、遗产公园（Heritage Park）、合作公园（Partnership Park）、遗产合作伙伴（Heritage Partnership）、遗产地区（Heritage District）等多种称谓。

4.1.1.2 保护标准

在选择遗产廊道及其保护对象上应遵循 4 个标准：

1. 历史重要性

历史重要性指的是廊道内应具有塑造地方、州县或国家历史的事件和要素。评价历史重要性要了解当地景观的社会、宗教和民族重要性以及当地的居住模式或社会结构是否影响着当地社区或社会。

2. 建筑或工程上的重要性

指的是廊道内的建筑具有形式、结构、演化上的独特性，或是特殊的工程运用措施。要考虑哪些人工构筑或建筑具有地方重要性，哪些建筑是社区所独有的，哪些是全国都普遍存在的形式。

3. 自然对文化资源的重要性

廊道内的自然要素应是人类居住地形成的基础，同时也影响整个廊道。评价廊道内的自然重要性要了解以下几点：当地自然景观在生态、地理或水文学上的重要性；所研究的区域是否具有完全、基本未被破坏的自然历史；场地是否由于人类活动和开发而受到改变；哪些自然要素是景观的主体，决定着区域的独特性。

4. 经济重要性

保护廊道是否能增加地方的税收、旅游业和经济发展等[89]。

4.1.1.3 遗产廊道的主要特征

1. 线性景观

这决定了遗产廊道同遗产保护单位的区别。一处风景名胜区或一座历史文化名城都可称之为是一个遗产区域，但遗产廊道是一种线性的遗产区域。它对遗产的保护采用区域而非局部点的概念，内部可以包括多种不同的遗产，是长达几公里以上的线性区域。

2. 尺度的灵活性

遗产区域的尺度变化很大，从单个城市到不同的地区，可以跨行政或地理边界。实际上遗产区域通常包括不同面积的，由某种特殊的历史经济活动或地域文化联系在一起的地区，有时候甚至由一些分离的地区构成。遗产区域不仅包括承载历史记忆的文化资源，还包括自然要素以及民间传说、手工艺和游憩机会在内的不同类型的资源。同时，遗产区域还可以包括许多平常生活的要素，如乡土聚落和乡土建筑。

遗产廊道既可以是某一城市中一条有历史文化价值的水系，也可以是横跨几个城市的一条区域性水系、重大历史工程、道路或铁路。如美国宾夕法尼亚州"历史路径"(The Historic Pathway)是一条长 2.4km 的遗产廊道，而 Los Cominos del Rio Heritage Corridor 则有 338km 长。中国的长城及其附属建筑、城堡、关塞、烽燧等属于线性文化遗产，完全可以建成绵延千里的遗产廊道。

3. 是一项综合的保护措施，自然、经济、历史文化三者并举

这体现了遗产廊道同绿色廊道的区别。绿色廊道强调自然生态系统的重要性，它可以不具文化特性。遗产廊道将历史文化内涵提到首位，同时强调经济价值和自然生态系统的平衡能力[90]。

4.1.2 遗产廊道构建的主要内容

4.1.2.1 开展资源调查并确定主题

确定遗产区域中与主题相关的应当保护、改善、管理或开发的重要资源，包括自然、文化、风景、游憩资源；明确资源的完整性、位置与其他特征信息。遗产廊道的构建需要确定一个到多个共同的主题，这些主题的确定应该由与廊道关系最为密切的关键性资源来决定，廊道的主题应当简明扼要并且

引人注目，能充分反映该地区遗产资源的核心特征，反映区域的文化特质及遗产的综合价值[91]12。

例如，俄亥俄和依利尔运河国家遗产廊道的主题围绕“通向繁荣之路”而展开，包括富饶的土地、繁荣的流域、运动的廊道及人口和社区四个副主题。整个主题框架紧扣遗产廊道叙事的主线，以通俗易懂的方式向公众阐述遗产廊道资源的多样性及廊道历史演进的动态性等特征。

4.1.2.2 遗产的分析和评价

指在空间、时间、文化、角色和目的等方面对遗产廊道内的遗产要素进行系统分析。具体内容为：分析主要遗产要素的起源和形成，遗产之间在功能和空间上的相互关系。在真实性判别和认识的基础上进行遗产评估，文化遗产评估是整个保护工作中的关键环节，其后的保护、管理、展示以及利用都需要以评估的结论作为依据。文化遗产评估的内容主要为遗产价值、现存状态和管理条件。

4.1.2.3 遗产廊道的保护战略

在遗产廊道范围内包含有重要的自然和人文景观资源，这些资源和人类居住、交通和产业发展等密切联系，构建遗产廊道最根本目标就是将这些资源进行整合，并有利于遗产廊道地区今后的社会、经济和文化的发展。

4.1.2.4 保护规划方案的制定

从系统的整体空间组织着手，保护遗产廊道边界内所有的自然和文化资源并提高经济发展的机会。从空间上进行分析，遗产廊道主要有4个方面的构成要素：绿色廊道、游步道、遗产和解说系统[90]。绿色廊道、游步道和遗产所处节点之间的关系可以用图4-1说明，解说系统则是对三者的综合和具体解释。

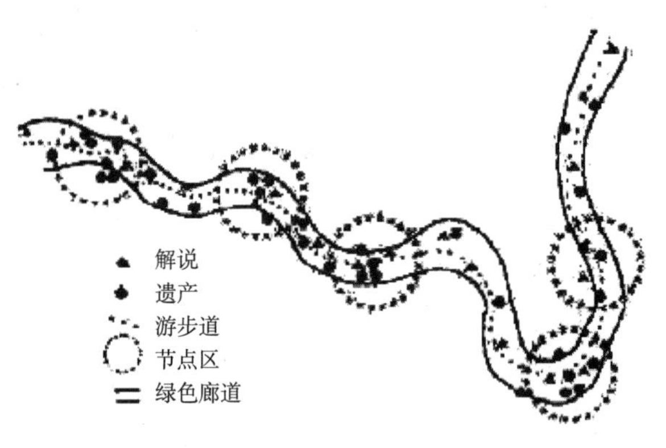

图4-1 遗产廊道结构示意图[90]

4.1.3 遗产廊道思想在我国的实际应用

2005 年 12 月 22 日，国务院发布了《关于加强文化遗产保护的通知》(国发〔2005〕42 号)，明确提出了新时期我国文化遗产保护的指导、基本方针和总体目标，加快了我国从“文物保护”走向“文化遗产保护”的进程。

近几年在国际上文化景观、遗产区域理念的影响下，我国针对一些线性文化遗产，如大运河、丝绸之路等线性文化遗产启动申遗工作，这些文化遗产规模宏大，价值巨大，内容复杂，其组成部分存在内在的渊源关系，不能将其阻断和孤立起来，应该视为一个整体进行保护与利用。随着对大运河、丝绸之路等遗产保护的重视，目前我国针对大型的跨区域遗产保护的理论与方法研究正在不断地深入，并需要进一步加强。

以大运河为例，2000 年以俞孔坚为首的北京大学景观设计学院团队首先将遗产廊道理念引入国内，开始对大运河等线性文化遗产进行深入系统的研究。研究团队结合景观设计学、地理学、生态学、城市规划学等多学科的相关知识，从生态和人文的综合角度对大运河遗产区域各类自然和文化资源的保护与可持续利用提出系统完整的理论和方法，并积极配合国家正在开展的大运河申遗工作，理论研究和实际行动相结合，形成了一套具有可操作性的、系统完整的大运河遗产廊道构建方法，为大运河遗产保护规划的编制提供了理论和方法的指导，并为国内同类型跨区域的线性文化遗产起到借鉴作用。但目前为止，尚未开展将长城作为国家级的遗产廊道进行保护规划和管理的工作。

4.2 明长城遗产廊道与军事堡寨的保护关系

4.2.1 明长城遗产廊道构建的必要性

4.2.1.1 以此保护明长城这一世界级的线性文化遗产

在我国众多的历史文化遗产中，线性文化景观遗产或类线性文化景观遗产是极为丰富的一个种类。在这些遗产中包括世界闻名的长城、京杭大运河、丝绸之路，更有着像剑门蜀道等为数众多的在地区文化历史上有着重要地位的线形文化遗产。然而大量的对这种线形文化景观的保护目前还没有引起足够重视。甚至在我国还缺乏相应的保护机制，保护这种线性文化景观，就需要建设我国的遗产廊道。

4.2.1.2 以此整合明长城及其沿线军事堡寨及其他文化遗产，共同形成保护网络体系

明长城沿线的军事堡寨就其个体来讲，其价值和地位难以代表明长城军事文化的整体性和多样性，任何典型堡寨的保护利用都无法替代明长城整体保护的思路。

遗产廊道或线性文化遗产地景观最重要的特点，是将同一地理区域内的多个文化遗产要素和关联设施串联在一起。明长城不仅仅由一条绵延的墙体组成，它是以墙为主体，配合大量的关隘、烽火台、寨堡等防御要素共同组合成的非封闭的军事防御体系。通过明长城遗产廊道的构建，可以将长城防御体系的各要素在空间上整合，纳入文化遗产统一的保护网络之中。遗产廊道的构建不仅整体地保护了一系列文化遗产，而且凸显了文化遗产的经济价值、社会价值和生态价值。同时快速便捷、高效安全、互连互通的基础设施体系是区域整合发展的基础[92]。构建遗产廊道不仅有益于保护线性遗产和历史文化资源，而且有利于带动休闲旅游、地方经济发展以及生态环境的保护，为遗产保护和区域发展提供了崭新的视角和发展途径。因此借鉴遗产廊道理念，整合明长城沿线零散孤立的自然和历史文化资源，建立集自然和生态保护、休闲和游憩、文化和教育、旅游和发展等多方面功能于一体的长城区域开放空间系统，对于明长城沿线区域和村镇人居环境的改善具有重要的现实意义。

4.2.1.3 以此构筑我国北方区域生态屏障，改善人居环境

明长城实际上是我国北方农业与畜牧业的分界线，其东段和中段位于暖温带和中温带的交界地带，沿线是半湿润区与半干旱区、季风区与非季风区的过渡地带。通过构建具有生态和文化意义的明长城遗产廊道，形成我国北方生态屏障，将会对明长城沿线人居环境的建设起到重要的影响作用。

4.2.2 明长城遗产廊道的构建要素

明长城遗产廊道的遗产构成应包括以下几个系统：

1. 长城边墙：长城是人工修筑的以土、石、砖为墙体的连续性高墙，系古代边境御敌的军事建筑工程[93]4。

2. 屯兵系统：即军队屯驻的明长城军事堡寨，是明长城防御中军民生存和生活的聚落。屯兵城堡分成不同的等级，从上至下依次为：镇城、路城、卫城、所城和堡城。

3. 烽传系统：指边防戍兵为报警而修建的烽火燧台，通过焰火传递军事信息的系统。构成这一系统的设施是依地形山势和相隔一定距离建设在明长城沿线及其延伸地区上的一系列墩台。

4. 驿传系统：指在明长城沿线设置的驿路军事交通，包括传递官府文书的人员或往来官员住宿或休息以及保障军事物资运输安全等的驿路城、递运所、驿站。明代对驿站交通十分重视，驿站的周围多筑有围墙，如城堡一般，以保障驿站各种设施的安全。此外，在驿路沿线还设有用于瞭望的高台，称作路台。路台四周有围墙，中间筑有高台，与一般的烽火台相似。

5. 屯田系统：指为了保障军队及其家属的衣食、兵备来源而配备的屯田、冶铁、制盐及贸易市场等。它们或者与驻军城堡合在一起，或者单独建置。总体而言，屯田堡寨的形制较其他军事堡寨并无特殊之处，主要体现为屯田、护耕、疏通粮道等方面。

以上各系统之间分工协作，协调配合，对于明长城沿线的防御、军民的生产生活以及土地开发起到重要的作用。

4.2.3 明长城遗产廊道中军事堡寨的研究层次、保护目标与研究思路

4.2.3.1 军事堡寨的研究层次

明长城沿线军事堡寨是明长城遗产廊道的构成要素，属于屯兵系统。从第 2 章的分析内容可以得知，军事堡寨在历史上呈现出等级分明、功能明确的体系结构，是明长城军事防御体系中的一个完整的子系统。就军事堡寨而言，其保护体系又是一个分层次的系统，各层次之间应该相互协调和衔接，从而实现对军事堡寨的整体保护和利用。具体的讲，军事堡寨可以划分为区域——聚落——要素三个层次进行保护，相应的策略研究可以从这三个方面展开（图 4-2）。

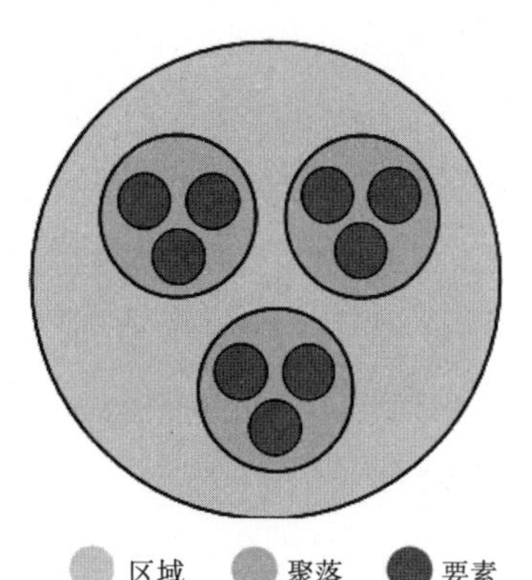

图4-2 军事堡寨的研究层次

4.2.3.2 保护目标

明长城沿线军事堡寨的文化遗产不是单个村镇的累加，而是具有共同主题，共同见证明长城沿线军事聚落历史的有机整体，承载着丰富的明长城沿线军事聚落的历史文化信息。借鉴遗产廊道的保护理念，以建立明长城遗产廊道为主要目标，采用区域而非局部点的观点，针对军事堡寨的生态保护、经济发展、历史文化保护等多目标建立综合保护体系，对于明长城遗产的整体保护与开展区域文化旅游都具有十分重要的战略意义。

4.2.3.3 基本思路

军事堡寨是明长城遗产廊道的有机组成部分，是明长城沿线活着的文化遗产。与历史文化资源保护与利用的“调查、评估、决策”三个步骤一样，明长城沿线军事堡寨主要采取“主题确定——分析与评价——策略研究——模式构建”的基本思路[94]，首先应对区域内军事堡寨的历史、现状各个方面进行综合考察，在此基础上进行遗产现状与价值评价，从而最后确立整体保护与利用的策略、方法与典型模式（图 4-3）。

1. 主题确定：遗产廊道的构建首先需要确立一个或多个主题。这需要在全面掌握廊道历史背景的基础上，分析廊道内资源的基本特征，提炼出与廊道关系最为密切的主题。对于明长城遗产廊道来说，军事堡寨就是在对其军事防御体系进行深入研究的基础上提炼出的一个主题。这一主题确立之后，对军事堡寨的时空特征、演化过程进行分析，深入了解军事堡寨与明长城的紧密联系，有助于对山西省明长城沿线军事堡寨进行科学的界定和价值认知。

2. 分析与评价：对山西省明长城沿线军事堡寨的分析和评价是策略和模式研究的基础。在资源调查的基础上，一方面对军事堡寨的现状保存程度进行等级评定，另一方面针对军事堡寨的景观特征进行分析，综合全面认识军事堡寨的遗产价值，为军事堡寨的策略研究提供基本依据。

3. 策略研究：主要针对山西省明长城沿线军事堡寨所处生态环境的脆弱性、文化遗产的“孤岛化”和“边缘化”以及遗产本体的真实性和完整性等问题，从区域、聚落、要素三个层面提出军事堡寨保护与利用的策略和方法。

4. 模式构建：在总体策略的指导下，从区域、聚落（要素包含其中）两个层面构建军事堡寨整体保护与利用模式，为今后明长城沿线军事堡寨的保护与可持续利用提供借鉴途径。

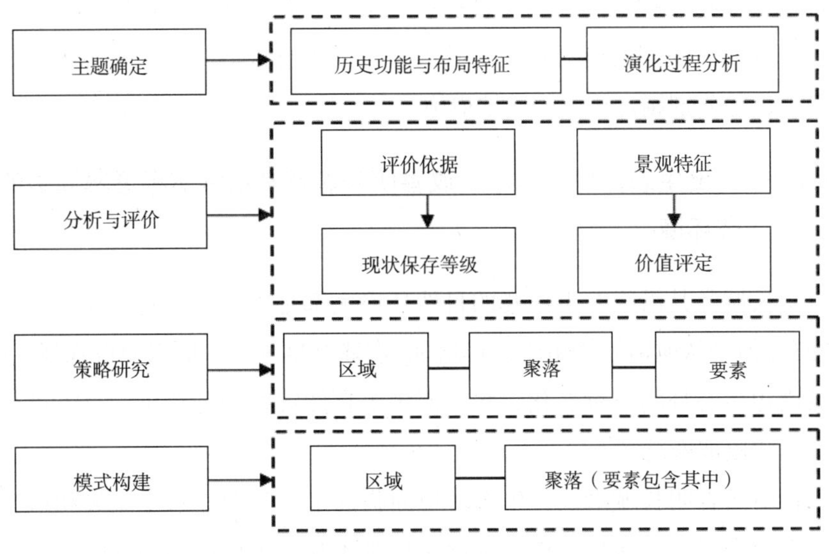

图4-3　军事堡寨保护与利用研究的基本思路

4.3　区域层面上军事堡寨保护与利用的策略

我国实行的历史文化名村镇保护制度，始终关注的焦点是单个古村镇的点状保护，未能解决宏观、整体的保护问题，具有相当的思维局限。随着学科的发展，区域视野的综合研究是必然的趋势[95]。近年来，在世界遗产保护、自然保护等领域日益强调基于空间整合和区际、国际合作，从单个自然或文化遗产点 / 地走向一种跨越边界的、连续完整的保护空间格局和管理机制，来最大限度地实现对自然文化遗产的整体保护，这已成为世界自然保护和遗产保护领域的共识。

4.3.1　协调遗产保护和生态保护、经济社会发展之间的关系

4.3.1.1　贯彻区域保护的思路，对明长城及其沿线军事堡寨进行整体保护

长城是重要的人类文化遗产，应以整体的方式对明长城及周边军事堡寨进行保护和利用，编制包括明长城、周边军事堡寨和自然环境在内的全方位的整体保护规划。该保护规划的核心任务之一是根据长城保护法及相

关文物保护原则，并且基于对长城周边自然环境及历史遗迹遗存的分析，合理划定文物保护范围以及建设控制地带，必要的情况下可以划出环境协调区。其次在规划中应对长城及其周边军堡中有价值的文物资源进行统计和归类，并分别制定相应的保护措施。

4.3.1.2 突出生态保护的理念，改善明长城及其沿线军事堡寨周边的生态环境

明长城及其沿线军事堡寨的自然环境大都是以山地为主，在历史上森林密布，但是从明清开始由于人口增加、农业开垦等各种原因使得森林锐减，长城周边生态环境持续恶化，水土流失等自然灾害十分严重，急需进行环境治理和植被恢复。

在山西省明长城沿线，生态环境面临的主要问题是水土流失和风沙危害，因此生态环境保护工作应采取保护水土与防治风沙相结合的方针。在具体的保护措施中，生物措施是以各种手段恢复和建设地表植被，以减少水蚀和风蚀的危害，达到保护生态环境的目的。由于生物措施抓住了生态破坏的主要原因，因此山西省明长城沿线生态环境保护应当以生物措施为主，同时注重生物措施与工程措施相结合，如在城镇周围、交通线两侧也有必要采取一些工程措施。保护生态的生物措施应是林草结合，在山西省明长城沿线，天然草生植被保存较好，应当以天然封育，自然恢复为主。在退耕还林的坡耕地或天然植被破坏严重的退耕还草地区，应坚决实行退耕还林、退耕还草，开展大规模人工植树种草，恢复植被、保护生态[96]。

山西省明长城沿线军事堡寨在历史上巧妙地利用周边的地形环境进行防御和生产生活，在今后的保护工作中，一是注重堡寨聚落周边地形地貌的保护，一些堡寨的地理环境既可以抵御冬天的寒风，又可以迎来夏季的凉风，还可以避免洪水的灾害，并能借助于高爽的地势获得良好的视野；二是要保护水文条件，以保障堡寨聚落生产生活的用水条件；三是保护土壤，以保障农业耕作和植被绿化等；四是保护植被，既有利于保持水土和涵养水源，又有利于调节小气候并丰富堡寨的村落景观。

4.3.1.3 激活文化潜能，促进军事堡寨的文化旅游，带动当地经济和社会的发展

明长城沿线军事堡寨是军事防御时期形成的人类聚居空间，承载着丰富的军事文化和地域文化，是珍贵的历史文化遗产，亟须保护，但科学的

保护并非静态的保护，而是在保护的基础上，激活文化的潜能。

一是发展文化创意产业。即以创意理念为指导，以军事堡寨的历史文化资源为依托，提出有创意的项目并策划文化活动，并转化为经济效益和社会效益。比如以军事堡寨的历史题材、故事为背景，可以定期举行戍边将士军事演习文化体验活动以及传统民俗文化娱乐活动等。

二是建设和完善区域型的展陈设施和服务设施。如建设军事博物馆可以妥善保存明长城及其沿线军事堡寨的重要遗存和文物，充分揭示和广泛传播其文物价值，系统向公众展示明长城及其沿线军事堡寨的历史文化内涵。明长城沿线的军事堡寨作为明长城遗产廊道的重要组成部分，不仅是遗址管理、研究机构所在地，也是保存并传播历史信息，发挥社会效益的重要场所。目前山西省明长城沿线军事博物馆只有 1 处，即杀虎口博物馆，今后随着明长城沿线军事堡寨保护规划的实施，军事堡寨的展陈体系和服务体系应逐步得到完善。因此在区域重大项目的决策中，军事堡寨的展陈设施和服务设施的选点和布局应该成为山西省明长城沿线区域经济和社会发展的重要项目得到扶持。

三是深入研究军事堡寨的布局、结构特征，为新时期营建特色村镇提供历史文化本底和规划思路。军事堡寨的文化潜能不仅仅蕴藏于故事和传说中的非物质层面，更是体现在反映堡寨空间特色的选址、布局、形态等方面，军事堡寨的布局也反映了我国传统村落“天人合一”的思想，通过弘扬这一传统文化思想，为今后建设特色村镇寻求有效的规划方法和路径。

总之，激活军事堡寨的文化潜能，促进堡寨的文化旅游是乡镇复兴的切入点，它能更好地维护历史古迹、保持乡镇历史特征，通过乡镇旅游还能有效提高当地就业率和弘扬社区精神。

4.3.2 协调军事堡寨和明长城以及其他军事要素的保护关系

针对目前明长城及其沿线堡寨的保护现状，缺乏整体保护理念是造成保护现状较差的根源。明长城在我国跨越 15 个省（区、市），而在每个省也要跨越多个县（区），如山西省明长城共跨越了 3 个地级市（大同市、朔州市、忻州市），包括 14 县 3 区，由于跨越较多地区，各地区的交通道路、水利工程、旅游项目等的建设常常将明长城及其沿线文化遗产内在的历史和文化联系性隔断，破坏了文化的整体性。但是明长城文化遗产是一项涵盖了大量军事设施及军事堡寨的大型遗产，其廊道中任何单一的文化遗产的身份和地位都难以代表整个区域的文化价值，遗产区域或遗产廊道正好搭建起一个以线性文化遗产为线索，涵盖区域的遗产保护框架。此体系不仅使具有突出的普遍价值的长城本身得到保护和展示，而且对那些尚不具备典型世界遗产价值的组成部分，但能见证区域历史发展和历史文脉，共同构成明长城遗产廊道完整性的遗产项目，整合到一个新的保护体系中加以保护，从而进一步丰富和发展长城文化学的内涵及外延。

军事堡寨是明长城遗产廊道的有机组成部分，和明长城军事防御体系中的其他组成部分（长城边墙、驿传系统、烽传系统）是相互联系的整体。而长城边墙、驿传系统和烽传系统在空间上呈现出线状分布的特征，在军事防御时期，这些线状分布的要素将不同功能、不同层级的军事堡寨连接为面状的军事防御体系。因此军事堡寨在明长城沿线作为一个完整的体系发挥防御功能，是依托明长城边墙防御工事、驿道联络、烽火传递发挥作用的。在军事堡寨的区域保护格局中，应该建立军事堡寨与长城边墙、驿传系统和烽传系统遗产之间的空间联系，而遗产廊道的理念为建立这种空间联系提供了科学的方法和途径。

4.3.3 建立明长城遗产廊道地区间的协作机制

本研究建议在国务院、国家文物局和文化部领导的牵头下，应联合各省区明长城沿线各职能部门成立“明长城文化遗产廊道管理委员会”，具体包括文物局、建设局、旅游局、环保局、交通局、林业局等与遗产保护工作密切相关的部门。报请国务院批准，成立包括国家相关部委和长城沿线省区在内的“长城文化遗产廊道省部级会商小组”，该省部级会商小组主要是协调解决明长城遗产廊道构建与保护中的重大问题，定期召开工作会议，分析存在的问题和矛盾，制定解决问题的方案，并统一部署和安排下一阶段的任务和目标；日常的协调工作主要由市、县级会商小组办公室负责，对关系明长城文化遗产廊道示范区的重点项目和重要事项，可组织专家进行专题调研，形成工作报告报省部级会商小组审议；县级以上地方政府须将明长城遗产廊道构建列入政府工作议程，领导中有专人负责协调相关市、县政府和部门的工作，确定重点、明确责任、监督和落实遗产廊道构建的各项工作。建立明长城遗产廊道地区间协作机制，为长城遗产廊道研究、保护、规划、管理和资金筹集搭建平台，是可行而且十分迫切的。与该协作机制配套、逐步完成一系列的法律法规，并逐步形成一系列的保护与开发战略和规划措施[97]。

4.3.4 推进军事堡寨整体的文化遗产保护工作

在明长城整体的遗产保护工作中应明确和提升军事堡寨的遗产地位。目前，山西省已经先后公布了一些军事堡寨为省级历史文化名镇（村），今后应增加军事堡寨保护的数量并最终覆盖明长城整体范围；其次鼓励和督促明长城沿线各地尽快将尚未纳入文物保护单位的历史遗存确立其保护地位；另外，在国家文物局领导下，全国各地文物部门联手其他相关省市，做好明长城遗产廊道的整体性保护规划，通过深入调查和分析军事堡寨潜在的文化价值和社会价值，将明长城沿线的人居环境建设和文化遗产保护紧密结合，推动当地旅游业的发展，带动落后地区的经济、社会及文化的发展。

4.4 聚落层面上军事堡寨保护与利用的策略

4.4.1 研究军事堡寨外围的整体空间格局，将其融入明长城遗产廊道中

明长城沿线的军事堡寨处于明长城遗产廊道中，首先应分析军事堡寨和周边明长城、水系、驿道、烽火线路之间的关系，确定军事堡寨的历史地位，分析其自然格局和历史格局，确定军事堡寨的整体空间格局，合理划定保护区范围。

4.4.1.1 准确把握军事堡寨的外围军事防御格局

军事堡寨不同于一般的历史文化村镇之处在于外围整体的军事防御格局，明长城以及所依附的地形地貌、水系、驿道和烽火台是军事堡寨的不可或缺的外围环境，也是划定军事堡寨保护区的重要参照因素。

军事堡寨整体空间格局的确定主要是考虑其和自然地理要素以及历史文化要素的关系。自然地理环境是军事堡寨的背景，对堡寨的整体空间格局形态的形成具有本底作用。而历史文化要素的分析则有助于把握军事堡

寨的整体防御格局。在保护研究中，应该从与堡寨整体风貌协调的角度，注重对周围自然和人文环境的保护，包括地貌、地形、植被、河流等构成自然景观的要素以及以明长城、烽火台、驿道为主题的人文景观要素，从而达到自然景观和人文景观的融合与共存，以保持军事堡寨的自然美学价值和特色景观风貌。

从风貌意义上，景观可以划分为实体要素和意象要素两类[98]（图4-4），在保护规划中，不仅要注重实体要素的保护和利用，还要善于发现意象要素，将这些意象要素结合人的审美价值运用于规划设计中，进一步提升军事堡寨的保护意义和价值。

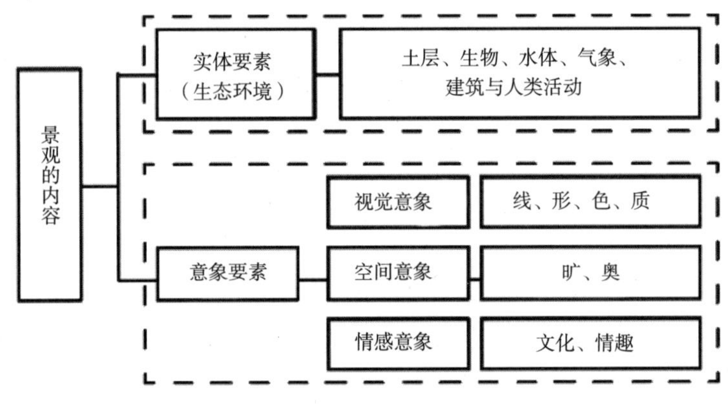

图4-4　景观的内容[98]

4.4.1.2　建立视线通廊应成为保护规划中的重要内容

关于对军事堡寨和周边地形地貌的关系，通常通过环境协调区（景观风貌区）的划定来实现。景观风貌区的划定，是为了实现堡寨外围景观形象的保护，通常是以堡寨的人工建成范围为视觉中心，借助视觉分析法，对视域范围内与人工环境有视觉联系，或者是堡寨与周边的长城边墙、烽燧、墩台等防御设施之间以及和自然景观之间能建立视觉联系，将相联系的非文物区域统筹划入“景观风貌区”。景观风貌区是通过“山——水——长城——堡寨——烽燧（墩台）”的整体视觉关系的分析，明确视域范围内需要保护的山水格局和军事防御格局之间的关系，将堡寨自然风貌和军事防御体系有机结合作为景观保护目标。

4.4.2 突出军事堡寨的“序结构”，实现对军事堡寨空间结构的保护

关于人工环境的保护，《华盛顿宪章》已经确立了一些基本原则：“应该保护的价值是城镇的历史特色以及形象地表现着那个特色的物质和精神的因素的总体，尤其是：a. 由街道网和地块划分决定的城镇形式；b. 城镇的建造房子的部分、空地和绿地之间的关系；c. 由结构、体积、风格、尺度、材料、色彩和装饰所决定的建筑物的形式和面貌；d. 城镇与它自然的和人造的环境的关系；e. 城镇在历史中形成的功能使命。对这些价值的任何损害都会混淆并扰乱历史性城镇的真实性”[99]。将这些保护内容进行总结，军事堡寨内部空间格局的保护内容可以归纳为空间结构和形态、街巷空间和建筑高度控制三个方面。

4.4.2.1 聚落空间结构的解析

聚落的空间结构不仅受自身功能机制的制约，而且也深刻地反映了其对自然环境、宗族观念、宗法礼制、风俗习惯的适应性。我国农村长期以来是一个以血缘为纽带的宗族社会，正如费孝通先生在《乡土中国》中所言“血缘的意思是人和人的权利和义务根据亲属关系来决定……血缘是稳定的力量。在稳定的社会中，地缘不过是血缘的投影，不分离的。‘生于斯，死于斯’把人和地的因缘固定了……血缘和地缘的合一是社区的原始状态”。可见在乡村聚落中，人际关系是以血缘为纽带展开千丝万缕的宗族关系，而宗族关系的象征就是宗祠。

在封建社会发达的明清时期，这种血缘关系突出表现为以宗祠为核心的空间形态，“君子营建宫室，宗庙为先，诚以祖宗发源之地，支派皆源于兹”。宗祠不仅是村民在空间上的活动中心，如祭祖、婚丧事等，而且是村民心中政治、文化和精神中心。由于宗族人口的增多，大的宗族往往派生出许多支系，反映在村落形态上，必然出现许多小的簇团，各支系除了受总祠统领外，以支祠为副中心[100]。

中国传统乡土社会是血缘社会，因此，在一个聚落象征血缘共同体的祠堂就被置于核心的位置，而其他建筑则环绕这个核心而修建，这是中国传统聚落普遍的空间结构。但是，在山西省明长城沿线军事聚落中，拥有大量明代驻军后裔的民居却表现为一种规整的空间结构，缺少祠堂这个传统中心，主要受以下三方面因素影响：

1. 明长城沿线军事堡寨大部分属于“规划”型聚落，人口激增，并非建立在“血缘”关系基础上的自然演进聚落

明代修建的堡寨建筑是以军事作用为首要目的，是经过统治者的统一规划建设的，因此，公共建筑设置更多的是带有“保平安”心理慰藉的关帝庙和观音庙，在当时的战争环境，缺少修建家族意向的宗祠的客观条件。

例如，据《皇明九边考——三关镇》中的《老营城图说》，山西偏关县老营堡的建设过程如下：“正统末年（1449 年）建设土堡，弘治十五年（1502 年）展修，万历六年（1578 年）砖包，周四里零六十二步，高连女墙四丈。正德八年（1513 年）设游击一员；嘉靖十八年（1539 年）设守御千户所，二十年改置参将，四十四年（1565 年）添设副总兵一员。城内骑兵营官军三千九员名，马骡二千七十四匹头”[1]。由此可见，明长城沿线堡寨是应军事要求而建，完全不同于我国其他的以血缘为基础而演进的村镇。

2. 中国传统的宗祠多是同宗族为祭奠先人而建，我国大部分传统村落为同姓氏家族聚居，而明长城沿线军事堡寨为多姓氏聚居

明长城沿线军事堡寨的戍边士兵多是朝廷招募，为多姓氏移民形成的村落。据在山西省偏关县的调研，明长城沿线军事堡寨聚落皆为多姓氏，村中没有宗祠，不具备产生以祠堂为核心的同姓村落结构。例如山西省偏关县的水泉堡，镇区共有 500 多人，却包括了 60 多个姓氏，都属于戍边将士的后代。

3. 规整的空间结构形式是适应自然环境以及应军事要求“规划建设”的结果

在山西省明长城沿线地区，气候条件寒冷，采用坐北朝南的布局可以争取良好的日照，居民房屋毗邻而建可以减少山墙面，从而减小建筑体形系数达到节能的目的，因此，采用规整的南北向联排布局也是适应自然环境的一种必然选择。

4.4.2.2　空间结构的保护

按照《辞海》，“结构”的解释为“事物的各部分之间及部分与整体之间关系的组合方式”。参照这一定义，并结合对山西省明长城沿线军事堡寨的景观特征分析，军事堡寨的空间结构和形式是固定特征景观因素（自然环境、城墙、街巷、建筑和标识景观）的组合关系及表现形式。根据前面

---

[1] ［明］魏焕：《皇明九边考——三关镇》中的《老营城图说》，嘉靖刻本．

的分析，空间结构及形式包括：堡寨和周边长城的位置关系、和周边自然地理环境的关系、城池形式与道路网、水系的组合关系等。军事堡寨的内部空间结构主要体现在城池形式、街巷结构和街区形式相互之间的关系上。

明长城沿线的军事堡寨是在战争时期形成的具有鲜明防御功能的聚落，从整体结构的角度分析，堡寨本身的空间结构极具层次性，表现在：外围的线性防御、内部的街巷构成、住户单元的封闭性构成了一个完整的体系。保护规划应充分考虑这种历史脉络的延续性，并在今后的保护与利用中进一步传承和发扬。并对这种典型的空间结构形式定义为“序结构”，含义就是军事堡寨呈现出从外至内的有秩序的层级防御结构形式。

我国的古村落一般是在历史发展演化中逐渐“生长”并延续的，而军事堡寨是应军事防御的要求规划建设形成的。进入非军事化时期，在用地的功能关系上逐渐发生变化，大量的民居成为堡寨聚落的街区，替代了原有的政治和军事化区域。这种“序结构”在军事堡寨中有两种典型的组合关系形式，即沿边（城墙）和街区的组合关系、街巷与街区的组合关系。

军事堡寨的沿边（城墙）和街区、街巷与街区的组合关系表现为：明长城沿线的军事堡寨总体形体比较规整，四周以厚实的高墙进行围合。街巷空间由堡墙、院墙作为边界实体，限定出具有突出的路径、显现的场所和隐含的领域属性的空间形态，这样的结构本身就具有一定的防卫功能。有些沿堡墙内侧设有环形道路，更便于防御性的移动和报警信息的传递。街巷通常表现为规则的几何形骨架，一般分为主次两级结构，表现形式为“井”、“王”、“日”或“田”字等形式，规模较大时，可综合上面几种形式（表4-1）。军事堡寨的这种有序层级结构，规整方正、脉络清晰，体现了周朝《周礼》的思想精髓，是中国古城营造城池的经典形式。

山西省明长城沿线典型堡寨的街巷格局图　　表4-1

典型堡寨	街巷格局	街巷或平面示意图	图号及图名
广武城	属于典型的“十字形”街巷系统。街巷系统为“四大街、八小巷”。其中四大街主要是指东大街、西大街、东西大街和中大街，四条大街将城分为四个分区。八小巷是指贯穿四大街、纵横交错的八条小巷		图4-5：光武城街巷示意图[37]28

续表

典型堡寨	街巷格局	街巷或平面示意图	图号及图名
杀虎堡	属于典型的“鱼骨形”街巷系统。整个堡内的交通通过南北向的主街和与之相垂直的若干巷道构成		图4-6：杀虎堡街巷示意图[37]29
右卫镇	属于典型的“十字形”街巷系统。东西南北四条大街从各个方向贯穿了整个右卫城，将城内分成四个部分。四条大街直接连通四个堡门，交通便利，并与各街巷连接，主次有序，井然有序		图4-7：右卫镇平面示意图[36]54
得胜堡	堡内街道格局为“三大街、六小巷”。主大街是由南门引入的南北大街，宽约6m，西城墙下的铜南照壁大街和东城墙大街为次要街道，宽约5m，其余东西向的六小巷并无准确的巷道名，但都横向连接了三条大街		图4-8：得胜堡街巷示意图[17]46
新平堡	新平堡平面格局严谨，平面近似方形，十字交叉的主要街道构成了堡城的中心。城内布局依托十字街为主要骨架，将南北纵横交叉的十六条小街组织在一起，形成新平堡兼顾军事作战的需要。这些街巷基本上垂直分布，在交汇的节点处多以“十”、“丁”字形式出现，既具有明确的识别导向性，同时也是重视防御移动性的体现		图4-9：新平堡平面示意图[101]
老营堡	城内为四大街八小巷。四大街为东西南北大街各一条，八小巷分列东西两边，皆为横向排列，直抵城墙		图4-10：老营堡街巷示意图（自绘）

4.4.2.3 街巷的保护

街巷的保护包括街巷的平面线形和尺度，立面形式和尺度以及地面的铺装材料和铺砌形式等方面 [102]。

军事堡寨的街巷系统构成了堡寨的骨架，连接聚落的各个空间，决定了整个聚落的空间形态。街巷的平面格局的保护主要通过以下途径实现：其一，通过历史文献和考古发掘考证军堡原有的街巷平面，提供保护的科学依据；其二，通过合理的保护规划和严格的建设管理，维持街巷原有的平面形式，保护原有的线形和尺度；其三，通过控制街巷两旁建筑物的高度，发挥街巷的景观组织功能，将军堡中富有特色的景观节点纳入街巷的视线范围内，增强街巷的美学功能；其四，将街巷的平面线形与堡寨外部道路联系起来，合理处理内部交通和外部交通之间的关系。

日本的芦原义信在《外部空间设计》书中，以空间的三个尺度及比例的关系来描述空间的限定与划分标准，即 D/H，D/W 的指标值；D 代表空间宽度；H 代表建筑物（界面）高度；W 代表临街建筑的面宽（列柱或开间宽度）。在描述尺度本身时，由于空间的形成和确定并非仅以视觉感受来确定，而是以与人的感应空间及活动的适宜尺度等相关联，故应确定相应的指标值，并以空间的气氛、风格和封闭程度等方面来探讨空间的适宜性[103]。传统街巷的 D/H 指标值一般控制在 0.3 ~ 0.5 之间，在追求自身封闭性的同时，使得空间氛围更加纯粹而内敛，而 D/W 指标值则控制在 0.6 ~ 1 的范围内，易于使行人的注意力停留在建筑本身立面的语汇层面，便于形成节奏感和韵律感的街道美学。

在街巷地面的铺装材料及其铺砌形式上，一方面要防止自然和人为因素对原有街巷路面的持续破坏；另一方面要按照原有材质、尺寸和铺砌方式对已磨损和损坏的路面进行修补和更换，应保持传统的地面铺装形式，杜绝为了追求路面平坦舒适，将原有传统地面铺装材料更换，代之以现代材料铺装的现象。

4.5 景观要素保护与利用的策略

按照《辞海》的解释，形态就是“形状和神态”，形态既包括事物的空间形态，还包括形状所蕴含的精神和表达的意义。如果说古镇的空间结构是一种隐性的内在关系，那么空间形态就是一种显性的外在表象，可以获得视觉上的直观感受。堡寨的形态主要由城墙、民居、标志性建筑等景观要素相互联系、相互作用而形成，具体的保护与利用内容如下：

4.5.1 城墙的保护与利用

明长城沿线军事堡寨的总体形态比较规整，四周以厚实的高墙进行围合，通常是外部包砖，内部夯土，形成封闭坚固的外壳。有的墙外挖有壕沟，或者依靠天然河沟，同堡墙一同起到外围层次的防御作用。具体设防做法是向上垒砌硬质墙体和向下挖沟设壕两种（以前者为主），成为堡寨本身防御敌人的第一道屏障，而壕沟和围墙的结合，早已成为中国古代城镇的典型边界形式。

4.5.1.1 城墙价值的多元化及保护意义

山西省明长城沿线军事堡寨的价值评价主要内容如下：

1987年6月，联合国教科文组织起草的《世界文化遗产公约》第二章“保护原则”第二条“关于遗产价值”的阐述中详细列出了关于建筑遗产与历史环境的价值组成，它成为西方对历史文化遗产价值构成一次较为完善的总结。主要内容包括四个部分：历史真实性价值、情感价值、科学美学及文化价值、社会价值。其中前三项为遗产的内在价值，在内在价值的基础上，会产生遗产的可利用价值。

1. 历史价值

城墙早在3000年前的周代就被列入建筑形制，发展到成熟期，城墙有了更多的组成部分，如墉、堞、楼、橹、壕堑、慢道等等。《说文》中提到：“墉，城桓也”，即城墙本体。堞亦名雉堞，城上虚实相间的矮墙，古又称“女墙”。《释名》曰“橹，露上无覆屋也”。“橹”字从“木”，木结构之台。如“洛阳城，周公所制……城上百步有一楼橹”（陆机《洛阳记》）。后发展为城楼，军事上作瞭望台曰“观”。护城河亦称“壕沟”，同城墙组成“高墙深堑”的防御屏障，城门外围“瓮城”，有时另加一道“养马城”位于壕沟之后（曾公亮《武经总要》）。城墙突出部分为“马面”，其上常设战棚等设施[104]。

明长城沿线军事堡寨是出于军事防御意义而修建的，城墙建筑的修建体现了高大而坚固的原则，在明代防御时期对堡寨起到关键的保护作用。山西省明长城沿线军事堡寨的最明显特点就是城墙防御设施，有一些堡寨虽然历经风雨，但城墙的规模和形制依然保存较好，成为明长城沿线军事堡寨演化的最重要的实物见证，具有较高的历史价值和保护价值。如山西省偏关县老营堡的城墙坚实厚重，据《第三次全国文物普查不可移动文物登记表——老营堡》,“老营堡东墙长427m,基宽8.9m,顶宽3.8～8.5m,高10.2m;南墙长887m,基宽8～16m,顶宽3.1～5.4m,高8.8～12m;西墙长510m,残长484m,基宽9.7m,顶宽5m;北墙原长934m,现长926m,基宽11.4m,顶宽8～9.2m,高7～9m。堡周长2758m,面积40.05万m^2”。由此可见城墙的规模及建设形制(图4-11、图4-12)。

图4-11 老营堡的东城墙

图4-12 老营堡的西城墙

2. 文化价值

《圣安东尼奥宣言》认为“只有通过对历史和有形遗产的固有物质因素的客观研究,以及对与有形遗产相联系的无形文化传统的深刻理解,我们才能全面理解文化遗产的价值”[105]。对于城墙这种有形的建筑遗产来说,它的文化价值具体体现在其考古和建造技术领域,通过实物考古能够使它反映出历史上的科学和技术成就。国家文物局张柏先生曾说:“中国古城墙是世界古代文明的一个组成部分”。城墙所蕴含的文化内涵以及所代表的历史意义是极其重要的,其丰富的历史文化和历史信息是当代人的知识宝库。

从山西省明长城沿线军事堡寨的城墙建筑材料和建造工艺中,可以解析明代城墙砖石烧制和夯筑技术的成就;从明代城墙建筑的防卫功能中,可以解析明代城墙利用地形和军事防御的成就。同时城墙本身的演化以及历代维修,还是一部城墙的科学技术史记录。有时城墙砖上的铭文还具体记载了烧制城砖的单位、烧制的年代等史料。总之城墙作为一种活的历史教材,它所代表的军事文化在我国古代城市的研究中占据非常重要的地位。

3. 情感价值

对情感价值的评价是近年来文化遗产保护新观念的主要反映之一,其核心内容是“文化认同”。所谓文化认同(culturalidentity),其表层的含义是每个民族在社会文明进程中寻找自身落点的依凭,其深层的作用则是通过这种文化落点和文化归属的认同，在强调本体价值、尊重多元文化并存的现代社会文化场势中产生一种凝聚作用，以期达到民族之间的共处和国家的巩固[104]72。城墙是中国古代城镇防御功能的体现，以后随着军事功能的弱化，城墙也逐渐成为城镇生活的一部分。人们生活在城墙包围的城镇中，经历世事沧桑，不同年龄的人们都会留下不同程度的记忆。人们通过城墙这种老建筑回想自己的过去，寻求感情和精神的寄托，从这个意义上讲城墙的情感价值对于社会的良性发展具有一定的积极作用。

瑞典哲学家哈尔登（S.Hallden）也非常赞同对这种"记忆环境"的寻求，他讲道："生命延续性意识的强弱决定于社会被历史激发的程度。文物建筑和居住区形式对这个激发过程起很大作用……大多数人认为最好住在一个充满了记忆的环境里"[106]。2013 年春节期间笔者到山西省大同市得胜堡调研，村里大部分都是老人和孩子。在对张国栋老人的采访中发现：对于村里土生土长的老年人而言，城墙是成长的记忆。而且由于城墙现状保存程度较好，经常有外国专家前来参观和考察。村民们强烈的愿望是城墙能得到进一步的保护和维修，希望将来能带来旅游的契机，让村里的人们有机会发展服务业，增加家庭的收入。

4. 社会价值

英国的学者费尔顿曾经说过，"维持文物建筑的一个最好的方法是恰当地使用它们"[106]。因此，应当重视城墙的社会价值，并从军事堡寨经济与社会发展的战略角度积极地对之开发利用。城墙的社会价值主要体现在两个方面：一是作为旅游资源促进旅游业的发展；二是作为教育资源启迪人们的思想。城墙作为旅游资源是毋庸置疑的，山西省明长城沿线军事堡寨的大部分城墙损毁较严重，今后可以结合村镇的保护规划和建设规划实施保护和维修，尤其是对于城墙保护状况较好的堡寨可以带来旅游的契机。城墙不仅具有旅游这种物质层面的使用价值，同时它的教育价值也不容忽视。郑孝燮先生曾说："文物古迹是获得历史教育、爱国主义教育的无宗教科学"。城墙作为一种文物古迹，是青少年学习科学文化知识的实物教材。从城墙上，可以鉴赏中国古代城墙的建造技术和艺术水平，激发人们对历史的认识和思考。不仅如此，城墙还能够激发人们的爱国热情。

4.5.1.2 城墙保护的基本原则

1. 真实性原则

《中华人民共和国文物保护法》第二十一条规定"对不可移动文物进行

修缮、保养、迁移，必须遵守不改变文物原状的原则”[107]；《国际古迹保护与修复宪章》即《威尼斯宪章》第九条规定“任何不可避免的添加都必须与该建筑的构成有所区别，并且必须要有现代标记”；第十二条规定“缺失部分的修补必须与整体保持和谐，但同时须区别于原作”；第十三条规定“任何添加均不允许，除非他们不至于贬低该建筑物的有趣部分、传统环境、布局平衡及与周围环境的关系”；第十五条规定“对任何重建都应事先予以制止，只允许重修，也就是说，把现存但已经解体的部分重新组合”[108]。

山西省明长城沿线军事堡寨分布广泛，对堡寨城墙的保护工作任重而道远。基本原则应该是现状整修，进行抢救性、修补性的保护，并不是大规模的复原。真实性的原则主要体现在加固城墙本体，可以体现残缺之美，体现明城墙的岁月价值；完整性的原则体现在城墙的平面格局尽量保持完整，对于仅存少量遗址遗迹的城墙可以用遗址公园的形式体现平面位置，并通过标识系统进一步说明。

山西省明长城沿线军事堡寨城墙的保护修缮，主要遵循“现状整修为主，重点修缮为辅”的原则，对已毁或损毁严重（仅残留小部分）的城墙原则上不进行复原，对于保存程度相对较好的部分进行现状维修或防护加固工程。城门作为标志性的建筑物应实行重点修缮，修缮过程中坚持真实性原则进行修补，修补部分应该用原材料、原式样、原工艺，不仅要与整体保持和谐，也应该有所标记以区别于原作，譬如在城砖上标记年份，或在档案文件中详细记载当时的修复情况。近年很多地区在城墙的保护修缮中都使用新城砖，并取得一定的成功。例如1983年到1998年底西安城墙的修复，在修复中大量使用新城砖，修复后的城墙成为西安市的象征，吸引国内外大量游客，给西安城带来了较好的经济效益。山西平遥城墙的修复中也使用了上面铭刻有“平遥城砖”的新城转，修复后的城墙连同古城一起被列入到《世界遗产名录》，为平遥创造了很好的经济效益。以上实例可以看出，修复城墙使用新城砖已成为公认的事实，在山西省明长城沿线军事堡寨古城墙的保护修缮中可以慎重实行。另外在对军事堡寨的考察时，发现有很多城砖用来做村民的院墙和房屋基础，可以采取“尽量找回旧砖，不够部分再重新烧制”的办法，对新增加部分与原有城墙做到区分明确，不以假乱真。

2. 系统性原则

系统性原则突出整体性，包含系统内部的整体性、系统与外部环境之间的整体性以及系统的动态发展。古城墙本身是一个复杂的系统，由城池防御设施、出入口防御设施、观察射击防御设施以及其他设施等组成。古城墙与军事堡寨内部的其他景观要素形成了一个更为复杂的系统。因此只有运用系统性原则才能从整体和综合角度看待与解决古城墙保护与利用的问题。

2005 年 10 月，在西安召开的第 15 届 ICOMOS 大会通过的《西安宣言》，拓展了系统性的内涵，将文化遗产的保护范围扩大到遗产周边环境以及环境所包含的一切历史的、社会的、精神的、习俗的、经济的和文化的活动。任何历史建筑与其所处的环境是相互联系、相互作用的。对古城墙的保护和利用绝不能仅仅局限在城墙本体的维修措施上，而应该从整体的角度来看待并发掘古城墙在堡寨空间结构、形态上所起的作用。比如通过古城墙保护可以达到体现村镇特色的目的；通过古城墙保护、环城公园和道路建设，可以达到整治村镇的环境风貌，丰富公共空间的作用。

4.5.1.3 城墙保护的策略与方法

1. 城墙的保护是一项系统化的工程，应充分考虑和军事堡寨内外交通的关系。通过城墙的保护区划，合理规划设计城墙的保护断面，实现城墙与内外交通的协调统一。

城墙与堡寨内外道路之间的矛盾关系通常有以下几种：道路破墙而出、道路即城墙本体、外围过境道路临近城墙或紧贴城墙而过等（图 4-13、图 4-14）。针对以上几种情况，通常有以下几种保护方法：

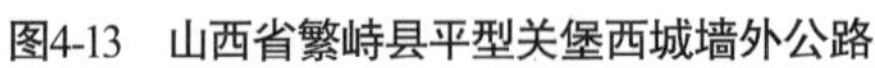

图4-13 山西省繁峙县平型关堡西城墙外公路

图4-14 山西省繁峙县平型关堡西城墙豁口

针对城墙已经形成的豁口，不能简单地通过修缮封堵，由于堡寨城墙大多只有两个或三个方向有堡门，随着时代的变迁，由于外围交通的发展，有些不开堡门的方向成为主要的出行方向，这种情况下，有些堡墙难免被破坏形成豁口。保护方法是：继续保留城墙的通行功能，但是要对城墙地面以下的部分进行考古发掘，找出古城墙的走向，然后在地面上做出古城墙走向的标识即可。在断裂口的两侧把古城墙端头复原为参差不齐的断裂状，并在两端头合适位置设立标志碑，记述该段城墙的历史。两者结合便能够使游客清楚古城墙原本的走向和造成现有情况的原因。

利用城墙本体形成道路的状况在堡寨中普遍存在，有些城墙损毁严重，仅留存下面的墙体部分，村民很容易踩踏，时间长了“便成了路”。这是一种严重破坏文物本体的做法。首先应通过保护规划设立保护范围立法保护；另一方面大力宣传城墙保护的重要性，使村民形成自觉行为，并相互监督，达到村民自主保护城墙的目标。

外围过境道路临近城墙或紧贴城墙而过时，一方面由于重型车辆通行时产生的共振现象会使墙体受损；另一方面过境道路会使堡寨外围的景观环境较差，应通过保护规划将外围道路迁移至保护范围以外的区域，以保证城墙本体的安全以及和外围景观的协调性。

2. 城墙是军事堡寨重要的景观元素，从大的景观范围出发，军事堡寨的古城墙与明长城防御边墙、外围地形环境、山林农田相互交融、辉映而成为晋北边关地区特有的景致。城墙的保护与利用应注重与周边自然景观和文化景观的相互关系研究，可能的条件下建设边关文化景区，如已经形成的山西“广武军事文化景区”、“杀虎口军事文化景区”和“平鲁军事文化景区”；从小的景观范围出发，城墙与相接的地形环境、农业种植以及建成区直接关联，应合理解决相互之间的矛盾和问题，以创造良好的城墙景观环境。

保护古城墙的目的不是留住时光，那样可以单纯地将古城墙送进历史博物馆，保护的真正目的是要把它及其周边环境完整地保存下来，留下它的历史和情感价值，让它在当前的环境下发挥一定的社会作用。发掘古城墙对当代村镇发展与人民生活的积极作用，亦可以反过来促进对古城墙的保护。

山西省明长城沿线军事堡寨大多位于沟壑纵横的地区，城墙和外围环境的关系通常表现为以下几种：

从大的景观范围出发，城墙所在堡寨与附近的长城遥相呼应，形成唇齿相依的关系。在这方面国内已经有成功的保护案例，如河北秦皇岛山海关古城的保护与开发，充分利用了和长城的互动关系，形成了长城与山海关古城、老龙头风景区联动开发的情形。为国内长城沿线城堡的保护与利用提供了优秀的范例。

从小的景观范围出发，堡寨城墙与周边景观的不协调关系往往表现在以下两个方面：

一是城墙外围临近沟壑，由于沟壑区水土流失严重，导致城墙的外侧坍塌较为严重。因此在保护城墙本体的同时，需要对城墙外的沟壑进行边坡稳定工作，防止沟坡进一步滑塌，危及城墙的安全。

二是城墙内外是农田，农民甚至在城墙边上刨土耕作，直接影响到城墙本体的安全。保护方法是划定城墙的保护范围，并设立保护标志，严禁在保护范围内随意从事农业活动。

三是城墙与房屋建筑直接毗邻，有的房屋甚至通过对城墙掏挖，然后贴建。针对这种情况，必须迁移房屋至保护范围以外，尽快对城墙墙体实施保护措施。

3. 城墙作为历史的场所空间，可以充分利用城门的节点空间形成人们的交往空间。

明长城沿线军事堡寨的城门作为场所空间，可以增强居民的自豪感和归属感，具有重要的社会价值和象征意义。而在村民的日常活动中，城门是人们出行的必经场所，人们往往喜欢在闲暇时集聚于此，从事聊天或下棋等公共活动。2013 年在山西省大同市得胜堡的调研中发现，由于是冬天，属于农闲时间，南门口由于光照条件好，在上午 10 时集聚的人口达到 20 ~ 30 人。在今后的保护工作中，在遵循真实性原则的前提下可以将城门及门前广场作为景观节点进行重点详细设计，形成堡寨的门户空间，突出展示堡寨的对外形象（图 4-15、图 4-16）。

图4-15　大同市新荣区得胜堡南门照壁外

图4-16　大同市新荣区得胜堡南门照壁里

4.5.2 传统民居的保护与利用

4.5.2.1 价值评定

1. 历史文化价值

山西省明长城沿线军事堡寨的民居作为聚落和居住空间的历史遗存，成为诠释历史时期特定生活方式及其文化习俗的空间载体，也是人们赖以生存的物质空间。明长城沿线军事堡寨的民居建筑，携带大量的有价值的历史信息，是区域传统文化、民俗风情、建筑艺术的物化档案，记录了历史文化和社会发展的脉络，是宝贵的历史文化遗产。

当地民居建筑的文化价值主要体现在：一是围绕明长城的修建和防御所产生的众多历史传说，是长城文化景观的重要组成部分。现如今在当地还流传着诸如“麻家将”、“走西口”等家喻户晓的民间传说，这些传说从侧面反映明代边关戍边战士舍家为国的崇高情怀、晋蒙之间密切的贸易往来以及关内人民为寻求生计出走关外的情景；二是依托建筑形式上的儒家礼制文化和民俗文化。当地的民居同样受到传统的礼制文化的影响，如建筑的以东为贵的思想、正房与厢房的关系等。而民居也体现着当地的民俗文化，如民居的营建习俗、民居室内以火炕为中心的生活方式等。

2. 科学价值

山西省明长城沿线地区民居的科学价值主要体现在空间布局、建筑单体、营造技术三个层面。

从聚落规划的角度分析，军事堡寨在形成之初，无论是堡寨与明长城的防御关系，还是堡寨的空间布局和建筑形式都是军事科学的体现，在明代的军事体系中发挥重要作用；在转变为自然聚落之后，聚落发展为棋盘式的空间结构，这是与当地的自然气候相适应的，是一种科学合理的规划结构；大部分军事聚落的选址科学，注重周边的自然环境和可持续发展的能力，有利于农业生产和生活。

从建筑设计的角度分析，以院落为基本的组织细胞，形成了私密的空间环境，同时起到调节微气候的作用；建筑单体往往顺应街巷呈现出“一字形”布置方式，有利于减小建筑的体形系数，以达到节能的目的；建筑单体的功能复合设置，在实现最小的使用面积情况下，满足最大的功能需求，民居的堂屋作为交通空间兼做厨房，而卧室则兼做起居厅。

从建筑技术的角度分析，山西省明长城沿线地区民居的营建技术是与当地的气候环境密切相关的。关于这方面的内容在后面有具体的论述。

3. 艺术价值

山西省明长城沿线地区民居的艺术价值体现在与自然和谐之美、地域特色之美。中国古人尊奉“天人合一，道法自然”的朴素哲学观念，受该观念的影响，传统民居与自然和谐统一，创造了世外桃源般的生活环境。建筑形式的产生与当地的气候环境有着密不可分的关系，建筑的材料也都源于自然的给予。因此，当地民居有着鲜明的地域特色，体现了浓郁的晋北地域文化。

4.5.2.2 保护现状

山西省的民居保护类型主要有以下两种情况：

第一种是已经公布为文物保护单位的民居。例如山西襄汾丁村民居是最早列入全国重点文物保护单位的民居，丁村按照相关的保护要求，采取了迁出原住民，将部分民宅改为博物馆，用以吸引游客参观的保护方式。据统计，目前山西省保存较好的传统民居共有 547 处，其中 199 处民居被列入山西省、市、县（区）级文物保护单位中 [109]。迄今为止，国家已公布了七批全国文物保护单位，山西民居被列入了约 20 处，但山西省明长城沿线军事堡寨中的民居尚无一例。

第二种是已经公布为历史文化名镇（村）的民居，截止到 2012 年底，山西省共有 30 处国家级历史文化名镇（名村）、83 处省级历史文化名镇（名村）。山西省明长城沿线的军事堡寨有 1 处（新平堡）入选国家级历史文化名镇，有 4 处入选为省级历史文化名镇（村）（阳明堡镇、右卫镇、得胜堡村和旧广武村）。

1999 年国际古迹遗址理事会已经通过《关于乡土建筑遗产的宪章》，明确了对一般传统历史建筑的保护。近几年来，我国许多学者提出了将尚未定级、但有一定价值的城镇的一般性历史遗存统一定义为“历史建筑”，并将其纳入《文物保护法》法定保护范围，与文物建筑保护相互补充，尝试和西方文物保护发达国家接轨。但是到目前为止，我国还没有关于“历史建筑”明确的法律定义，也没有制定与历史建筑自身情况相适应的管理机制，它们往往处于文保单位、历史街区两不靠的境地。

另一方面，随着我国城镇化进程的加快以及近几年新农村建设的开展，传统村镇受到强烈冲击，尤其是大量尚未列入保护名录的乡土建筑及其环境正快速地改变，新农村建设变成了“新村庄建设”，乡土建筑保护面临严峻形势。因此，积极探索乡土建筑保护的有效途径是当前亟待解决的问题。

4.5.2.3 保护原则

1. 体现建筑材料的地域性

传统民居地域性表现得最为明显的特征就是源于地域的建筑材料。材料作为一种建筑元素，在不同的历史时期和不同地域的建筑营造活动之中，扮演了极其重要的角色，它通过肌理、质地、色彩共同塑造了具有地域特色的建筑，并与当地的传统文化结合，构成了人们记忆和感情中的一部分。

利用地方材料是民居营建常见的生态措施，材料蕴含的能量是指其生长或生产、成型、加工和装运所耗去的所有能源总和，就地取材则最大限度地减少了材料装运等附加能源的消耗。山西省明长城沿线军事堡寨的很多传统民居都可以作为就地取材的典范（表 4-2）。

当地民居建筑采用的主要建筑材料的特性总结 [110]　　表 4-2

材料	特性	材料利用
木材	分布范围广、易加工营造，可燃烧，可作为围护、支撑等构件，适用范围广	支撑使用：梁柱、屋顶檩椽等 构件使用：门窗、挑檐、挑廊等 燃烧使用：作为燃料，进行采暖、炊事等
石材	主要指不规则块材和板材。一般用于围护结构，具有良好的保温隔热性能，但是重量大，施工费时费力，一般山地产石地区均有使用	由于取材便利，材料丰富，因此被众多民居所采用。块材可用于墙体材料，板材可用于屋面材料。在晋西北的窑洞建筑中被广泛采用
泥土	取材便利，具有良好可塑性。保温性能好，可以和多种材料混合使用，但是怕水、怕潮、强度不高	泥土直接利用到民居中，也可以与其他材料混合使用。 围护使用：土坯墙、夯土墙 承重使用：窑洞 保温使用：窑洞
砖瓦	防潮、保温性能好，且强度高，易于生产加工，施工砌筑。造价适宜，成为民居主要的建筑材料	被广泛采用，特别是生产力较发达地区更常见。 围护使用：庭院民居的墙体、屋面等 承重使用：围墙 室内使用：火炕、地面防潮

2. 反应对当地气候条件的适应性

气候与地域建筑特色的形成有着密切的关系，气候的特征越显著，对建筑的形式影响也越重要。印度著名的建筑师查尔斯•柯里亚曾说过“在深层的结构层次上，气候决定了文化及其表达形式”，并提出了“形式追随气候”的观点。传统建筑由于受到生产力发展水平的限制，多是采用被动的方式以适应当地的气候环境。因此，民居的形式在一定程度上是对气候特征的一种反映和表达。例如广西地区炎热多雨，民居采用干栏式，可以有效地组织通风，防潮湿；内蒙古地区风沙大，蒙古包以圆形的形体降低风沙作用等。这些案例都说明建筑的形式与气候之间所存在的内在关系。而山西省偏关县的军事堡寨普遍采用的石窑形式就是地域民居适应气候的结果，冬暖夏凉，也是千百年来当地人们对民居营造的经验总结。

3. 保持传统民居院落的空间格局

住宅，是村镇生活的最基本的空间，也是山西省明长城沿线军事堡寨空间的主要构成部分。它包括单个的宅院、院落组合和占据一个地块的几个院落所组成的大户人家的府邸，还包括沿街地段常见的商住建筑。

在自然地理和社会人文环境的作用下，晋北明长城沿线军事堡寨的传统民居基本上可以分为两种形式：窑洞住宅与传统四合院或三合院住宅。

侯继尧认为中国的窑洞主要分为 3 种类型：靠崖式窑洞、下沉式窑洞和独立式窑洞[111]。晋西北的窑洞属于独立式窑洞的石窑类型。

山西省明长城沿线军事堡寨的民居院落沿袭了中国传统民居的三合院或四合院形式，包括正房、耳房（米面房）、东西厢房和南房，有的民居门对面还建有照壁。相对于晋中和晋南民居的“窄四合院”而言，晋北民居院落空间相对开敞。因堡寨聚落多为军户的后代，民宅家族关系简单，院落的规模一般都不大，形成二进或三进院落规模的大户民宅较少。但在个别堡寨，如代县的阳明堡，由于明清时期商业繁荣，有一些大户人家建有大宅院，如刘家院和阎家院都是二进的院落（图 4-17、图 4-18）。

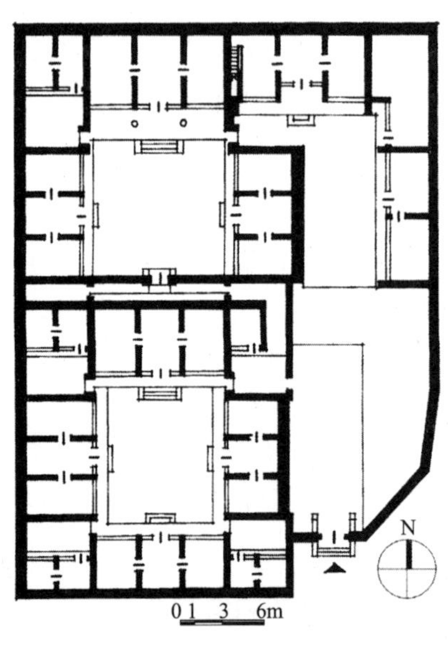

图4-17　刘家院总平面[36]239

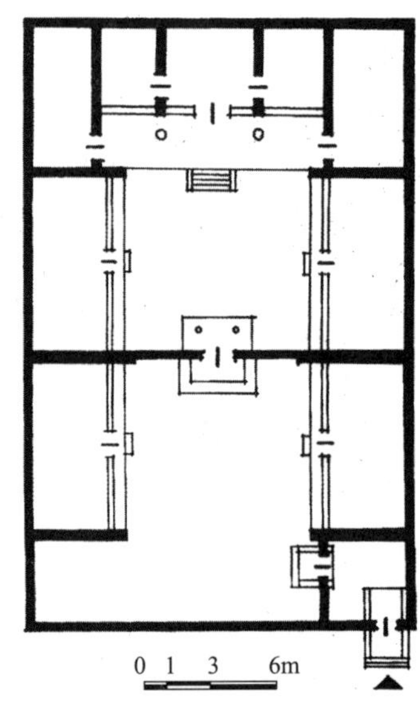

图4-18　阎家院总平面图[36]230

4. 传承传统的居住生活方式

一般的传统民居建筑都应该在改善基础设施的情况下，保持居住功能、商业功能不被改变，尽量保持街区生活的活力。而且正常持续的使用也有益于建筑实体的保存，也就是人们俗语常说的“有人住的屋子不易坏”的道理。

在居住生活方面，山西省明长城沿线的堡寨聚落保持了以“炕”组织家庭生活的传统方式，炕和灶台连为一体，具有炊事、取暖、寝卧的功能，同时兼具会客的功能。如果客人来临，主人往往会热情地招呼一声：上炕吧。这就意味着大家会围炕桌而坐，饮水喝茶，面对面悉心交谈；同时“炕”也是就餐的空间，炕桌也是餐桌，尤其是逢年过节，家人团聚，更加显示出欢乐和祥和的场景。

4.5.2.4 传统民居的保护与利用方法

1. 传统民居的“可适性再利用”

在文化遗产保护的方法上，早在 1964 年的《威尼斯宪章》就提出，“保护的目的不仅仅是保存一个历史遗迹以满足人们对历史文化的怀念，更是为了从物质层面上延续我们的文化甚至生活本身。为社会公用之目的使用古迹永远有利于古迹的保护，这是保护的宗旨”[108]。

1977 年《马丘比丘宪章》进一步完整的阐述了以上观点，并提出了“可适性再利用（Adaptive Reuse）”方法是恰当的。

为了更好发挥历史遗产在当代社会生活中的作用，对其进行有效合理的利用变得愈来愈受到重视。具体措施包括：首先对建筑进行维修，保证其继续良好生存下去的可能，这一过程必须遵循科学修复的原则和方法；然后考虑调整使用功能，并进行适当的改建与加建。在功能的设置上一般遵循：尽量保持原功能；或寻找不改变原空间组织关系的新功能；尽量避免原空间的过度改变，即“只作最低限度的改变”的基本原则。借鉴法国成功的经验，对于“列级的历史建筑”（Monuments Historiques Classes），在使用上要求保持原功能或者改做博物馆等公益性质的文化机构；对于一般性“列入补充名单的历史建筑”（Monuments Historiques Inscrite），可以考虑更大程度的改造利用，既可以进行内部设施改善，在外部形态上也可以考虑进行局部加以改建以适应新的功能，使用功能性质达到多样化的目标。

结合对历史文化保护区和历史文化名城的保护，我国逐步建立了针对地区传统民居建筑的保护方法。除了已经被划定为文物保护单位的文物建筑严格遵循文物管理部门的保护要求之外，未被列入文物保护单位的一般性民居建筑也开始获得规划保护。这类建筑在保护措施与保护观念上基本建立了“价值评估，分级保护，合理利用”的方针。

以世界文化遗产皖南古村落的传统建筑保护为例，在整体保护规划方案中就传统民居建筑提出了“根据价值综合评估结果，实行分级保护”（表4-3）。山西省明长城沿线军事堡寨的传统民居可以借鉴这种保护方法。

皖南古村落建筑单体分级保护措施[112] **表 4-3**

类别	建筑年代	建筑形制	价值	完好度	保护措施及对策
一类	明末至清道光年间	传统建筑典型特征	很高	很好	严格保护，适当维修，不容许更改内部结构
二类	清道光年间至民国	传统建筑特征	较高	好	保留原有格局，外观维修保存，内部适当更新改进
三类	民国至新中国成立初期		一般	一般	外观进行修整，与传统村落空间风貌协调

2. 具体的保护措施

山西省明长城沿线军事堡寨的传统民居根据现存状况，可以分为文物建筑、历史建筑两大类，可以分别提出相应的保护与整治措施。

文物建筑：对文物古迹的修缮不存在争议，其建筑本体与环境按照文物保护法的要求进行保护。

历史建筑：历史建筑是指在文物古迹范畴之外有一定历史、科学、艺术价值的，反映堡寨历史风貌和地方特色的建筑物。尽管历史建筑在价值判定上没有文物古迹那样高，但是历史建筑的数量和规模、布局和形式，对构成历史街区的整体风貌具有主导作用。对于重要历史建筑，由于历史和文化价值相对较高，原则上参照文物古迹的保护要求适当维修；对于一般历史建筑，由于在山西省明长城沿线军事堡寨大量存在，根据其建筑构件毁损的情况又可分为两种修缮方式：

一是镶嵌式修缮，即小规模修缮，只对毁损的建筑部分进行原样补缺，这类建筑的现状结构质量较好；

二是脱胎式修缮，即建筑的结构体系毁损严重，为了保持建筑屋顶墙体等外部风貌，就采用新的结构体系如以钢结构代替原有毁损的木结构体系，这样也可以使传统建筑的室内空间不受原有柱网的限制而改成大空间。可以达到改善内部生活设施，提高人们生活质量的目标。

4.5.3 标志性建筑物的保护与利用

在对军事堡寨中常见的钟鼓楼古建筑的修复中，应该按照“按程序进行”、“最大量保留”及“可逆性”原则，对需要修复的部分进行设计。在修复中，如没有原来的材料，施工就遵循《威尼斯宪章》的“缺失部分的修补必须与整体保持和谐，但同时须区别于原作，防止修补部分使原有的艺术和历史见证失去真实性”[108]。这样，建筑的门、窗、屋顶、墙面等部分既保持历史的可识别性，又保持建筑在不同时代的历史痕迹。

军事堡寨历史上形成的重要节点空间，应予以保留并加以更新。对于村中的庙宇，一方面尊重村民的传统信仰习惯，整修其祭祀空间环境；另一方面结合非物质文化遗产的表演活动，将其作为新的文化空间，除此之外，还可赋予村庙更多的文化功能，使其成为村民的文化活动中心，作为村民戏曲演唱、才艺表演等的核心场所。这不仅利于传统文化的保护和传承发扬，而且使乡村的独特文化转化为村落居民之间的凝聚力，使乡村生活更具吸引力，利于民生民风的质量改观[113]。

4.6 小结

遗产廊道是一种线性的遗产区域，把文化意义提到首位，是把单个的遗产点串联起来的具有一定历史意义的线性廊道。对遗产的保护采用区域而非局部点的概念，是一个自然、经济、历史文化三者并举的综合保护措施与多目标的保护体系。在明长城遗产廊道中，军事堡寨是明长城军事防御体系中的一个完整的子系统，可以划分为区域——聚落——要素三个层次进行保护，相应的策略研究可以从这三个方面展开。

在区域层面，依据遗产廊道的保护理念，提出了要协调军事堡寨遗产保护和生态保护、经济社会发展之间的关系；协调军事堡寨和明长城以及其他军事要素的保护关系；建立明长城遗产廊道地区间的协作机制；积极推进军事堡寨整体的文化遗产保护工作四个方面的策略。

在聚落层面，提出研究军事堡寨外围的整体空间格局，将其融入明长城遗产廊道中；突出军事堡寨的“序结构”，实现对军事堡寨空间结构的保护。明长城沿线的军事堡寨是在战争时期形成的具有鲜明防御功能的聚落，从整体结构的角度分析，堡寨本身的空间结构极具层次性，表现在：外围的线性防御、内部的街巷构成、住户单元的封闭性构成了一个完整的体系。对这种典型的空间结构形式定义为“序结构”，含义就是军事堡寨呈现出从外至内的有秩序的层级防御结构形式。

在要素层面，主要阐述了城墙、传统民居和标志性建筑物的保护策略和方法。

第 5 章 山西省明长城沿线军事堡寨保护与利用的模式构建

5.1 区域层面上军事堡寨的保护与利用模式

5.1.1 遗产廊道视角下的保护原则

5.1.1.1 历史文化遗产保护和生态保护相结合

山西省明长城沿线的军事堡寨大部分地处黄土高原地区，并处于农耕文化和游牧文化的交织区，历史上自然生态系统就较为脆弱，加之历史演化过程中人为的破坏，明长城及其沿线堡寨周边的生态环境目前在我国处于生态脆弱地带以及生态敏感区当中。在《西安宣言》的保护理念下，文化遗产的保护范围已经扩大到了“环境”层面，这里的“环境”包括了自然环境和历史环境。因此生态环境的保护对于明长城及其沿线军事堡寨的生态安全及其可持续发展具有重要的战略意义。

5.1.1.2 历史文化遗产保护和村镇发展相结合

山西省明长城沿线军事堡寨明清以来经过几百年的演化发展，大部分成为现代的城镇驻地或村落，这些村镇在发展过程中偏离山西省经济中心而成为经济发展相对的“冷区域”，经济发展相对落后。即便如此，在日趋加速的城市化进程中，相当数量的村镇已经面目全非甚至被整体迁移。因此，明长城及其沿线军事堡寨的文化遗产保护与村镇的经济、社会、文化的可持续发展紧密结合，将构成本书研究的宗旨和目标。

5.1.2 “区域——廊道——节点”的基本模式及构建要素

明长城沿线的遗产资源包括屯兵系统、烽传系统、驿传系统和屯田系统，是一个相当复杂的系统。军事堡寨作为屯兵系统，是明长城遗产廊道中的核心构成资源的组成部分，也是在明长城军事防御体系进行深入研究的基础上提炼出的一个主题。军事堡寨的区域保护模式是在明长城遗产廊道保护框架的背景下制定的融合自然生态、文化遗产、产业经济和文化旅游等各方面内容的体系结构。

由于军事堡寨所处区域面临生态环境脆弱、文化遗产分布“孤岛化”和“边缘化”、经济发展滞后等现实矛盾与问题，采用“区域——廊道——节点”的基本模式，将山西省明长城沿线呈线型分布的军事堡寨，以及沿线紧密相关的自然和历史文化资源串联起来，实现地区遗产保护与生态环境保护、休闲与教育、社会经济发展相协调的综合目标。

斑块（Patch）、廊道（Corridor）和基质（Matrix）是景观生态学用来解释景观结构的基本模式，普遍适用于各种景观，包括乡村景观。这一模式为比较和判别景观结构，分析结构和功能的关系和改变景观提供了一种通俗、简明和可操作的语言[114]。依据景观生态学原理，斑块指与周围环境在外貌或性质上不同，并具有一定内部均质性的空间单元。廊道是联系相对孤立的景观元素之间的线型结构，有利于物种的空间运动和原本孤立的斑块内物种的生存和延续。廊道本身的构成不同，所起的作用也会不同。基质是景观中分布最广、连续性最大的背景结构。明长城沿线的军事堡寨在明朝军事格局主导下的联系联络方式为烽传系统和驿传系统，在现代发展阶段，这种联络方式虽然已经成为历史，但在遗产地保护网络的廊道构建中仍然可以作为遗产的构成要素，即通过烽传和驿传历史廊道联系各节点（军事堡寨）形成保护网络。山西省明长城沿线军事堡寨的整体保护网络构架如表 5-1。

山西省明长城沿线军事堡寨的整体保护网络　　表 5-1

山西省明长城沿线军事堡寨保护网络构成要素	内容	范围或保护要求
区域（基质）	明长城沿线军事堡寨所处区域的自然、经济和社会发展状况	山西省明长城沿线的14县3区的行政范围，也是研究范围
廊道	长城边墙军事工程 河流水系 古驿道的分布线路 烽火台的分布线路	长城边墙的核心区和缓冲区 河流水系形成的蓝线保护区和建设控制地带 古驿道的紫线保护区和建设控制地带 烽火台的紫线保护区和建设控制地带
节点（斑块）	已注册为历史文化名镇（村）或文保单位的堡寨，有条件成为历史文化名镇（村）或传统村落的堡寨，历史整体格局与风貌保存一般的堡寨以及无人居堡寨	进行真实性分析和真实性评价，参照历史文化名镇（村）的保护规划以及遗址保护规划进行保护

在“区域——廊道——节点”基本模式构建中，借鉴遗产廊道理念提出“生态经济区、绿色廊道、游步道、展示功能区”四要素共同作用而构成的军事堡寨整体保护网络模式，核心内容包括（图 5-1）：

1. 建设明长城生态经济区，构筑军事堡寨的生态经济体系；

2. 构建绿色廊道网络，形成军事堡寨的绿色保护体系；

3. 规划游步道系统，完善交通体系；

4. 划分展示功能区，推动展示和利用设施建设。

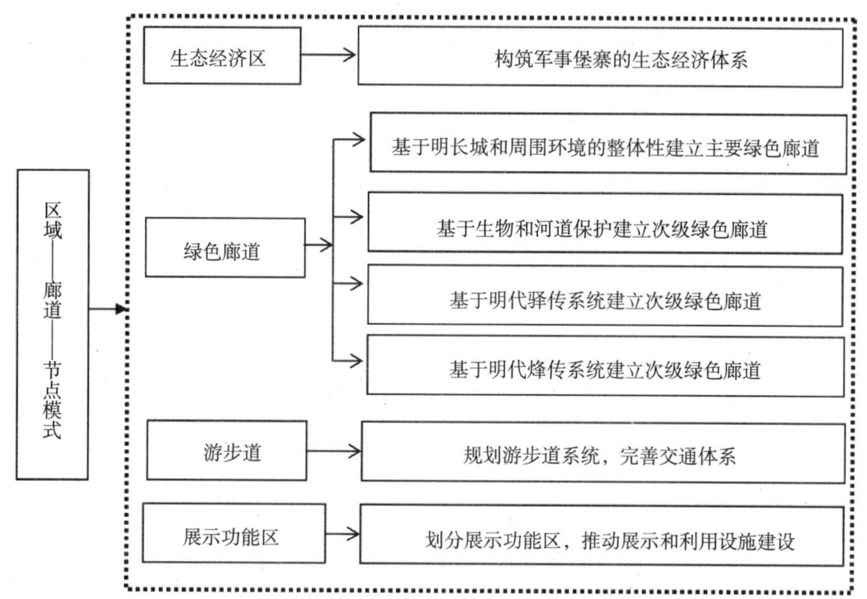

图5-1　山西省明长城沿线军事堡寨区域保护与利用模式的基本框架

5.1.3　建设明长城生态经济区，构筑军事堡寨的生态经济体系

5.1.3.1　“明长城生态经济区”的概念

关于生态经济区的研究，较早的有 1980 年代中期的“四湖生态经济区”研究；以后学术界在生态经济区域结构范畴、生态经济区域发展决策、县级生态经济区域划分、生态经济区模式等方面展开了有益的研究和探索；21 世纪以来，学术界关于生态经济区的研究更是十分活跃。

目前我国进行了多种类型生态经济区的建设，如黄河河套生态经济区、三峡库区生态经济区、鄱阳湖生态经济区、黄河三角洲生态经济区、大兴安岭生态经济区、中国琼雷热带生态经济区等。这些生态经济区的建设，或以水域为主体，或以森林为主体，或以草地为主体，在实践中展示了生态经济区模式的优越性，可协调区域发展中的生态保护与经济发展等多方面的关系，促进区域的可持续发展[115]。但目前尚未开展以遗产为主体的生态经济区研究。

长城是人类社会现存最为宏伟的文化遗产之一，承载着厚重的历史文明，与所在区域在历史、文化、生态和景观上形成紧密的相依关系，长城区域贫困和生态脆弱是导致长城破坏严重和经济发展滞后的根本原因。虽然长城是一个“廊道”，当它与所在地域经济、社会和环境联系起来就成为一个复杂的综合性开放系统[116]。“明长城生态经济区”的概念就是以明长城为轴线，以明长城所处的生态环境为依托，以明长城串联起的城市和乡村聚落为重点，实现对明长城遗产资源的科学保护和合理利用，使明长城所在区域实现社会、经济、环境的协调发展。

5.1.3.2　建设明长城生态经济区的目的和意义

建设明长城生态经济区，目的是跳出文化遗产“就保护论保护”的传统思想，既推动明长城防御体系的整体保护，又注重生态环境保护，引导明长城沿线地区村镇的产业发展方向，提高农村地区的经济水平，探索明长城沿线军事堡寨区域保护与利用协调发展的途径，对明长城沿线地区的经济与社会发展将起到巨大的推动作用。

明长城生态经济区建设是以对明长城资源保护和合理利用为主线，以区域协调发展为目标，涉及明长城沿线地区的生态、经济、文化等各个方面，形成明长城、乡镇、区域、环境之间关联互动、共同发展的良好局面。同时，明长城生态经济区也是国家（区域）可持续发展的缩影，并对于遗产廊道保护理念在山西省明长城地区的实践应用具有重要的现实意义。

5.1.3.3　建设明长城生态经济区与军事堡寨保护的关系

1. 建设明长城生态经济区可以为军事堡寨的功能转型提供区域发展基础

以明长城文化资源为基础，以农业、旅游、文化、科教、养生、休闲等为内容，通过统一规划，以点带面、多点成线、产业互动，建成特色鲜明、具备规模的产业带，可以促进区域经济发展、带动农民增收致富。明长城沿线地区经济水平的提高、生态环境质量的改善，无疑会给军事堡寨的功能转型提供物质基础。

2. 保护和利用明长城及其沿线的军事堡寨是明长城生态经济区发展的重点

明长城沿线军事堡寨是明代军事防御的产物，作为人类的聚居点，蕴含着丰富的哲学思想和意境追求，是明清时期村镇演化的“活化石”，它们涉及社会文化的方方面面，具有历史文化、艺术、教育、经济的多种社会功能，集军事文化与民俗文化于一体，是有着诸多价值属性的综合体。在明长城生态经济区建设中，历史文化、生态环境是其主要基础。深入挖掘历史文化资源，保护脆弱的生态环境是明长城生态经济区发展的重点。

5.1.3.4 山西省明长城生态经济区的基本特征

1. 地缘一致性：指具有相似的自然地理和人文地理环境条件。山西省明长城沿线的军事堡寨分布于晋北地区这一独立的地理单元中，属于黄土高原的东北边缘，是我国北方农牧交错生态脆弱区，具备地理环境相似性的特点。

2. 文化相关性：指具有相似的生产生活方式、文化传统和民间习俗等内容。依据山西省的历史地理、农业区划、民居地域分区以及方言的分区，可以发现山西省明长城沿线军事堡寨具有高度的文化相关性，具体的内容体现在军事堡寨文化景观要素的分析中。

3. 生态连续性：指在自然地理环境条件约束下能够形成自然连续的生态区域。明长城实际上是我国北方农业与畜牧业的分界线，历史上地处农耕文化和游牧文化的交织区。明长城作为线性廊道，与自然地理环境的巧妙结合是长城修筑的重要原则，明长城绿色廊道的建设正是明长城沿线生态连续性的重要体现。

5.1.3.5 山西省明长城生态经济区的建设思路

1. 依托宏观政策背景

明长城所处地理环境的特殊性以及居于世界文化遗产的地位，决定了明长城的保护与利用应和具有国家战略意义的相关重大工程建设及区域规划相衔接和协调。

（1）结合国家的“三北防护林工程”

“三北防护林”又称修造绿色万里长城活动。1979 年，国家决定在西北、华北北部、东北西部风沙危害、水土流失严重的地区，建设大型防护林工程，即带、片、网相结合的“绿色万里长城”。规划范围包括新疆、青海、宁夏、内蒙古、甘肃中北部、陕西、晋北坝上地区和东北三省的西部共324个县（旗），农村人口4400万，总面积39亿亩。目的是锁住风沙，减轻自然灾害。三北防护林工程规划期限73年，分八期工程进行。

在黄土高原和华北山地等重点水土流失区，三北防护林工程重点实行生物措施与工程措施相结合，按山系、按流域综合治理，建设以水土保持林为主的区域性防护林体系。山西省自三北防护林四期工程启动以来，抓住国家启动实施六大林业重点工程的战略机遇，在三北防护林工程建设中实施精品工程带动战略，因地制宜，通过组织实施山西省北部风沙区防风固沙林、吕梁中南部水土保持林、汾河上游水源涵养林、沿黄地区以红枣核桃为主的经济林以及平原农区农田防护林等区域性精品防护林工程建设，有力地促进和带动了全省三北防护林工程建设[117]。如右玉县通过实施精品工程，近几年建成了万亩以上治沙造林工程6处，面积80km^2，大型防护林带18条，中型防护林带95条，全长286.5km，面积达80km^2。山西省外长城沿线由于风沙大、降水少，所以荒漠化、沙化现象较普遍。每年冬春时节风沙天气达30天之多。林业发展方向应以营造防风固沙林为主，加强区域防风固沙和生态环境的综合治理，强化征占用林地的审批监管，控制人为的植被破坏。鼓励发展农村新能源，保护自然植被，鼓励移民并村，减轻生态脆弱地区自然生态的压力，积极开展生态环境的保护。但靠近长城边墙至少50m不宜种植高大乔木，以免影响长城的天际线。

（2）结合山西省的“主体功能区规划方案”

主体功能区是根据区域发展基础、资源环境承载能力以及在不同层次区域中的战略地位等，对区域发展理念、方向和模式加以确定的类型区，突出了对区域协调与可持续发展的总体要求。主体功能区中的优化开发、重点开发、限制开发和禁止开发的“开发”，主要是指大规模工业化和城镇化的人类活动[118]。

优化开发是指在加快经济社会发展的同时，更加注重经济增长的方式、质量和效益，实现又好又快的发展。晋北内外长城间的大同盆地、内长城南缘的忻定盆地属于优先开发地带。

重点开发并不是指所有方面都要重点开发，而是指重点开发那些维护区域主体功能的开发活动。晋北的大同市市区、忻州市忻府区、朔州市区属于重点开发区。

限制开发是指为了维护区域生态功能而进行的保护性开发，对开发的内容、方式和强度进行约束。山西的限制开发区包括汾河上游水库调蓄与水土保持生态功能区；黑驼山山地丘陵生态畜牧业与林业生态功能区等13个农牧业生产类型为主的生态功能区；恒山、五台山等8个山地丘陵水源涵养、生物多样性保护和自然景观保护类型生态功能区；采凉山山地丘陵、中条山南麓黄土丘陵等8个水土保持和风沙控制类型生态功能区等。

禁止开发也不是指禁止所有的开发活动，而是指禁止那些与区域主体功能定位不符合的开发活动。主要包括山西省境内国家级和省级自然保护区、世界文化自然遗产、重点文物保护区、重点风景名胜区、森林公园、地质公园和重要水源地等，合计855处，总面积为19343.24km^2[118]。

山西省明长城沿线属于我国半湿润向半干旱过渡的生态脆弱带，明朝的人口激增及土地过度开发对明长城沿线的生态环境造成较大的影响。特别是晋西明长城及其沿线军事堡寨位于黄土高原沟壑丘陵区，水土流失、沟壑发育是破坏长城的主要自然因素。总体上，从主体功能区的划分看，山西省明长城沿线应该属于限制开发和禁止开发的区域。近年来实施的封山禁牧工程已取得初步成效，应抓住这一有利时机重点改善明长城沿线的生态环境。

2. 划分不同功能定位的明长城生态经济分区

（1）分区的依据

1）明长城文化遗产与区域生态系统、经济系统耦合协调发展

明长城是一个线性的遗产廊道，它和区域的生态与经济系统相互联系、相互作用，明长城文化遗产价值的发挥和周边区域整体的生态功能和经济功能的发挥是紧密关联的。因此，明长城文化遗产与区域生态系统、经济系统耦合协调发展应作为生态经济分区功能定位的目标和方向。

2）明长城沿线区域发展的比较优势和主导功能

生态经济分区的功能定位，是在整个明长城沿线区域可持续发展格局中所承担的生态与经济功能。因此，功能定位不应面面俱到，应是建立在各区域生态和经济资源以及产业比较优势分析的基础上，明确一种或几种在促进区域可持续发展中起到主导作用的功能。

（2）划分明长城生态经济分区

依据张青峰所从事的“黄土高原生态经济分区研究”，晋北属于“黄土高原中部暖温带半湿润半干旱农林牧生态经济带”，张青峰进一步将此一级生态经济带在晋北划定为四个二级生态经济分区（表5-2）。

山西省黄土高原生态经济分区的优势比较[119]　　表 5-2

一级	二级分区	资源比较优势	产业比较优势
黄土高原中部暖温带半湿润半干旱农林牧生态经济带	晋北黄土丘陵宽塬沟谷森林、森林草原生态经济区	农、林、草地资源优势度高和较高的区域	农、林、牧综合协调发展
	晋西北黄河山前丘陵梁峁沟谷森林、森林草原生态经济区	林、草地资源优势度高和较高的区域	林、牧综合协调发展
	晋北忻州盆地草原、森林草原生态经济区	耕地资源优势度高和较高的区域	以商贸服务业带动区域发展
	晋北大同盆地草原、森林草原生态经济区	矿产资源优势度高和较高的区域	以工业产业带动区域发展

综合以上的研究结论，进一步分析山西省明长城生态经济区的基本特征，以及山西省的“主体功能区规划方案”，将山西省明长城生态经济区的生态分区划分为明外长城黄土丘陵农业生态经济分区和明内长城山地丘陵水源涵养生态经济分区两个区域。

山西省明外长城黄土丘陵农业生态经济分区包括朔州市的平鲁区、右玉县，大同市的左云县、新荣区、阳高县和天镇县，共 4 县 2 区。该区地形地貌为黄土高原缓坡丘陵地区，适宜于农、林、牧业综合发展，除了平鲁区以外，其他县（区）是晋北典型的农业县。各县（区）的县级城镇、村镇和军事堡寨有密切的渊源关系，而且这些县（区）和内蒙古接壤，省与省之间交往和交流活动频繁。

山西省明内长城山地丘陵水源涵养生态经济分区包括忻州市的保德县、河曲县、偏关县、神池县、宁武县、代县、繁峙县以及朔州市的朔城区、山阴县、应县和浑源县 10 县 1 区。该区地形地貌为黄土高原山地丘陵地区，包括恒山、管涔山系，是晋北重要的林草资源富集区以及水源涵养地，也是明长城险要关口及军事文化区，以及重要的自然及人文景观区域（表 5-3）。

山西省明长城生态经济分区的功能定位　　表 5-3

山西省明长城生态经济分区	基本特征	功能定位
外长城黄土丘陵农业生态经济分区	山西省明外长城的连续完整性； 自然生态环境的统一性； 山西省的限制开发地区	区域以明长城文化资源为核心，以文化遗产保护与利用、特色农业发展为导向，加强生态治理，培育生态产业链和产业群落，今后发展为晋蒙、晋陕省际特色生态经济区
内长城山地丘陵水源涵养生态经济分区	山西省明内长城的连续完整性； 自然生态环境的统一性； 山西省的限制开发和禁止开发地区	以水源涵养、生物多样性保护和自然与人文景观保护和利用为主，通过遗产保护、生态保护和文化旅游等各方面功能的综合协调，促进区域整体的保护与发展

5.1.3.6 山西省明长城沿线军事堡寨的生态经济模式——以山西省右玉县为例

明长城是特定历史条件和自然环境下的有着深刻时空概念的产物，涉及巨大的社会经济系统和复杂的自然生态系统，与周边的自然环境、乡村聚落、区域经济基础、社会形态等都产生着密切而广泛的联系，并非仅仅是一种线性的文化遗产，应当上升到区域的、综合的高度来理解[116]。明长城生态经济区的提出，正是基于此基础，以提升对长城概念的认识，从而采用更合理、更科学的理论和实践活动实现对长城资源的合理保护与开发利用。

山西省明长城生态经济区是以县域为单元，各级城镇和乡村密切联系、合理分工、有序组织，实现对长城资源的科学保护和合理利用，使山西省明长城所在区域实现全面、协调和可持续发展。建立明长城经济区的目的就是运用科学的手段和方法，从区域发展的角度对长城资源进行合理的抢救保护和开发利用，充分实现资源对地方的带动作用，并注重生态环境保护，探索明长城生态经济区经济、社会和生态可持续发展的长效模式。

1. 选取右玉县的依据

右玉县位于山西省的西北边陲（图5-2），为山西省古代的军事要塞。明长城在县域的北部和西部边境穿过，长度约80km。明长城沿线的军事堡寨数量较多，达到30多个，被誉为“中国古堡之乡”（图5-3）。在山西省农业经济区划中，右玉县属于雁门关生态畜牧经济区，并且该经济区属于山西省明长城沿线特色突出、发展潜力较大的区域，在雁门关生态畜牧经济区的建设中发挥重要的作用。右玉县还属于京津唐风沙源治理区，在林业发展上有一定的政策优势。值得一提的是，从新中国成立以来，右玉县历届县委、县政府团结带领全县党员干部群众，坚持不懈植树造林，改善生态环境，全县森林覆盖率由不到

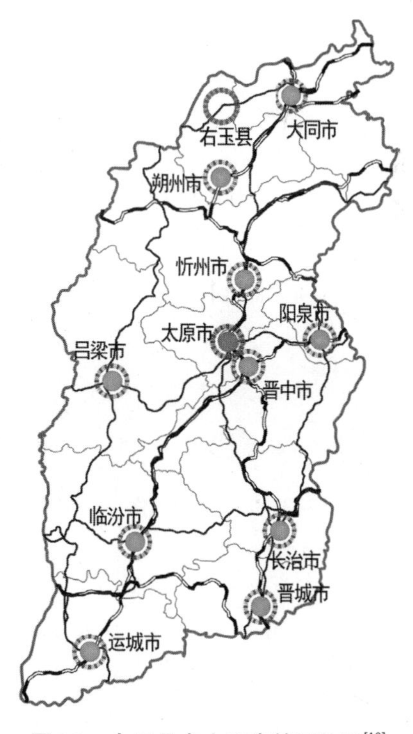

图5-2　右玉县在山西省的区位图[10]

0.3%提高到52%以上，创造了令人惊叹的“右玉精神”。

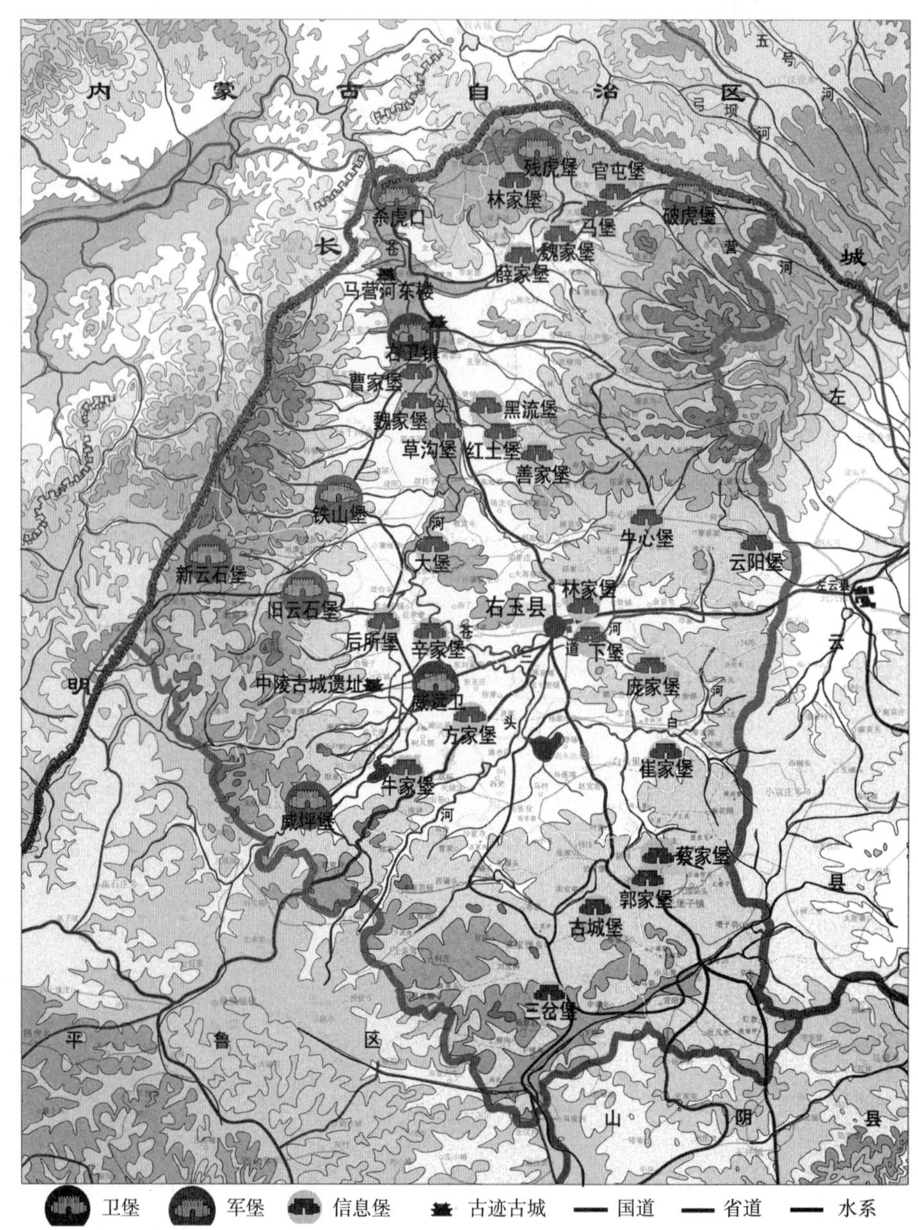

图5-3　右玉县堡寨现状分布图(自绘)

2. 右玉县自然地理状况

右玉县的地貌属于典型的黄土丘陵区，由土石山地、丘陵地和河川阶地平原三种地貌类型组成，其中山地和丘陵约占全县总土地面积的88.1%。地形南高北低，四周环山，苍头河纵贯县境南北。山势低缓，山体多为浑圆状，盆地由山丘体环围，地形较平坦。

土石山地：约占全县土地面积的24.4%，分布在县域东部的牛心堡乡和李达窑乡，境内山脉逶迤起伏，坡度较陡。土壤养分较好，但阳坡多缺少植被，阴坡土层较厚，肥力较高，是很好的林牧用地。

丘陵地：约占全县土地面积的63.7%，主要分布在县域北部和东南部、东北部地区，地表组成物以黄土为主。一般坡度较平缓，土层深，是本县的主要农林牧区，但水土流失较为严重。

河川阶地平原：约占全县土地面积的11.9%，主要分布在新城镇和威远镇沿苍头河一带，地势较平，土层深厚，地下水源比较丰富，是适宜发展种植业地区。

从流域的角度讲，右玉县共有两大流域：苍头河水系和源子河水系。苍头河水系发源于右玉县南部的平鲁区，在右玉县流长75km，流域面积1876km^2，占全县总面积的89%，全流域有支流179条，其中15km以上有12条，20km以上的有4条。主要支流有马营河、欧家村河、大沙河、牛心河、李洪河。源子河属于海河水系，发源于左云县马道头，流经右玉、平鲁，于朔州马邑村注入桑干河，属于季节性河流。

3. 右玉县的历史发展与现状

右玉县自古为我国北方要塞，这里自春秋以来一直为北方少数民族所占领。三国时，由于连年混战，匈奴侵边，人口流失，右玉一带成了荒无人烟之地。秦初置善无县，因拓跋珪建都盛乐（今和林格尔北），右玉属都城近郊，史称“盛乐金陵”。西汉高祖初，境内又增设中陵县，隶雁门郡。明洪武二十五年置定边卫。永乐七年又设大同右卫。正统年间又将边外玉林卫并入右卫，改称右玉林卫，属大同府。清初改名右玉卫。雍正三年设立右玉县，归朔平府，府治设在右玉。民国时废县留府，归雁门道。在抗日战争和解放战争时期，是革命根据地。

目前全县辖4镇、6乡、一个旅游区，即杀虎口旅游区，321个行政村，总人口为10.8万人，其中农业人口为8.5万人。村镇及人口主要集中分布在沟谷川道之中，具有黄土高原丘陵区“大分散、小集中”的特点。

4. 右玉县生态经济区的功能定位

右玉县属于山西省外长城黄土丘陵农业生态经济分区，是晋北典型的农牧县，第一、二产业以发展生态农业、绿色有机食品加工业为主；第三产业以发展明长城及其沿线军事堡寨的文化旅游为主，并积极开展森林生态旅游、观光旅游、求知探险等旅游活动。

5. 右玉县生态经济区的建设途径

（1）以小流域为单元进行生态治理

右玉县地处黄土高原，外长城脚下，据勘探，境内有较大河流 12 条，2km 以上的小流域 612 条，流域内沟壑 758 条[120]58。右玉县近几年在李洪河、十里河、马营河、欧村河、杨千河、元子河、双合屯等流域进行了生态治理，建设了森林景观区，举例如下：

李洪河流域森林景观区：位于县境的东南部，南北长 15km，东西宽 10km，面积 161.3km^2。流域内主要有三条支流，共有大小沟道 319 条，沟壑密度为 3.3km/km^2。土壤为砂质黄土，质地松散，风蚀严重。生态措施主要为“坡梁退耕还林还草，风口沙丘营造防护林带，河道两旁栽植护岸林”，使流域基本得到治理。

十里河流域森林景观区：位于右玉县域北部，流域面积 54.19km^2，涉及牛心堡乡和右卫镇两个乡镇，森林面积达到了 30km^2，森林植被以松树、杨树等耐旱树种为主，2001 年被列入了山西省天然林保护区。

马营河流域森林景观区：位于县域的北部，全长 30km，河床宽约百米，流域面积为 107.8km^2，涉及右卫镇、李达窑乡的三十多个村庄。林草的覆盖率达到 50% 以上，林草间还分布有黄芪、九股芹等大量的药材和多种可食用的蘑菇。在方圆 4km^2 的团山形成了一个乔灌草结合、针阔林并举的生态景点。

（2）以沟域为平台，发展生态经济

沟域是河流支流的集水区域，包括分水岭以下，从上段、中段到下段的完整、独立、自成系统的地理单元。沟域经济是以沟域为载体、纽带和中轴，以沟域内的自然资源、地理条件、人口分布和乡村产业为基础，通过沟域上中下段不同层次功能的划分，进而实现沟域资源合理开发和沟域生态环境有效保护的一种山区发展模式[121]。其核心就是以山区沟域为地理单元，以其范围内的自然资源、历史文化资源和产业资源为基础，以观光农业、民俗文化、科普教育、休闲健身等为内容，通过对沟域内部的村镇建设、产业布局、生态保护、基础设施等统一规划，建成形式多样、产业互补、特色鲜明的具有地域特色的沟域产业带，并通过点轴发展模式促进区域经济发展、提高农民收入。因此右玉县沟域经济是综合了流域规划、村镇建设、经济发展、遗产保护、文化培育和生态保护等各方面的内容，以达到促进区域经济和社会发展的目标。

右玉县是传统的农牧业县，也是明长城文化的集中体现地域。今后可根据“一沟一业、一沟一品”的原则，结合自然条件、历史文化、产业基础和发展趋势，划分成不同的类型产业带，注重特色沟建设，以形成特色沟域经济带，体现生态经济区优势产业“应沟布局”的特色。右玉县今后发展的沟域经济模式如下（表 5-4）：

右玉县生态经济发展模式和军事堡寨之间的关系 表 5-4

经济发展模式	模式内涵	对军事堡寨功能转型的作用
文化创意先导模式	以文化创意为手段，培养新的经济增长点	激活军事堡寨的文化潜能，在保护文化遗产的基础上发展文化创意产业
森林生态旅游模式	在保护环境的基础上，发展生态旅游	保护军事堡寨的原生态环境，促进军事堡寨生态旅游业的发展
龙头景区带动模式	突出景区的核心带动作用，和村落的整体发展相结合	对军事堡寨历史地位、现状保存和利用条件进行科学评价，实行差别保护
地方特色产业主导模式	挖掘地方特色资源，培育和遗产保护相协调的地方产业，带动地方经济的发展	以生态、绿色、养生、文化为理念，培育军事堡寨的特色产业

文化创意先导模式：通过文化创意的手法发展明长城生态经济区，可以实现文化与经济的融合，通过创新的理念改变人们现有的消费理念、方式和途径，凸显创意主题，依托自然、历史、文化资源开发文化创意产业，能够将沟域农业生产、产品加工等与丰富的多元文化有机结合，使其赋予文化内涵和特殊价值，在满足大众“求新、求特、求异”需求的同时，促进沟域经济发展，打造新的经济增长点，带动农民增收致富[122]。例如近几年右玉县围绕长城文化、边塞文化和西口文化已经形成了杀虎口西口文化旅游区、右卫边城文化旅游区等，今后应进一步挖掘明长城及其沿线军事堡寨的历史文化资源，结合右玉县得天独厚的自然资源，将文化软实力转化为新的经济增长点，激活军堡作为村镇和文化载体的活力，将文化创意产业上升为全县生态经济区发展的龙头产业。

森林生态旅游模式：根据右玉县森林生态旅游资源的地理分布和自然文化资源特征，结合山西省、朔州市旅游发展规划，逐步建设和完善森林生态旅游吃、住、行、游、购、娱要件，形成全县森林生态旅游产业体系。县域内已建成了南山森林公园、苍头河风景旅游区、辛堡梁生态景区、杀虎口森林公园等为重点的一批生态观光旅游景区，森林生态旅游业正在逐步成为全县一大新兴产业和新的经济增长点。

龙头景区带动模式：以右玉县知名景区为龙头，带动生态度假游、西口长城游以及农家乐、野战军营体验等特色旅游，通过综合优势、集群发展，促进当地以旅游业为龙头的服务业快速发展。

地方特色产业主导模式：利用沟域农副资源，通过注入生态、绿色、养生、文化等元素，开发农副特色产品，提高产品的质量并挖掘地方特有的文化内涵，注重特色品牌的宣传营销，延长产业链条，和明长城文化旅游产业、边塞文化创意产业等有效结合，彰显沟域农副资源的综合价值，从而提升沟域经济产业的区域竞争能力。

（3）以基地为载体，实现产业的集聚发展

产业是区域经济发展的核心，右玉生态经济区的建设必须立足于生态，因地制宜地建设一批生态农业、生态工业和生态旅游服务产业基地。

生态畜牧业产业基地：右玉县地处雁门关生态畜牧经济区，林草资源较为丰富。近年来，右玉县大力实施生态畜牧立县战略和“百村万人移民”工程，全县累计实现退耕 200km^2，有力地促进了林草业的发展，进一步拓展畜牧业发展空间，使全县农村经济实现了由以农为主向以牧为主的历史性跨越。据统计，截至 2011 年底，全县羊的饲养量达到 70 万只，奶牛养殖业也在快速发展中，当年畜牧业收入占到农民年人均纯收入的 65%。“右玉羊肉”成为全省首个获得国家地理标志农产品的畜产品，右玉县已经成为华北地区名副其实和声名远播的“畜牧强县”。

小杂粮种植基地：全县耕地面积 445.3km^2，其中杂粮 258.6km^2，玉米 40km^2，当年生牧草 80km^2，胡麻 66.7km^2。近年来，全县紧紧抓住全省实施“一村一品、一县一业”的发展机遇，不断优化种植结构，打造出三大优质小杂粮基地，即 80km^2 优质燕麦种植基地，133.4km^2 优质杂豆生产基地，66.7km^2 优质荞麦生产基地。全县有 8 个乡镇成为小杂粮产业特色专业乡镇，占全部乡镇的 80%，优势区域内的品种优质率达到 95% 以上。

经济林产业基地：经济林发展主要通过培育改造，建设一批有区域特色、市场前景好、科技含量高、经济效益好、辐射示范作用强且具有较大规模的林产品生产基地。根据右玉县的实际情况，主要抓好优质水果基地、林下资源开发基地等两个方面的特色基地建设。右玉县适宜多种干鲜果生长，主栽有沙棘、杏、文冠果等；充分利用适合山野菜和野生蘑菇生长的林地资源，重点开发利用山野菜及野生蘑菇和沙棘基地。

生态工业基地建设：以沟域为基本单元，发挥山区资源的特色，结合生态环保型农副产品的市场需求，大力发展生物工业、特色农产品加工工业等。右玉县现已形成绿色畜产品加工、健康饮品加工、天然小杂粮加工等支柱性农副产品精深加工产业。境内以臣丰食业、西口农副、沙棘果饮品、中大科技、玉羊畜产品、通顺桥农牧为代表的一批农副产品龙头加工企业正在迅猛发展和快速崛起，带动了全县农村的农业增效和农民增收。

旅游服务基地建设：首先要突出旅游的原生态，依托右玉县的长城文化及良好的自然生态环境，让旅游者获得独特的旅游经历和旅游感受；在旅游容量方面，强调旅游规模的合理容量，必须限定在生态旅游资源承受能力范围之内；在民众参与上，力求在旅游接待、旅游产品开发等方面兼顾当地居民的参与性，让其享受到旅游基地建设的成果；在循环技术上，应利用专业技术对生态旅游基地废弃物作无害化管理和资源化利用，促进循环化发展。

5.1.4 构建绿色廊道网络，形成军事堡寨的绿色保护体系

明长城遗产区域是一个有机整体，对于军事堡寨而言，其核心保护理念是加强明长城与沿线军事堡寨的联系以及军事堡寨之间的联系，通过明长城及其他路径建立军事堡寨之间的联系纽带，将整条廊道物质环境的改善、解说系统的服务、游客组织与活动以及相关遗产的保护工作集中在明长城沿线，从而更好地解释军事堡寨文化遗产的历史文化价值。

遗产廊道强调从整体空间组织着手，保护廊道边界范围内所有的自然和文化资源，并提高休闲娱乐和经济发展的机会。其构成要素包括：绿色廊道、游步道、遗产和解说系统。明长城遗产廊道的规划也主要是以这四部分为主要内容。

5.1.4.1 军事堡寨和绿色廊道之间的关系

军事堡寨是明长城军事防御体系中的遗产要素之一，同时也是人们生产生活的载体，其产生与发展与地域的自然、经济、社会等各方面发生联系。在晋北整体脆弱的生态环境条件下以及军事堡寨文化遗产“孤岛化”与“边缘化”的情形下，依托自然和历史文化要素将分散分布的军事堡寨连接为体系是区域保护中十分重要的内容，但是仅仅依托明长城绿色廊道的构建难以形成军事堡寨体系的整体保护网络，必须补充其他的和军事堡寨文化遗产保护与利用密切相关的绿色廊道。除了明长城绿色廊道，河流水系、驿传系统、烽传系统线性要素也可以建立军事堡寨在自然和文化意义上的空间关联，以此形成主、次两级绿色廊道体系，从而奠定军事堡寨区域保

护和利用的整体格局（图 5-4、表 5-5）。

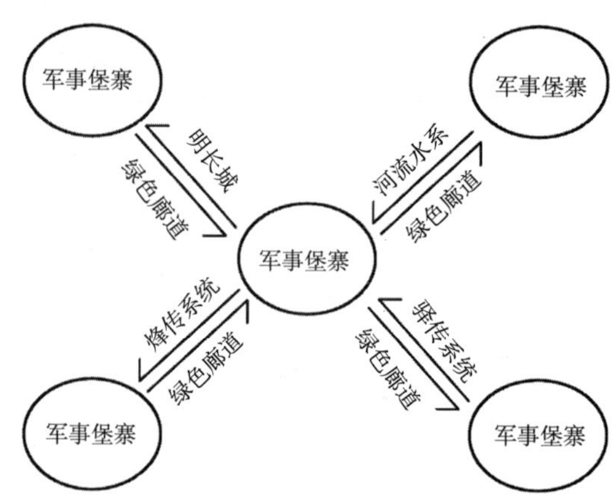

图5-4　军事堡寨区域保护中绿色廊道图（自绘）

山西省明长城沿线军事堡寨所依托的绿色廊道体系　　表 5-5

	廊道类型		内容	选择依据
主要廊道	长城边墙（长城廊道）		基于长城和周围环境的整体性而建立的主要绿色廊道	明长城遗产廊道中长城边墙是最重要的遗产要素，是最主要的绿色廊道载体
次级廊道	河流水系	和外长城相交或邻近的主要水系（水系廊道）	右玉县苍头河水系 左云县十里河水系 新荣区御河水系 阳高县黑水河水系 天镇县南洋河、西洋河水系	河流水系和军事堡寨的发展演变密切相关，是堡寨聚落存在的基础，应作为次级绿色廊道保护和利用
		和内长城相交或邻近的主要水系（水系廊道）	偏关县偏关河水系 宁武县恢河水系 应县、浑源县的浑河水系 代县、繁峙县的滹沱河水系	
	明代驿传系统（驿路廊道）		明、清时代的官道、驿道	是明长城遗产廊道的遗产要素，和军事堡寨存在历史相关性，应作为次级绿色廊道保护和利用
	明代烽传系统（烽线廊道）		紧靠长城两侧或分布于长城防御的腹地	

1. 长城绿色廊道：明长城是实现军事堡寨自然和文化意义上空间联系的主要绿色廊道

明长城的长度达到 8851.8km，它从东至西跨越了复杂多样的自然地理环境，根据“因地制宜，因险制塞”的原则，长城的走向及选线受到不同的山形地貌以及河湖水系的影响。长城与自然地理环境的巧妙结合是长城作为宏伟军事工程的重要体现，因为修建长城时会随着山地、丘陵、高原的高差变化而蜿蜒曲折，所以地形地貌对长城的影响非常深刻。

明长城经常选择地形高峻、侧坡坡度大、长城内外地势高差大的峁、梁顶或山岭坡脊等地修筑，沿山坡的坡脊采用堑削的方法，形成较为高大的防御屏障。在长城经过的重要交通要道和险要的山沟口，一般会布局较大的城址[123]13。明代山西省外长城主要修建在黄土高原地区的丘陵缓坡上，沿着起伏的山坡蜿蜒爬行，但是并不选在高大的山坡修筑，而是将城墙修筑在低缓的丘陵上，这样就形成了两道防线，即外侧险峻的山坡和内侧的长城边墙，同时蜿蜒起伏的边墙上每隔一段距离就修筑有马面（城垛）。明代山西内长城处于高山、丘陵等错综复杂的地形环境下，长城的修筑更是紧密结合环境而显得气势磅礴，体现了鲜明的“因地制宜，因险制塞”的原则。明长城首先占据着地势高耸的山梁（多为几条不同流向河流的分水岭），然后再由其间的山梁互相联系起来。因此，修建的明长城就具有居高临下的特点，有利于防御和控制。

关隘型堡寨和明长城边墙在空间上紧密相关，如外长城沿线的新平堡、守口堡、得胜堡、助马堡、杀虎堡等；内长城沿线的水泉堡、偏关、宁武关、雁门关和平型关关堡等。关堡的安危存亡直接关系到所控制一段长城的区域防线，因而地理区位非常重要。明长城绿色廊道将关隘型堡寨与明长城边墙融为一体，体现了明长城与沿线军事堡寨整体保护的思想。

图5-5　偏关县丫角山长城的周边为草地

图5-6　偏关县地椒峁段长城的周边为耕地

结合山西省明长城沿线的土地利用现状，外长城沿线多为丘陵区，为农牧林交织区（图 5-5、图 5-6），明长城绿色廊道可用周围的沟道作为自然的边界；内长城沿线多为高山峡谷，以林业为主，明长城绿色廊道的边界可以考虑为长城所在山体的山麓地带。参考右玉县实施的绿色长城工程，通过在明长城两侧 1 ~ 2km 范围内植树造林，构筑保护明长城的绿色屏障。在明长城沿线植树造林不仅有效地防止了水土流失，也使明长城避免了北方风沙的侵害，为进一步保护明长城打下了良好的基础。同时，保护自然生态环境也不仅仅是长城保护的需要，更是保持山西省经济社会可持续发展的需要。

2. 河流绿色廊道：河流水系是制约军事堡寨生存和发展的次级绿色廊道

明长城是古代因防御要求而修建的军事防御体系，整体的防御体系和自然环境关系密切。“因地形，用险制塞”是修筑长城的根本原则。而明长城沿线的军事堡寨作为将士们生产和生活的基地，其选址和演化和周边的河流水系也存在密切的关系。

明长城沿线军事堡寨的选址和自然山水条件紧密结合，此外还考虑了防线走向、据点间距等军事要求。晋北的内外长城基本上是分水岭，河流与之垂直分布，而道路交通和河谷地区紧密结合，在明长城沿线分布较稀疏，以穿越山脉为主，因此明长城沿线由于地形原因交通不便。

在山西的外长城，和明长城边墙工程相交汇的河流主要有右玉县的苍头河、大同新荣区的御河、天镇县的南洋河。在河流与明长城的交汇之处形成了山西外长城沿线著名的关口：杀虎堡、得胜堡和新平堡。杀虎堡就位于苍头河右岸，得胜堡位于饮马河的西岸，新平堡位于西洋河的南岸，由此可见明长城和河流交汇之处都有重要的军事堡寨驻扎。外长城沿线规模较大的卫所城大都位于外长城南缘几条大的东西向河谷地带，如阳和卫城（阳高县城）的选址位于白登河河谷，大同左卫城（左云县城）位于十里河谷地，天城卫（天镇县城）位于南洋河河谷，右卫城（右玉县右卫镇）则位于苍头河河谷。同时，明长城附近的河道也是联系卫所及军事前沿的交通通道。

山西内长城所处的恒山山脉为大同盆地和忻定盆地的分水岭，内长城依山而筑，白草口、水峪、胡峪、茹越、北楼等山口或河口，形势险要，唐宋以来就是交通要冲与军事险阻。恒山山脉南北两侧有许多山间河流下切山体，形成一条条南北纵向分布的沟谷，成为沟通南北的通道。如西陉、东陉、北楼、胡峪、大石谷等早在唐宋时就已形成，所谓“雁门东西十八隘，自宋有之”。明代常见于文献者，如水峪、胡峪、茹越、马兰、大石、小石、北楼、太安、团城、平型关、盘道梁、白草沟、水芹口等。为阻止蒙古人由此突入内地州县，设立参将、守备、防御、把总等各级武官，分区负责防御[124]。

3. 驿路绿色廊道：明代驿传系统是军事堡寨历史空间联络的次级绿色廊道

古代除了用烽燧传递信息以外，还有另外一种通讯方式，称作驿站，相当于今日的邮递。烽燧是以烟火传递军事信息，驿传是派人（信使）投递官府文书和有关的信息，其包括的范围要比烽燧宽泛得多。古代的驿传有三种形式：一是派人徒步送信，称作“徒”。送信的人必须善行、有耐力，又称作“行人”，此外还要善于言语表达，因为有时投递的信息属于口信；二是骑马送信，要比徒步快捷。所谓“驿”，就是指骑马而言；三是乘车，车称传车，又称作“遽”。车、马是送信的主要方式，驿传之名就是由此而来[93]95-96。驿传活动在古代又称作“邮”，因此，驿传又称作邮传或邮递。为了适应驿传的需要，在重要的道路上每隔一定距离，一般在十里左右，即设立一亭。“亭”即停止、停留之义，送信的人要在这里停顿、休息或住宿。驿传常常利用烽燧作为停顿之用，故而烽燧又有燧亭之称，这在汉简中时有发现。

明代的驿传系统最为完备，在京师和地方上均设有管理机构。《明史》称："凡邮传，在京师曰会同馆，在外曰驿，曰递送所，皆以符验关券行之"❶。明长城沿线每条驿路上，都设有供递送公文的人员或往来官员暂住、换马以及保障军事物资运送安全的驿路城、递运所和驿站（站铺）。驿城主事者叫驿丞。驿路上的城、所、站均根据驻扎兵员的多少修建有坚固的防御工事，在城防附近建有站台，以保障驿路城、站间的联系。据专家对辽东镇长城的考察表明，大约每30里设一驿站，驿站下有铺、亭、台等设置，有的还有递运所。驿城规模与屯兵的堡城形似[125]。

明代山西太原府北通代州、大同府以至京师之官方驿道即沿滹沱河谷北行，具体行程是：由太原府出发，东北六十里至成晋驿（今阳曲县城，黄寨镇），北四十里过石岭关，七十里至忻州九原驿，八十里至崞县原平驿（今原平市），一百里至代州雁门驿站，六十里至广武驿[126]。

明代的另一条驿路，即代州与西部宁武关、镇西卫之间的道路穿行于阳武峪中。具体行程为：由原平驿向西十里至阳武峪堡。时至今日，阳武峪仍为沟通忻州市东西各县之间的道路必经之地。公路、铁路由忻州北行，至原平市后，与北上代州之道分途，西北至阳武峪抵宁武，由宁武北出阳

❶ 《明史》卷76，《职官五》，中华书局校点本，第1866页.

方口通朔州、大同，西出神池口，通西部高原神池、五寨、岢岚、河曲、保德、偏关各县。

4. 烽线绿色廊道：明代烽传系统是军事堡寨历史空间联络的次级绿色廊道

烽火台是长城沿线或边防上建设的用于报警的高台，迅速传达敌情所用，每隔一段距离修筑，即所谓“烽堠相接”。为了便于联系，许多建在易于瞭望的高山顶上、丘阜之上，一旦有敌情，可迅速调集沿线兵力；长城与屯兵军堡、关隘之间建有烽火台，可及时向军事指挥机关传递军情。烽火台按其距长城的位置一般分为四种类型：（1）紧靠长城两侧，称之为沿边烽火台；（2）向长城以外延伸，称之为腹外接火烽火台；（3）向内地州府城深层联系，称为腹里接火烽火台；（4）沿交通线排列的，称为加道烽火台[123]28。晋北明长城沿线的烽火台主要为第1种和第3种。就军事地形而言，烽火台基本都建在所在区域的“制高点”上，高且陡峭的山岭上很远才设有烽火台，有些烽火台之间的距离就是这山顶与那山顶之间的距离，因为处在山顶上占有地形优势的烽火台可眺望很广阔的区域。而在较为平缓的地带,烽火台则修筑得比较密集。烽火台往往是军事堡寨周边的标志性景观，和军事堡寨之间可以建立视觉上的空间联系，在军事堡寨外围整体军事格局的保护中是重要的视觉控制要素。

5.1.4.2 绿色廊道规划设计原则及方法

1. 规划设计原则

遗产廊道（Heritage Corridor）的出现和绿色廊道（green way）的发展与成熟密切相关。美国的Whyte于1950年代首先提出绿道的概念，1987年在美国户外空间总统委员会上官方首次使用这一概念。关于绿色廊道有许多不同的定义，其中Little[127]认为绿色通道是能够改善环境质量和提供户外娱乐的廊道。包括五种基本类型：城镇河边绿色通道；以道路为特征的游憩绿色通道；生态上重要的廊道绿色通道；风景或历史线路绿色通道；综合的绿色通道系统或网络。可以认为，绿色通道是连接开敞空间、连接自然保护区、连接景观要素的绿色景观廊道。它具有游憩、生态、美学等多种意义。

廊道内绿地系统的规划设计应以绿色廊道中的线性要素为基本依托，主要强调的是对自然环境的保护及保证对其内部历史文化遗产的衬托和联系。规划和设计应注意如下原则：

（1）连续性：从生态的角度看，绿色廊道是物质、能量和物种流动的通道，生态学家普遍承认，连续的廊道有利于物种的空间流动和本来是孤立的斑块内物种的生存和延续 [128]。而对于遗产廊道的保护而言，连续的绿地系统有助于为沿廊道散布的文化遗产形成统一连续的基底背景。具体地段宽度的设定可根据当地土地利用现状的要求，在不同地区应因地制宜。

（2）关键区：关键区指的是保持生物多样性及廊道连通性最关键的地区或者是最脆弱的地区 [129] 以及遗产节点附近的区域。例如比较独特的自然地形和植被带、土壤不稳定的地带、桥梁通过地带、与居民点交界的地区、遗产节点的周围环境等。

（3）植被结构：规划设计中，植被结构设计最为重要，它是保持水土、改善环境以及营造适当历史氛围的基础。植物种类应首先选择本地种，这样最有利于保护廊道内部的生物多样性 [130]。具体地段植被的处理手法应结合当地的历史文化背景，分别采取"保育"、"放任"或"更替"的方式。保育主要适用于具有重要历史文化价值的植被，例如原有的名树古木、特色植物等。放任就是保证当地景观群落的自然演替不受干扰，任其自然生长。主要适用于对整体环境氛围和人文景观能起到烘托作用的群落。更替指的是用一生物种群替换另外一种生物种群，被替代的种群应是那些破坏整体环境氛围或其生长对其他人文景观的结构或外形造成损害的种群。

营造明长城遗产廊道的关键首先是恢复和保护明长城周边的自然生态环境，结合不同地域的地理气候合理配置植被结构，建立绿色廊道，同时处理好关系复杂的"关键区"。这样就从空间上保证了军事堡寨的连续性，使之形成以绿色廊道为屏障、遗产本体为核心的完整的线性遗产地。在此基础上，构建完整的游步道及展示系统，从而达到整体保护、整体展示的目的。

2. 绿色廊道的宽度分析

景观生态学中的廊道（corridor）是指不同于周围景观基质的线状或带状景观要素 [128]，而生态廊道（ecological corridor）是指具有保护生物多样性、过滤污染物、防止水土流失、防风固沙、调控洪水等生态服务功能的廊道类型。生态廊道主要由植被、水体等生态性结构要素构成，它和"绿色廊道"（green corridor）表示的是同一个概念。美国保护管理协会（Conservation Management Institute，USA）从生物保护的角度出发，将生态廊道定义为"供野生动物使用的狭带状植被，通常能促进两地间生物因素的运动" [131]。

俞孔坚对于生物多样性的保护提出了以下的景观规划途径：（1）建立

绝对保护的栖息地核心区;（2）建立缓冲区以减少外围人为活动对核心区的干扰;（3）在栖息地之间建立廊道;（4）增加景观的异质性;（5）在关键性的部位引入或恢复乡土（native）景观斑块[132]。而关于明长城及其沿线军事堡寨建立的遗产廊道是综合了文化遗产、生态保护及其村镇发展的保护方法。

鉴于明长城及其沿线军事堡寨生态环境的脆弱性以及严酷的自然侵蚀和风化作用，通过建立生态（绿色）廊道实现水土保持、防风固沙、生物多样性保护等多种生态功能，同时满足人类日益增长的亲近自然的需要，已成为明长城遗产廊道构建中的关键内容。基于生物多样性保护的生态(绿色）廊道宽度建议值如表 5-6。

根据相关研究成果归纳的生物保护廊道适宜宽度[132] **表 5-6**

宽度值（Width）（m）	功能及特点（Functions and characteristic）
3 ~ 12	廊道宽度与草本植物和鸟类的物种多样性之间相关性接近于零；基本满足保护无脊椎动物种群的功能
12 ~ 30	对于草本植物和鸟类而言，12m是区别线状和带状廊道的标准。12m以上的廊道中，草本植物多样性平均为狭窄地带的2倍以上；12-30m能够包含草本植物和鸟类多数的边缘种，但多样性较低；满足鸟类迁移；保护无脊椎动物种群；保护鱼类、小型哺乳动物
30 ~ 60	含有较多草本植物和鸟类边缘种，但多样性仍然很低；基本满足动植物迁移和传播以及生物多样性保护的功能；保护鱼类、小型哺乳、爬行和两栖类动物；30m以上的湿地同样可以满足野生动物对生境的需求；截获从周围土地流向河流的50%以上沉积物；控制氮、磷和养分的流失；为鱼类提供有机碎屑，为鱼类繁殖创造多样化的生境
60 ~ 100	对于草本植物和鸟类来说，具有较大的多样性和内部种；满足动植物迁移和传播以及生物多样性保护的功能；满足鸟类及小型生物迁移和生物保护功能的道路缓冲带宽度；许多乔木种群存活的最小廊道宽度
100 ~ 200	保护鸟类，保护生物多样性比较合适的宽度
200 ~ 600	能创造自然的、物种丰富的景观结构；含有较多植物及鸟类内部种；通常森林边缘效应有200 ~ 600m宽
600 ~ 1200	森林鸟类被捕食的边缘效应大约范围为600m，窄于1200m的廊道不会有真正的内部生境；满足中等及大型哺乳动物迁移的宽度从数百米至数十公里不等

从以上生物保护廊道适宜宽度来看，绿色廊道的营建要达到乔木种群存活的目标，廊道宽度适宜选择在 200 ~ 600m 的范围，通常可以在这个范围内结合地形条件确定绿色廊道的保护范围。

英国哈德良长城保护管理部门依据地形在长城遗址 1 ~ 6km 的范围内

确定了长城周边环境保护范围，周边环境作为一个缓冲带，有力地确保了长城遗址的安全。

山西省长城尚未出台“长城保护管理办法”，依据《长城北京段保护管理办法》第五条，“未划定保护范围、建设控制地带的长城段，在其保护范围、建设控制地带具体划定前，长城墙体两侧各五百米内暂为保护范围，五百米至三千米内暂为建设控制地带”。参考前面从生物保护角度分析的200 ~ 600m 绿色廊道范围，可以进一步将明长城两侧 500m 的保护范围确定为绿色廊道范围的下限；上限进一步延伸至明长城两侧建设控制地带的最高宽度值，因此明长城绿色廊道的宽度可以达到 1000 ~ 6000m 的范围。依据军事堡寨和明长城的位置关系，一些关隘型堡寨可以纳入明长城绿色廊道范围，大部分堡寨游离于明长城绿色廊道以外的区域，因此军事堡寨和明长城之间需要补充其他的绿色廊道，以建立堡寨和堡寨之间以及堡寨和其他文化遗产之间的空间联系。

3. 绿色廊道的植被结构

山西省明长城沿线的地理环境严苛，水土条件不佳，绿化植物的种植应去除外来入侵树种，选择适宜于当地自然环境条件的树种，并尽量恢复符合遗址本体及周边环境景观要求的植被。植物种植不能对遗址造成破坏，绿化要满足考古遗址历史风貌的保护要求（表 5-7）。

山西省明长城绿色廊道绿化树种的选择及种植方式表[133] **表 5-7**

区域	模式	林种	主要树种	混交方式	造林密度	适宜立地条件
明外长城沿线的天镇县、阳高县、左云县、新荣区和内长城沿线的代县、繁峙县以及朔州市的朔城区、山阴县、应县和浑源县	一	经济林	仁用杏树京杏	纯林或行间间做草带	株距3m，行距4m，每亩55株，行间间种不超过3m宽的草带	向阳背风的沙化退耕地，弃耕坡地及坡度较缓的荒山荒坡地
	二	生态林	油松沙棘柠条火炬树	乔灌行间混交	油松株距2m，行距6m，每亩55株；灌木株距2m，行距6m，每亩111株；每亩总株数166株	平川沙化土地或丘陵坡地
	三	生态林	枸杞四翅滨藜	纯林或灌草混交	纯林：株距2m，行距2m，每亩167株； 灌草混交：株距2m，行距3m，每亩110株	枸杞可种植于轻度沙质盐碱地；四翅滨藜可以种植于轻、中度沙质盐碱地

续表

区域	模式	林种	主要树种	混交方式	造林密度	适宜立地条件
内长城沿线的保德县、河曲县、偏关县、神池县、宁武县	一	生态林	杨树柳树沙棘柠条火炬树	乔灌行间混交	乔木株距3m，行距6m，每亩37株；灌木株距1m，行距6m，每亩111株；每亩总株数148株	平川或缓坡丘陵沙化土地
	二	生态林	适生乔木或灌木	乔草或灌草带状、块状混交	乔、灌按成片生态林密度执行，乔、灌、草分别计算面积	丘陵地和沙化土地
	三	农田防护林	柠条沙棘紫穗槐	主林带加生物地埂，属林围农式	多行主林带按林带实际长宽，四边各加1.5m计算面积，单行林按林带长乘3m计算面积	丘陵区农用耕地

5.1.4.3　绿色廊道的功能区域

山西省明长城绿色廊道地处农牧交错地带，尤其是外长城沿线基本上位于京津风沙源治理工程项目区中（包括明外长城沿线的天镇县、阳高县、新荣区、左云县、右玉县和内长城沿线的繁峙县和代县）。“一寒二旱三风沙”是该区的主要气候特点，以干旱少雨、风大沙多为主，年降水量为 350 ~ 400mm，而年蒸发量为 2000 ~ 2200mm，蒸降比为 4.5 ~ 5.5。土壤以川丘栗钙土和山地栗褐土、栗褐土、盆地盐土为主。近年来实施了京津风沙源治理和退耕还林等一系列生态工程，采取了人工造林、飞播造林种草、封沙育林育草、划区轮牧等综合措施，使本区土地沙化发展趋势呈现出减缓态势。从生态功能的角度出发，山西省明长城沿线军事堡寨之间联络的绿色廊道主要包括以下的功能区域。

1. 水源涵养：是指通过调节和改善水源的流量和质量，来保持一定区域内水分的正常循环。水源涵养可以通过建设水源涵养林、绿化荒坡荒地、治理河水流域、雨水下渗地下等措施来实现[134]97-98。在绿色廊道的功能区域中，可以规划不同的生态保护区来促进水源涵养。结合山西省明长城沿线地区的水土条件，生态保护区可以进一步划分为退耕还林区、封山育林区和一级水源涵养保护区来实现涵养水源。

2. 水土保持：是指对自然因素或人为活动造成水土流失所采取的预防和治理措施。水土保持可以通过水保造林、水保种草、水保耕作等植物措施和坡面工程、沟道工程、挡墙工程等工程措施来实现[134]97-98。在山西省明长城沿线地区绿色廊道的功能区域中，可规划退耕还林区、退耕还草区、封山育林区、自然疏林草地养护区和园林绿化区等来促进水土保持。

3. 土壤改良：是指根据土壤障碍因素及其危害性状，采取改善土壤性状，增加产量的相应措施[134]97-98。山西省明长城沿线的土壤改良主要在于盐化改良，土壤盐化改良可以通过增施有机肥、种植耐盐植物和牧草等生物措施及敷设排盐管、更换客土等工程措施实现。

4. 防风固沙：是指以降低风速防止或减缓风蚀，以固定沙地保护土地。防风固沙可以通过栽植防风林来防治风蚀，也可以通过栽植沙生植物等固沙林来增加大风季节的地表粗糙度[134]97-98。在明长城沿线军事堡寨的绿色廊道网络中可以结合风向和植被现状，划分灌木防风林带、乔木防风林带、水土流失区植被保育区、水土流失区植被保护区和农田综合治理区 5 种生态保护区来防风固沙。

5.1.5 规划游步道系统，完善交通体系

交通系统通达是遗产廊道保护和利用的必要条件，可依托军事堡寨沿线已有的交通运输条件，完善包括公路、铁路、航空、非机动车道、游步道、景观道等多种方式互为补充的交通网络；组建不同特色、主题鲜明的交通环线方便公众体验、感受地方历史文脉和地方精神，增强人们对遗产的关注度以及保护遗产的自觉性；在绿色廊道包括的景区内规划连续的非机动车道和步行道，在游览过程中增强公众对自然和人文和谐的文化景观的渴求；科学修复历史文化古道，以探寻和展示古道遗产历史原貌。

5.1.5.1 游步道的概念及内涵

游步道是遗产廊道中经常用的交通联系方式，游步道是指用于步行、骑自行车、骑马或其他形式的娱乐和运输的通道[90]。美国建设了较为完整的国家步道系统，美国国家步道系统遵循 1968 年的《国家步道法》，法案阐明了提供户外游憩机会的重要性，并将游步道分为四个等级：

1. 国家风景步道系统：提供户外游憩并保护重要的风景、历史、自然和文化特质，使民众由此得到愉悦；

2. 国家历史步道：重要的国家历史场址游览线路；

3. 国家游憩步道：指靠近或在城市中的游憩步道，可以是联邦的、州府的或私有的土地，通常由州政府和私有地主协定，由美国内政部秘书处颁发指定；

4. 连接步道和支道：通往其他步道，或隶属于其他道路。

特殊情况外，国家步道系统一般禁止机动车通行[1]。

5.1.5.2 规划原则

1. 规划包括铁路、水上交通、自行车道、游步道、景观道等多种游览方式，让游客在不同情况下利用，以体验明长城遗产廊道及其文化。

2. 廊道的每一段应该能够反映不同的主题内容，游线的历史和文化背景应该强调本段独特的历史及特色。游客应该能够选择一段、一个闭合环或整个明长城遗产廊道进行体验。

3. 强调廊道各段和关键性遗产地块的交通进入点。在尽可能利用现有交通线路的基础上，根据各段情况补充潜在的交通线路。

5.1.5.3 具体布置

游步道的选线要考虑自然和文化两个方面，自然方面要顺应自然山水地势，不破坏重要的自然景观并能够使人欣赏体验优美的自然环境；文化方面要充分利用原有历史性路径，让人们在运动中体验历史。

1. 建设明长城游步道

国内外相关研究认为具有较高游憩价值的山路、田间小路和一些低等级道路，较适宜作为遗产廊道的游步道。以英国的哈德良长城为例，2003年沿哈德良长城设立了国家步道，同时通过网站和宣传册等途径提供详细信息，为哈德良长城沿线带来了可观的商业机会及经济利益。此外还开通了哈德良旅游专线，为非自驾车者提供公共交通的便利。

根据在山西省偏关县的调研，明长城游览道路往往紧依长城（图 5-7、图 5-8），对明长城本体造成了威胁。明长城游步道的设置必须考虑在明长城的保护范围以外。在前面的分析中明长城墙体两侧各 500m 内暂为保护范围，因此明长城游步道的建设至少应考虑在明长城墙基遗址两侧 500m 以外的范围。

[1] 韩锋．风景游憩地规划与管理理论［M］．同济大学建筑与城市规划学院风景科学与旅游系内部教材．

图5-7　偏关县地椒峁段长城：道路紧贴长城　　图5-8　偏关县丫角山长城：道路紧贴长城

2. 依托历史文化古道

清代山西境内的主要商道有两条：一条是西路，沿汾河北上太原，再由太原北上忻州、黄花梁，然后分成两路：一路走西北出杀虎口走归化，另一路沿桑干河出东北直走张家口；另一条是东路，由河南洛阳北上济源怀庆府、潞安府折向西北至太原，再由太原东折入阳泉，东北至河北定县，再至京津（图 5-9）。

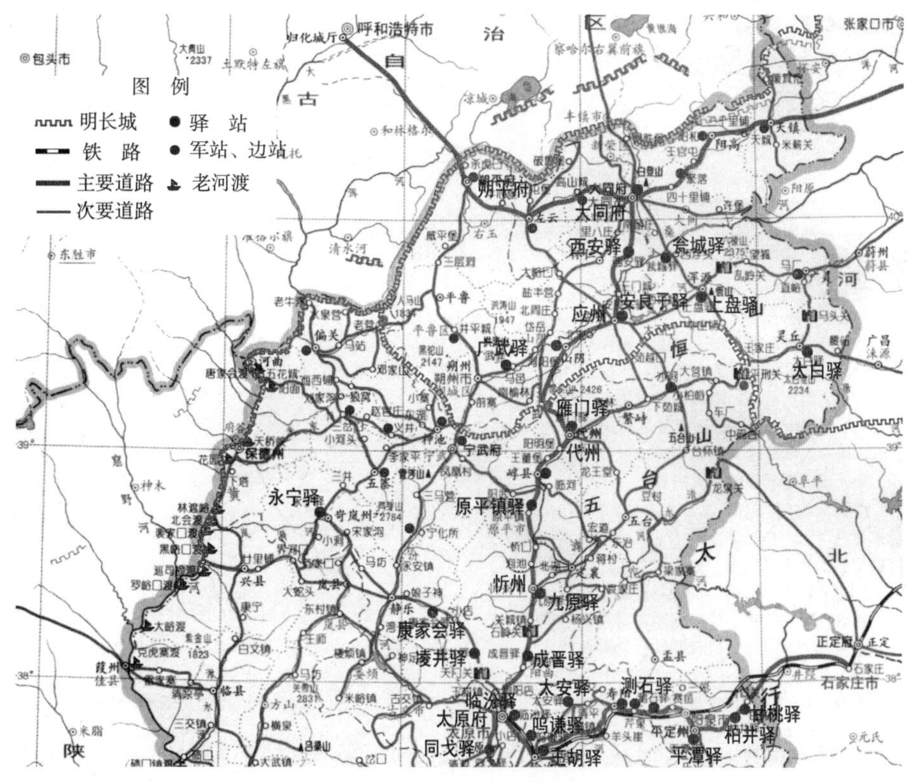

图5-9　清代晋北交通图[20]209

长城的主体实际上就是长墙，即连续不断的墙垣，长城之名即由于墙垣绵长而来。在长城的墙体上必须留下可以出入车马的豁口。出于安全的考虑，城墙上的豁口不能只设有城门而已，通常要建设一座具有各种军防设施的城堡，这种城堡被称作关或关城，是在修筑墙体时一同构建的，其规模的大小视其重要性而定。关城的城门，要按时打开和关闭，以便于行人和车马的通行。关城多建在交通要冲处，便于控制交通往来，防止敌人入侵。

山西内长城沿线著名的关口有雁门关、宁武关和偏头关，这三个关口位于晋北南北交通的要冲位置上；外长城沿线主要的关口有：杀虎口、得胜口等。历史上朔州地区有一条从雁门关至杀虎口的南北通衢——马邑古道，沿途还留存了许多保存完好的桥梁，如杀虎口附近的广义桥和通顺桥（图5-10、图5-11），历史上一直是“和亲”、“附汉”、“迁徙”和互通关市的通道。马邑古道南延北伸，形成了中原通往大漠以至中亚、波斯和欧洲的交通大动脉，它在北方游牧民族和中原农耕民族的长期交流和融合过程中，起到重要的纽带和桥梁作用。

图5-10 杀虎口古驿道的广义桥

图片来源：由右玉县建设局提供

图5-11 杀虎口古驿道的通顺桥

图片来源：由右玉县建设局提供

5.1.6 划分展示功能区，推动展示和利用设施建设

5.1.6.1 解说和展示的概念

国际古迹遗址理事会（ICOMOS）通过的《关于文化遗产解说与展示宪章》（2007）中指出，解说与展示是文化遗产保护与管理中整体环节的重要组成部分。解说是指增强公众对文化遗产认知和理解的一系列行动，包括编辑出版物、举行公众讲座、设置场内外设施以及进行持续的研究、培训与评估项目等。展示是对解说信息、通行线路及解说设施的安排，对解说内容的讲述进行周密安排，并通过各种技术手段具体实现的过程。

在美国国家公园管理局的遗产廊道体系中，解说和展示系统的设置是遗产廊道保护与可持续发展的重要手段。解说系统的宗旨在于讲述地方的故事，向公众解释遗产廊道内遗产资源的内涵及其重要的历史，并使公众认识到遗产廊道的价值，以促进人们对廊道与其遗产资源的理解和保护。展示系统是将遗产廊道内自然、历史、文化、经济、社会、旅游、休闲及教育等多方面的功能进行整合的一种手段，将原本孤立的自然与文化资源联系起来，在对遗产资源进行保护的基础上引导廊道的可持续发展[91]76。

5.1.6.2　确定军事堡寨的解说主题

解说主题的确定是展示系统中核心的部分，展示设施与游客服务设施的设置都是围绕解说主题安排和布局。解说主题应该能够反映军事堡寨的核心特征，反映出区域的文化特质及遗产的综合价值。信息来源应当以当地的历史、文化传统与故事为基础，需要面向公众。山西省明长城沿线军事堡寨应该制定解说策略，把解说和展示作为一种促进交流、激起思考和获得新知的工具,促进遗产地资源的管理、游客行为的管理以及社区的发展。解说和展示的核心不仅要考虑城墙、民居等景观要素，而且还要考虑周围的环境，同时也介绍当地村镇的景观、风情、生产活动情况等，并加强明长城与当地村镇的联系。

5.1.6.3　划分展示功能区，推动明长城沿线展示利用设施的建设

明长城沿线军事堡寨是我国明代长城防御时代的活标本，也是历史演化过程中人们生产生活的载体，孕育出丰厚的地域文化，如黄河沿岸的渡口文化、汉蒙民族之间的边塞文化、民间的宗教信仰文化以及住居文化等。总体上讲，山西省明长城沿线军事堡寨的分布区域可以划分为外长城沿线以边塞文化为特色的军事文化展示带和内长城沿线以四大险关为核心的军事文化展示带。外长城沿线以边塞文化为特色的军事文化展示带包括以杀虎堡为核心的军事文化区、以得胜堡为核心的军事文化区、以新平堡为核心的军事文化区；内长城沿线以四大险关为核心的军事文化展示带包括以偏关、宁武关、雁门关和平型关为核心的军事文化展示区（图 5-12、表 5-8）。目前针对明长城及其沿线军事堡寨的展示利用设施较少，以博物馆为例，仅建设了右玉县的杀虎口博物馆，其他区域比较缺乏相应的展示利用设施。今后应首先促进七个核心军事文化区的展示利用设施的完善，以点带面，带动整个山西省明长城沿线军事堡寨展陈体系的建设。

山西省明长城沿线展示功能区与边关名堡的解说主题 表 5-8

展示带	展示功能区	核心堡寨解说主题	核心堡寨主题故事
外长城沿线边塞文化展示带	以杀虎堡为核心的军事文化区	边贸重镇	主要体现杀虎堡的边塞文化与西口文化，当年晋商富甲天下，而大多数的晋商就是从杀虎口发家的，杀虎口成为晋中商人经营商贸和发财的一个跳板，所以杀虎口也被称为"晋商的摇篮"。明隆庆年间，明朝与蒙古化干戈为玉帛，在这里开设马市，允许蒙古人用马匹等畜产品与汉人换取他们所需的生活日用品。清顺治七年（1650年）清廷在这里设立户部抽分署，专门征收山西北部到陕西神木一带的进出口关税
	以得胜堡为核心的军事文化区	锣鼓之乡	得胜口位于大同市区北部40km处，是外长城的一处重要关隘，得胜口南1.5km建有得胜堡用来驻扎将士。由于战争频繁，军队或在关口坚守，或出关征战，而每次获胜归来，一名德高望重的老者率当地村民，集结于得胜口敲锣打鼓，欢迎将士凯旋归来。日久天长，人们称这种具有独特文化背景的锣鼓演奏为得胜锣鼓，而得胜堡也成为具有悠久历史的锣鼓之乡
	以新平堡为核心的军事文化区	茶马贡市	新平堡地处山西、河北、内蒙古三省交界处，历史上不仅是兵家必争的军事重地，也是商贸集散中心。明隆庆五年（1571年），新平堡设“茶马贡市”，即现在的西马市。分官市民市，年交易额超万两，可谓日进斗金。这个市场直到明祯三年结束，至今还有东马市口、西马市口两个地名。随后商贾之风日盛，成为三省商贸通达之地，每年皆举办盛大物资交流会，持续至今
内长城沿线军事文化展示带	以雁门关为核心的军事文化区	三关要冲	广武城位于雁门关的西陉出口，坐落在恒山山脉的雁门关下的白草口处。旧广武城始建于辽金，为雁门关之山前防御据点，是历史上汉民族与少数民族发生战争的重要地带，和周边的明长城、关口（雁门关、白草口）、密集的烽火台等构成一条坚固完整的战事防御体系，是内长城沿线完整的边塞军事文化区
	以宁武关为核心的军事文化区	三关中路	明长城沿线设内外三关，宁武关是外三关的中路。以宁武关为中心，长城、烟墩、堡垒纵横交错，多向延伸，构成一个复杂、立体的防御体系，而且该区域聚集了赵长城、北齐长城和明长城。该区域包括70余堡、50余屯，每屯每堡都驻扎兵力，战时扛枪上阵，无战扶犁耕耘
	以偏关为核心的军事文化区	三关之首	偏关位于西北边防前哨，秦长城、明长城跨越崇山峻岭交汇于此，烽墩、营垒、城堡、边墙……种种军事设施围绕其间，构成了一道宏大的防御工程。在偏关全境范围内，共筑四道边墙，营堡二十九座，烽火台现存209座，是浓缩明长城军事历史文化和边塞风情的边关
	以平型关为核心的军事文化区	抗日名关	平型关是山西内长城著名关隘，平型关因其岭形如瓶，宋称瓶形塞，金称瓶形镇，元称瓶形寨，明称平刑岭，清称平型关。平型关战役是抗日战争开始后我国打的第一个大胜仗，庆祝大会就在平型关堡城内召开，鼓舞了全国人民的抗战热忱，树立了全国人民的必胜信心，平型关堡因此而声名大震

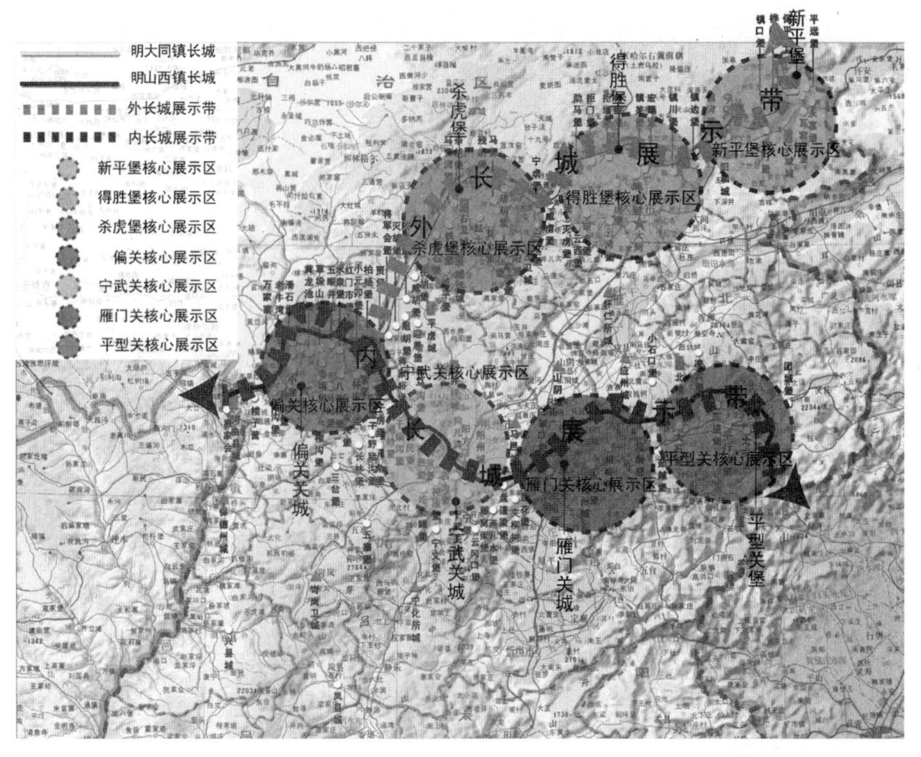

图5-12　山西省明长城沿线的军事文化展示分区图（权冉绘制）

5.1.6.4　利用中心镇建设展示利用的服务基地

军事堡寨的解说和展示的配套设施包括信息中心、餐饮娱乐以及博物馆等科教设施。这些展示配套设施和军事堡寨的经济与社会发展应紧密结合。

山西省明长城沿线的各级军事堡寨在清代演化为地方的行政体系结构，除规模较大的卫所级堡寨演化为县级城镇外，大部分军事堡寨演化为普通村镇，其中一些地位重要的堡寨成为中心镇，如偏关县的老营镇、右玉县的右卫镇、天镇县的新平堡镇、代县的阳明堡镇。相比县城而言，这些中心镇和明长城边墙距离更近，可以为在明长城沿线从事探险旅游、科学考察、绘画摄影的人群提供就近的餐饮、住宿等服务。据在偏关县老营镇的调研，老营镇区近几年接待的旅游人群络绎不绝，但公共服务设施严重缺乏，接待能力不足。今后在政府的经济与社会发展计划中，应加强明长城沿线中心镇的发展力度，给予政策和资金上的扶持，将镇区建设和发展与明长城沿线军事堡寨的旅游服务基地建设紧密结合，积极寻求地方经济发展和遗产保护与利用相结合的可持续发展途径。

5.2 聚落层面上军事堡寨保护与利用的典型模式

5.2.1 文化景观视角下的保护原则

5.2.1.1 坚持真实性和完整性原则

《保护世界文化和自然遗产公约》的核心就是保持遗产的真实性和完整性，使其世代传承，永续利用[135]。所谓真实性（Authenticity）代表一种作为反对复制、作伪和假冒的原真特性。真实性包括遗产的形式与设计、材料与实质、利用与作用、传统技术与管理、位置与环境、言语和其他非物质遗产、精神与感受，以及其他内在和外在的因素[136]（表 5-9）。据《韦氏大词典》，完整性（Integrity）指完整的状态或品质、整体性、完全性等。完整性条件的两个重要基础是边界和缓冲区。边界必须确保遗产地价值的完整展示并满足真实性和完整性条件。对于文化遗产，边界必须包括遗产地价值的直接可见范围以及未来潜在科学研究价值的部分。对于自然遗产，边界必须反映遗产地价值的栖息地、物种、过程和现象。当一处文化或自然遗产地有必要时，必须提供充足的缓冲区并给予必要的保护，缓冲区可以定义为环绕遗产地并限制其用途为遗产地提供额外一层保护的区域，它必须包括遗产地及其视觉范围的适当环境，缓冲区的构成可以通过各自不同的恰当的运作方式来实施。

原真性的尺度[136] **表** 5-9

位置与环境	形式与设计	使用与功能	精髓
位置	空间规划	用途	艺术表现形式
环境	设计	使用者	价值
场所感	材质	联系	精神
环境中的小生态环境	手工艺	随时间而改变的用途	感性影响
地形和远景	建筑技术	用途的空间分布	宗教氛围
周边环境	工程	使用的影响	与历史的联系
生活要素	区域地理	使用作为对环境的回应	声音、气味和味觉
对地点的依赖程度	与其他特征或遗产地的联系	使用作为对历史氛围的回应	创造性过程

文化景观的概念本身就包含了真实性和完整性的内容。文化景观概念提出时世界遗产委员会对真实性和完整性的认识已经基本成熟。一处文化景观代表着一个地区的人与自然互动的结果，是特定的自然环境、人文精神共同作用的结果，它不仅强调了它所保护的文化遗产单体，更强调了它赖以存在的周边环境，更好地理解了真实性和完整性。

5.2.1.2 坚持文化遗产空间、时间及文化属性“三位一体”的理念

对景观层面的文化遗产的研究可以从空间、时间和文化属性这三个维度来把握，“三位一体”构成一个独立而完整的文化景观[137]。文化遗产景观的时间属性包括原遗产项目的形成时间、衰落时间、持续时间段、使用频率和强度、变化等。空间属性是界定文化遗产地景观的最为普遍的尺度，主要包括文化遗产要素分布的空间形态与格局，主要文化遗存的集中分布区域,历史事件、人物及其文化的影响范围等。在文化遗产保护与再利用中，设法使拥有特定文化内涵的文化景观的时空格局保持完好统一是维持文化遗产整体性的必然要求。遗产的文化属性反映遗产要素的文化内涵及其在历史上的有机联系，是文化遗产地景观整体价值形成的基础[137]。

坚持文化景观的“三位一体”的观点，是把文化遗产看作是在特定历史时段、特定地域发生的、富有历史文化特色的遗存。在山西省明长城沿线军事堡寨的保护与利用研究中，应该坚持“三位一体”的思想，注重从明长城沿线大量的城乡文化遗存中发掘各种类型的军事堡寨，从时空完整性上对与之历史密切相关的明长城、河流、驿传和烽传线路等具有文化性的景观线路加以保护和利用，使之成为联系分散的军事堡寨的纽带。同时，对军事堡寨周边及所影响区域进行控制和协调以保障大尺度范围内文化景观的和谐。

5.2.1.3 整体性原则

山西省明长城沿线军事堡寨是包括其历史环境、空间格局、历史建筑及非物质文化遗产诸多方面的统一整体，保护与利用中要保护风貌、格局、肌理、形态的完整性。一些堡寨聚落地理环境独特，有较为完整的村镇格局以及较为完好的传统街巷和历史建筑。在保护与利用中，要充分体现历史风貌的完整性，物质遗产与非物质遗产的统一性，以及历史、文化、自然要素的延续性。

5.2.2 “贵阳建议”的核心内容

2008年10月，“村落文化景观保护和可持续利用国际学术研讨会”在贵州贵阳召开,会议通过了《关于“村落文化景观保护与发展”的建议》(《贵阳建议》)，试图找到一条适合我国国情、对世界有一定借鉴价值的村落文化景观保护之路，也对山西省明长城沿线军事堡寨的保护与利用具有很好的指导作用。会议就以下方面达成共识：

1. 鉴于村落文化景观的性质和特征，倡导保护村落文化景观应当注重保护村落赖以生存的田地、山林、川泽及其生态环境,保护村落的居住环境,保护村落文化记忆，保持村落发展的基础和动力，实现自然和文化、物质和非物质、历史和现实的整体保护；

2. 鉴于村落文化景观是长期历史发展过程中形成的，并仍然在继续发展和不断变化，倡导尊重村落文化景观的演变特征，延续村落的文化脉络，维护现代社会文化多样性；

3. 鉴于村落文化景观保护与发展的复杂性，倡导政府在政策导向、法律体系构建、技术保障与资金筹措、资源整合等方面给予支持和引导。同时，村民是村落文化景观的重要组成部分和保护的重要力量，应重视村落发展诉求，维护村落文化景观发展途径的多样性[138]。

从“贵阳建议”的核心内容可以看出，村落文化景观的保护应注重空间特性（整体空间环境、整体空间结构等）、时间特性（演变特征等）、文化特性（文化脉络等）以及村民的需求，保持村落发展的动力，最终实现村落的整体保护以及社会文化的多样性。

5.2.3 风景区依附型堡寨：活化观光模式

5.2.3.1 活化观光模式的含义

活化与观光模式是指军事堡寨的自然环境条件独特，堡寨和明长城以及自然景观浑然一体，而且堡寨的历史整体格局与风貌保存较好，景观特征鲜明，具有旅游观光条件的堡寨所适用的模式。这种模式适应于风景区依附型的堡寨聚落,这种类型的堡寨往往是地势险要的关隘型堡寨,由于山、水、长城和堡寨有机结合而形成具有开发景区的优势和条件,可以因势利导,向自然风光和军事堡寨完美结合的风景名胜区转型。

5.2.3.2 活化机制分析

1. 在产业方面，通过提取“文化基因”，刺激文化产业的发展

借用生物、遗传学的概念，军事堡寨的个性元素就是军事堡寨的“文化基因”，在文化景观时间、空间、文化属性“三位一体”的理念之下，风景区依附型军事堡寨应提取本地域的“文化基因”，即关隘型军事堡寨所蕴含的长城文化、边塞文化、住居文化以及古渡文化等的内涵，并在聚落的可持续发展中予以活化和再现。由于这种类型的军事堡寨具有独特的自然风光条件，往往可以成为绘画、摄影以及长城文化活动的基地，目前在长城保护学会以及相关组织的推动下，沿长城的探险考察、文化活动和旅游活动层出不穷。风景区依附型的军事堡寨依托独特的地理区位以及明长城边关文化，在保护文化遗产的基础上应积极发展文化创意产业，将堡寨的文化软实力转化为经济优势，促进地区的经济和社会发展（图 5-13）。

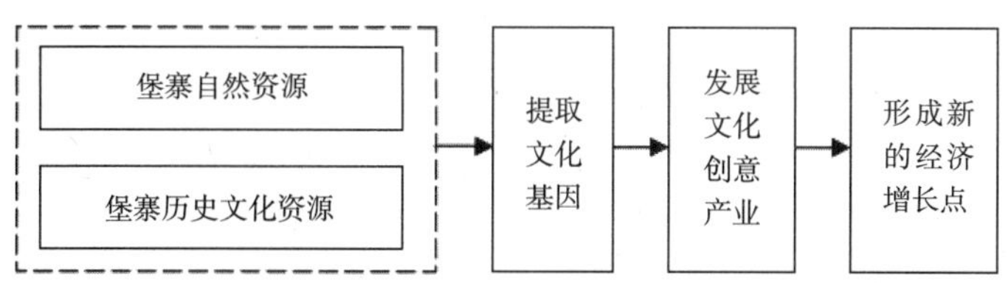

图5-13　军事堡寨的文化创意产业生成模式图（图片来源：自绘）

山西省明长城沿线的关隘在防御时期具有重要的军事战略地位，同时也是明清时期的通商口岸和交通要道。山西省明外长城沿线的重要关口有杀虎口、得胜口和新平口等，明内长城沿线重要的关口有偏关、宁武关、雁门关、平型关等，关隘型堡寨通常位于关口附近。目前以杀虎口为核心的军事文化区通过挖掘杀虎口的边关文化、商道文化等，建设了杀虎堡军事博物馆，并进一步完善相关的展陈设施，极大地推动了杀虎堡的文化产业，提升了堡寨的经济活力，为其他的关口军事文化区的经济优势发挥提供了借鉴作用。

2. 在推动力方面，依托多样化的人群结构，推动经济和社会发展

使用主体的多元化是明长城沿线风景区依附型军事堡寨的一大特征，在军事堡寨的演化过程中，使用主体经历了由明代驻军到清代戍边后代居民，再到现代人群多元化的发展过程。通常风景区依附型军事堡寨是由堡寨原居民、文化遗产工作者或研究者以及旅游者三部分组成。对于堡寨聚落的原居民而言，堡寨是理所当然的居住环境，是他们的家园。对于现状

保存较好、文化景观要素未发生实质性变化的堡寨，则会有大量的科研人员、摄影绘画爱好者以及旅游者等外来人员前来调查、访问和参观。可以说，这些人员也渐渐融入军事堡寨的景观元素中，成为非固定特征因素。通过不同的行为主体，激发堡寨的社会价值、文化价值和经济价值，引导堡寨的发展方向，从而达到活化堡寨聚落功能的目标（图 5-14）。

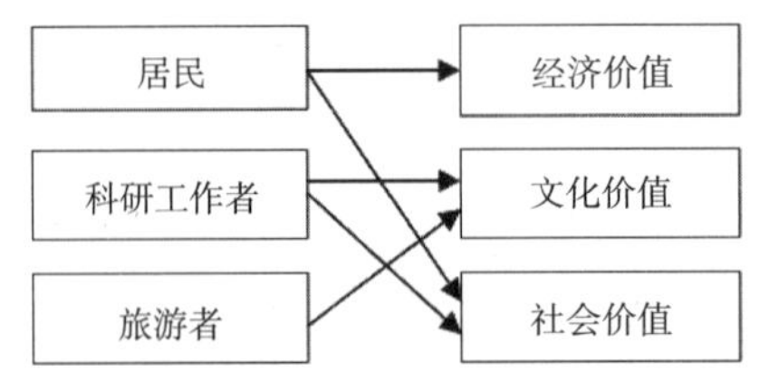

图5-14 不同的行为主体对堡寨的价值取向示意图

（图片来源：自绘）

根据调查表明，生活在明长城沿线堡寨聚落中的居民大多收入水平不高，甚至是当地政府扶贫和普及教育的对象，而随着外来访客的增加加剧了村民脱贫致富的需求。在此情况下，有效的经济发展方式，如村民由从事农业产业转向服务业就具备了必要条件。

3. 在管理方面，提倡政府、社区和经济主体三者共同经营

风景区依附型堡寨在开发与利用中，政府主体、经济主体和村民是堡寨保护的三大主体。在堡寨的保护与利用中，要充分调动这三者的力量，合理分工、互相监督，形成可持续的发展机制（图 5-15）。首先应在政府主导之下编制堡寨的保护规划，制定保护区划，提出保护措施和环境整治措施，完善展陈设施等。在规划的调研、确立和实施阶段要充分调动当地村民的积极性，强调社区参与。因为村民是戍边将士的后代，是生活在堡寨中的一员，古堡的“历史价值”与“场所感”与他们的生活密切关联。让村民参与到堡寨的保护与开发中，甚至培训当地有文化的村民担当解说员，这样可以提高当地村民的就业率，增进当地村民的地域认同感；其次，组织当地村民经营家庭小旅馆或者餐饮等服务业，前来观光的人们通过住宿和就餐活动可以体验当地的住居文化以及饮食文化等内容，同时当地村民也能分享到开发和利用堡寨的景观资源所带来的经济效益；再次，鼓励村民对民俗习惯及节庆活动的继承和发扬，用补贴或资金激励等方式保护各

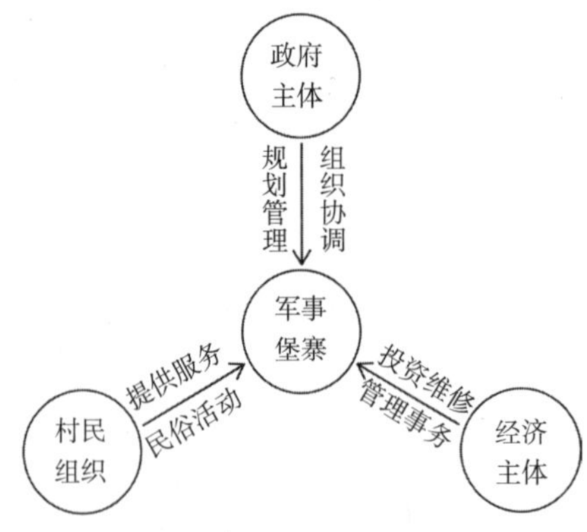

图5-15 军事堡寨的运作机制图（自绘）

种民俗活动组织和民俗艺术活动。在管理方面，由村民组织成立“古村落保护委员会”，委员会的主要作用是维护村民的合法权益，协调村民与经济主体及政府的关系，防止经济主体的过度开发，督促旅游收入的一定比例及时地投入到堡寨古建筑的保护和修缮当中。委员会还兼有对村民宣传文物保护的作用，增强村民的保护意识，逐渐培养其自觉的保护行为。

4. 在建筑功能上，通过置换功能，重塑建筑的适用功能

军事堡寨建筑功能的不合适有以下两种原因：一方面是来自于建筑本身，其结构形式和布局方式受到年代的技术和工艺的限制，不再符合现代功能的需求和达不到使用的标准；另一方面是从区位条件看，由于堡寨区位的变化或者外部交通条件的变化，致使原有的功能失去外部条件的支持，如明清时期一些堡寨繁荣的商贸活动由于交通地位的变化而变得萧条冷落，进而使堡寨丧失活力。置换功能就是用合适的功能代替原来不适用的功能的过程，这种方法既能保护建筑的实体，更重要的是恢复了建筑的使用功能，让堡寨保持活力。例如一些民居类的历史建筑可以通过功能置换的方式变成古旧但充满活力的酒吧、画家活动室、摄影爱好者活动室、商店和旅社等。

5.2.3.3 典型实例分析——以山西省偏关县老牛湾堡为例

1. 地理区位

老牛湾堡位于山西省偏关县西北部万家寨镇老牛湾村、黄河入晋第一湾、河东一台地之上，西北与内蒙古隔河相望，东接晋蒙分界外长城。位于偏关县城北部 40km 的一处悬崖峭壁之上，东接滑石涧（有滑石堡），西邻黄河岸，北濒陡峭的崖壁，地势较高，当西北之要冲，易攻难守，成为偏关北部一处要塞关口。

2. 历史地位

《宁武府志注》描述老牛湾堡为“俯瞰黄河，外接套地，边陲要区也。堡既立，移兵驻之”[139]。老牛湾堡北到边墙（即长城）一里，明成化三年（公元 1467 年）总兵王玺筑墙，崇祯九年（1636 年）兵备卢友竹建堡。周围 120 丈，高 3 丈 5 尺，现堡寨保存较好。北有一砖砌敌楼，楼门南开，额上刻“老牛湾墩”字样，为万历五年（公元 1577 年）立，堡的附近有夯土长城约 38 公里，走向是：长城自东进入老牛湾堡，抵达黄河东岸，沿岸向南延伸，经万家寨、关河口、寺沟进入河曲县境。山西太原镇总兵从宣德

四年至嘉靖二十二年，驻节偏关达 114 年之久。老牛湾堡正好孤悬在这一战略要地的水路连接处，承担着防御偏关西北方瓦剌跨河南下侵袭的重任。

老牛湾堡虽然为兵备要塞，但由于老牛湾至寺沟上游一带，水流急湍，冬季很少结冰，所以历史上此地发生的大的战事并不多见。由于老牛湾堡特殊的地理形势，河岸直立、河道弯曲、水势平缓，形成天然码头，黄河沿岸的货物要到老牛湾堡卸下走陆路，因而使得森严壁垒的堡寨成了一座边地商城（图 5-16）。

（*a*）老牛湾区位图

（*b*）老牛湾现状平面图

图5-16　老牛湾堡区位及地形地貌图

图片来源：（*a*）来源于《山西省地图集》中偏关县 1 : 25 万地形图;（*b*）在航拍图的基础上通过调研自绘;

3. 功能演化

老牛湾堡包括三个自然村，200 人左右，以种地为主，为戍边的后代以及商人的后裔，杂姓，吕、郭姓为主。由于吃水困难，2004 年随着老牛湾旅游景区的开发，90% 的人口陆续迁出。老牛湾堡拥有大量的石窑，已经使用了 500 ~ 600 年。老牛湾堡在清朝是商贸集散地，粮食可运至内蒙古、宁夏、万家寨、关河口、黑豆焉（黄河古渡口）。据记载，从隆庆和议以后，老牛湾堡作为山西商品集散的渡口，船桅林立，每天停泊的船只约在三四十只，货物卸下再走陆路，贩到偏头关，再由偏头关转送至平鲁、五寨。民国时期由于战乱开始萧条冷落，加之同蒲铁路的开通，削弱了老牛湾堡的交通功能。新中国成立以后，随着互助合作化、农业集体化、人民公社化，老牛湾堡越来越封闭，当时仅设有万家寨供销社、老牛湾代销点。1979年开始拥有动力船，告别了手摇船，促进了交通运输的发展。1980年代以后改革开放，涌现出大量的窑匠。1980年代后期，有一条简易的乡村便道可以通汽车。1990年代还没有通电，生产水平比较落后。1980至1990年代，作家、画家、大学生开始赴老牛湾，考察为主，规模较小。2004年，中国黄河老牛湾旅游开发公司（哈达门公司经营）和政府签订合同，该公司拥有了老牛湾堡20年的经营权，2008年9月正式运营。该公司投资百万对传统民居进行修缮，改善基础设施，而政府负责投资修路（万家寨——老牛湾）。老牛湾堡景区游客最多500 ~ 600人/天，平均300人/天（旺季）。景区门票96元，团体价80元，如果入住老牛湾堡农家乐，门票可以便宜至50元。

4. 老牛湾堡的固定特征景观分析

（1）毗邻长城和黄河，和明长城唇齿相依，聚落本身和地理环境浑然天成，密不可分。

光绪《山西通志》载："老牛湾，在偏关县北六十里。边墙起河曲之石梯隘，沿河而北，至关河口而入县境，至老牛湾面儿东折，为大边所始。其堡在边南，隶偏关营。出边为清水河厅界，有老牛沟，北达厅治，西临河套"[1]。这段记载文字说明了老牛湾堡和明长城的依附关系。

老牛湾堡的地理环境非常独特，且"老牛湾"的名称具象地描绘了老牛湾堡和黄河及周边地形地貌的关系。黄河自内蒙古喇嘛湾入晋，于河水切割之后的峡谷河道中千回百转，在老牛湾的西侧，是一大弯，酷似青牛的一只犄角，而在其东侧，一条叫作红石河的黄河支流破石而出，纵深下切与黄河河道相接，恰似牛头的另外一只犄角，而砖包的敌楼就好像是牛鼻子一样，而城堡就像是牛的眉目一样，俯瞰不远的长城和周边整个的山川形势。老牛湾堡三面环水，只有南面与青石梁逶迤相接，碎青石路在牛背上浅浅画出一道灰白。

这种奇特的地理形势以及形似"牛头"的整体格局，是明长城防御体系中依靠长城、黄河、堡寨、望河楼、烽火台等设施共同防御的写照（图5-17）。

❶ ［清］王轩，杨笃撰．《山西通志》：卷28，府州厅县考6.

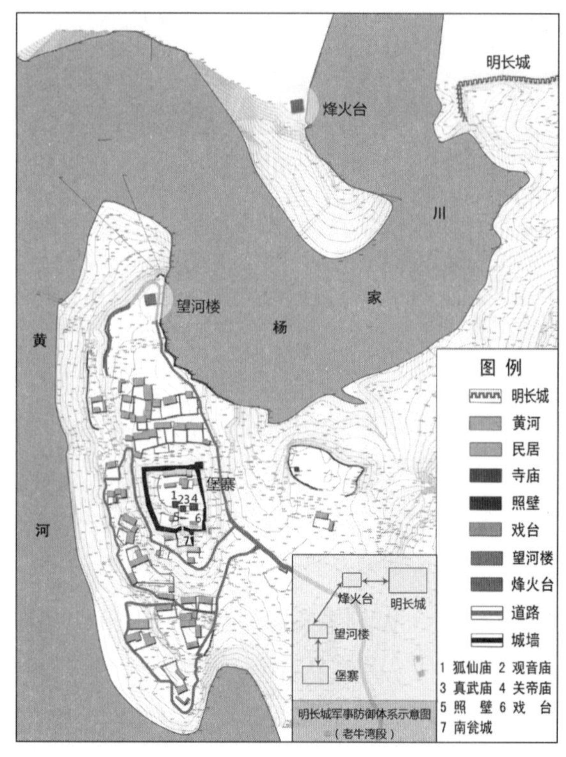

图5-17　老牛湾堡的平面格局图（自绘)

在老牛湾堡北约百米的悬崖绝壁上，顶天立地矗立着一座望河楼。望河楼建于明嘉靖二十二年（1544 年),《偏关志》记载:“嘉靖二十三年巡抚曾铣于各要害处建置” [140]。明万历二十五年（公元 1597 年)，在原来的基础上增高加厚，使得望河楼又兼有烽燧的功能，供战士瞭望敌情，避风遮雨，储存武器。望河楼由长条石砌筑基础，大城砖砌墙，白灰勾缝，楼高约 22m（图 5-18）。

图5-18　从北面远眺老牛湾堡及望河楼

（2）城堡格局独特，城池规整，街巷和民居布局自由灵活。

老牛湾堡经过五百多年的风侵雨蚀，部分墙体坍塌了，瓮城沉陷了，但整个古堡的骨架还在。尤其是北墙，保存之完好，建筑工艺之精湛，令人称奇，堡门的残缺之美，仍然能给人们带来震撼之美。

老牛湾堡平面呈长方形，东西长约 70.5m，南北长约 78.5m，堡城面积为 5800m^2。堡城坐北向南，由堡和瓮城两部分组成。堡门开于南墙正中，瓮城门开于东墙正中，原四角均有角楼，现仅剩东北、东南两角残基。墙体大部分残存，外包条石大多已毁。东墙残存南段，长 24m；南墙残长 49.9m；西墙残长 47.3m，仅存北段；北墙残长 69.2m，保存较好，外包行錾条石，损毁较少，基本保持了原有形态。老牛湾堡只有一座南门入口，南门外还有瓮城，由瓮城入南门，迎面一座石砌影壁，影壁后面，观音阁和关帝庙分列左右，面南背北。寺庙建筑质量较好，内部供有小型的观音和关公神像，墙上有壁画，案前有香火遗存。堡内还有一座“诸神庙”，残存彩绘诸神影像。绕过庙堂，一条窄小的街隐约可辨，堡内建筑随地势自由布局（图 5-19、图 5-20）。

图5-19　老牛湾南门外

（图片来源：偏关县文物局提供）

图5-20　老牛湾南门里

（图片来源：偏关县文物局提供）

（3）石窑成为独具价值的乡土建筑

老牛湾堡包括三个自然村，分别是楼圪旦、圪楞上和新庄窝。这三个村庄环老牛湾堡分布，其中楼圪旦村紧靠城堡外围，大约包括 20 户人家，民居和城堡是同时期的建筑，为明代遗存，皆为石窑，古朴自然，和自然地形、城堡浑然一体。

老牛湾堡位于黄河岸边的悬崖峭壁之上，地形起伏较大。老牛湾堡的民居随坡就势，即采用与等高线平行的方式布置住宅，并形成“敞院”的院落形式。由于敞院往往随地形的变化而布置，所以不仅远近层次分明，而且充满转折错落的空间层次。一般而言，敞院要实现水平方向上的相互联系，就必须沿统一等高线蜿蜒布置，这样，人们才能沿同一条道路进入不同的院落。有时，敞院内部往往种植绿色植物，开辟田畴菜畦，建造水井兽舍，设置厨厕晾台，因而具有浓郁的乡土生活气息。敞院的空间意义在于它把人与自然完全融为一体，如果布置得当，则常常能收到“窗户虚棂、广纳千顷之汪洋；围墙隐约，兼收四时之烂漫”的空间感染力[36]130-131。老牛湾堡所有建筑就地取材，全部用当地的石头、石片修筑而成。造型各异的民居古院因势向形，石墙、石院随形而就，民居建筑是石窑形式，外表自然古朴，且冬暖夏凉，非常实用（图 5-21）。

图5-21 老牛湾堡周边的村落

老牛湾堡有两个典型的窑居大院：郭家大院和魏家大院。

郭家大院：是清代的家庭作坊，有油坊、醋坊，拥有货船，可以沿黄河到兰州做交易，换取白面、皮毛和肉食。清末民初由于陆路交通的发展，生意逐渐萧条。院落呈“L”形，主屋为居室，为三开间，开间为 4.2m，进深为 7.4m，檐口高度为 5.3m。侧屋为油坊，为五开间（图 5-22、图 5-23、图 5-24）。

魏家大院：为不规则形院落，主屋为五开间，其中左边三间为“一明两暗”或“一堂二屋”形式，右边两间各自独立，分别设置出入口（图 5-25）。

石窑的墙体砌筑形式明显不同于常见的砖砌方式，采用了斜砌方式。概括起来，主要有以下三个方面的原因：一是由于材料的尺寸，石材从当地采集，是片岩，薄而不规则，采用斜砌的方式容易砌筑；二是斜砌方式可以避免通缝，石材之间用泥浆或草泥粘接，受力稳定；三是可以达到一种图案化的效果（图 5-26）。

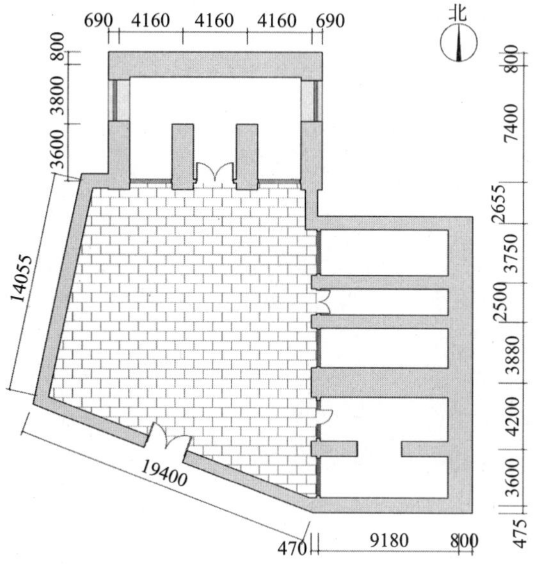

图5-22　郭家大院平面图（陈骁绘制）

图5-23　郭家大院主屋立面图

（图片来源：权冉绘制）

图5-24　郭家大院侧屋立面图

（图片来源：权冉绘制）

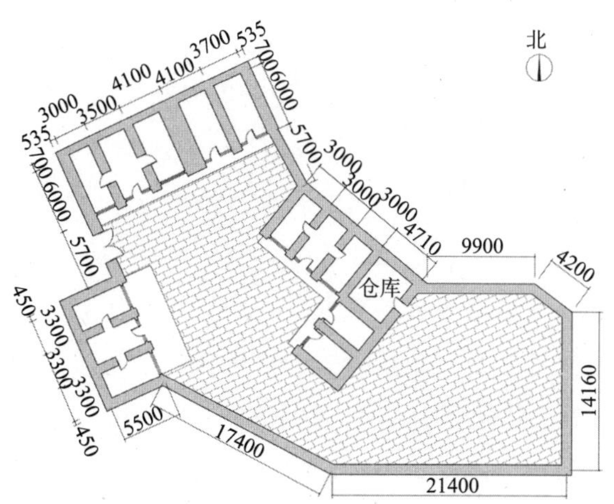

图5-25　魏家大院平面图（陈骁绘制）

图5-26　老牛湾堡建筑墙体砌筑方式

（4）道路及其他设施

老牛湾堡内只有一条贯穿南北向的主街道，且由于三面环水，没有东西两门，所以堡内没有形成东西向的街道，堡内青石板铺就的小巷平平仄仄可以延伸到每一个角落。老牛湾堡是一个独一无二的石头村，除了房屋，还有许多生活设施，如石碾、石磨、石碓、石斧、石桌也都是石头的，整个村庄算是一个经典的石头建筑博物馆。

（5）标识景观

山西省明长城沿线军事堡寨的标识景观通常是城门、寺庙和戏台。而对于老牛湾而言，最重要的标识性景观是堡城北不远处的望河楼。望河楼是一座砖石空心城楼，楼南有一门，门额上有匾，阴刻楷书"老牛湾墩"四大字，并有题头和署款等小字，只可辨出"万历岁丁丑夏"，即明万历二十五年（1597 年）。楼的墩高 12m，上设堞口，通过楼南中部的门洞可进入墩内，墩体正面有供士兵上下的绳梯和通道，用来瞭望自黄河对面的敌情，点燃狼烟向东、南两边长城传递信息，被称为"天下第一墩"。望河楼的建设与明代名将戚继光有直接的联系，隆庆五年（1571 年）明王朝与蒙古诸部议和，批准了通贡互市。为了加强长城防御线的防务，调原两广总督谭纶和福建总兵戚继光先后到北方。戚继光到任后，整饬边备，完善长城防御，其主要措施是在长城沿线建筑大量的空心敌楼。这样的敌楼是戚继光亲自设计的，集防守、屯兵、烽燧功能于一体。

老牛湾的堡门开于南墙正中，瓮城门开于东墙正中，而寺庙主要集中布置于南门附近。堡寨中庙宇位置的安排通常与物质的防御建构相结合，如在入口周围、街巷底端等所谓风水与防御的薄弱地带，利用庙宇的精神震慑作用，实行心理层面的安全强化，特别是在堡门附近常常形成一定规模的庙宇群。众多庙宇中尤以武庙为重，它们常常自成体系，分布于堡门周围，以镇气口，表现了当年人们从安全需要出发的心理需求层次。

老牛湾堡尽管堡城狭小局促，但南门入口附近集中了关帝庙、真武庙、观音庙等庙宇。关帝庙就是为了供奉三国时期蜀国的大将关羽而兴建的，关帝庙已经成为中华传统文化的一个主要组成部分，与人们的生活息息相关。老牛湾堡的关帝庙居于该村的中央，老牛湾堡本已居于高岗之上，关帝庙又居于高岗的最高处,村中各处均可望见。关帝庙创建于康熙十年(1671年)，坐北朝南，现只剩正殿、侧殿和山门戏台。关帝庙正殿西为观音庙、真武庙两间，与关帝庙同处于高于院落的高台上，硬山顶、四架椽，形制与关帝殿相同，略小。二殿之间用砖墙隔开，殿内有塑像和壁画。殿西北为神仙殿，坐西向东，为三间硬山。

关帝庙正殿位于高台之上，老牛湾戏台在台下，依地势而建。戏台坐南朝北，东西长 9.1m，南北宽 6.9m，占地面积约 62.5m^2。原为城隍庙内附属建筑，庙毁，仅存戏台，为清代遗构。建在 0.5m 高的石砌台基上，面宽三间，进深四椽，单檐硬山顶。

5. 老牛湾堡的非固定特征景观分析

（1）村民的生产与生活活动

由于老牛湾堡的城池规模较小，随着后来人口的增加，民居在城墙外围高低错落分布，在城堡的北、西、南侧呈现包围状态。老牛湾堡的村民除了农业生产活动以外，主要从事家庭旅馆和商业服务业活动，和老牛湾堡的旅游发展息息相关。

农历五月十三为关帝庙会（传说这一天是关羽降生的日子），老牛湾村民会宰杀牛、羊、猪等牲畜，举行祈雨活动，对岸其他地区的人们会坐船来祭祀。

（2）和长城有关的各项节庆和文化活动

由国家体育总局登山运动管理中心发起的“2011 长城国际徒步活动”是正式开展的大型国家级全民健身户外徒步活动，活动于 2011 年 7 ~ 8 月在山东省齐长城、河北省六代长城、河北省金山岭长城、山西省老牛湾长城四处举行。该活动具备独创性、国际性、群众性、融合性等特质，以民族根魂所系的万里长城为依托，融体育健身、文化休闲、寻幽探奇、旅游观光于一体。此外 2010 年还举行了老牛湾黄河长城旅游文化节。

6. 保护现状及存在的问题

老牛湾堡内外原来共有 30 多户人家，1994 年由于万家寨水利工程的建设，黄河上游 73km^2 的范围全部淹没。由于丧失耕地，老牛湾堡的村民被迫迁往附近的新村。老牛湾堡正在编制堡寨的保护规划，但目前老牛湾堡已经开发为景区。老牛湾堡面临的主要问题是需要进一步协调堡寨保护和外围村落发展的关系，进一步理顺堡寨保护与旅游开发之间的关系。

7. 保护与利用目标

研究老牛湾堡的历史文化资源构成，研究明长城与老牛湾堡之间的历史空间关系及功能关系，从文化景观保护的内涵出发，对老牛湾堡的整体格局以及景观要素实现合理的保护与利用，并将遗产保护和环境公平、脱贫致富等社会价值和地区经济发展紧密联系起来，实现历史性的转向。

8. 保护与利用策略

（1）在区域层面，保护历史环境，凸显老牛湾堡的历史空间格局和景观要素，彰显历史军事城镇的区位和特色。

老牛湾堡毗邻明长城和黄河，周围地势险要，设防布局严密，而古堡和周边地形地貌环境紧密结合，互为表里，在明代呈现出壁垒森严、蔚为壮观的景象。在古堡的保护规划中，应凸显“牛头”的整体格局，展现出依靠长城、黄河、堡寨、望河楼、烽火台等共同防御的长城整体防御体系，并通过保护规划予以落实，为今后堡寨的保护与利用提供控制和引导作用。

（2）在结构层面，正确处理堡寨和村落的保护与发展关系，构筑“互补型”的村落空间发展模式。

从 2008 年开始，老牛湾堡作为旅游点正式对外开放，并实行公司化运作。该公司对老牛湾堡实行传统的“博物馆式”的保护模式，堡内的村民几乎全部迁出至不远处的新村。然而在这种保护模式下建筑是死的建筑，保护所起的作用就是一个历史建筑避难所的作用，封存着暂时不能使用的历史建筑。老牛湾堡是独特地理环境下的一处文化景观，古老的城墙、独特的石窑民居以及众多的庙宇成为其重要的景观要素，但是由于生产以及生活条件的限制，很难让百姓生活于此。在这种情况下，将老牛湾堡作为风景资源加以利用，而不是一般意义上的生活型的村庄，将会有利于堡寨的保护与利用。同时新村和堡寨形成一种“互补”的关系，新村是游客的服务中心和信息中心，堡寨是景区，二者相互依托、功能相依，有利于促进地方社会和经济的发展。

（3）在要素层面，充分挖掘自然和人文景观要素，激活文化潜能，形成旅游产品，推动旅游业的发展。

在文化景观的理念之下，分析老牛湾堡的固定特征景观因素和非固定特征景观因素，形成具有游憩价值的自然和人文景观，充分挖掘本地的军事文化、边塞文化和古渡文化，将其建设成为山西省独一无二的融合长城、黄河和军事堡寨的知名文化旅游区。

9. 保护与利用方法

（1）意象格局的保护

老牛湾堡的意象格局浸透在与自然环境的融合、对精神生活的关注中，在“明代堡寨”这一具体的空间形式中，蕴藏了这座“袖珍小城”形而上的美学精神和生活哲理，空间只是形式，意境才是归宿。

在对老牛湾堡历史环境充分研究的基础上，引用中国国画的文化内涵和美学意境，通过强化特色景点，重构边塞军堡的审美构架。清代偏头关乡贡，编纂《偏关志》的卢承业曾著诗咏《偏关十景》，其中一首就是关于老牛湾的：“关西形式若崤函，北塞天横折向南。岩成飞楼悬壮剑，河翻浪雪点幽潭。花飘碟影惊鱼穴，风送涛声破乌庵。相接云峰传八阵，筹边人至把兵谈”[140]286。保护与利用中以可读性为原则，采用刻画意境、点拨画题、解说典故、引发联想等手段，将老牛湾堡铁壁铜墙内外的世外桃源生活进一步呈现出来。八景不是孤立的，城内城外、城上城下共同作用，相互交织，并且不局限纯粹的自然审美，更映射出边塞文化和古渡文化内涵的关联，形成一种叩古怀旧、化育人文的“诗意”生存空间。

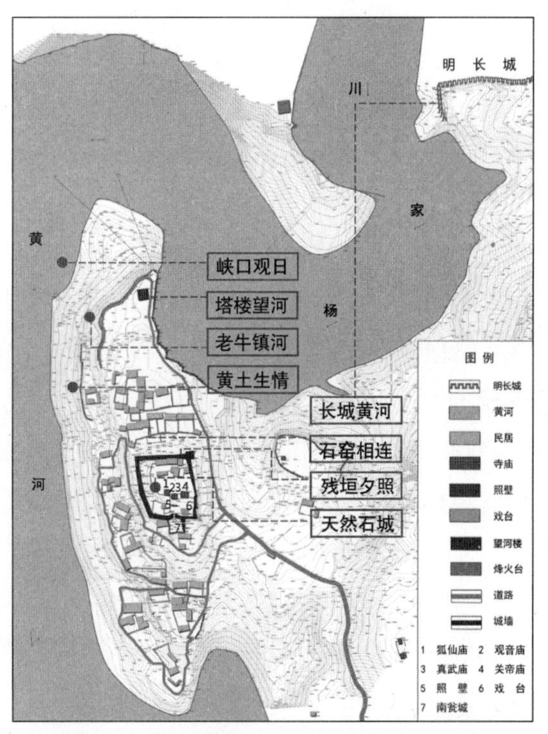

图5-27 老牛湾堡景观意向格局保护示意图

在宏观层次上，特色景点由“老牛湾堡八景”组成。分别是：峡谷观日、长城黄河、老牛镇河、塔楼望河、残垣夕照、天然石城、黄土生情、石窑相连，八景奠定了老牛湾堡宏观的山、水、城格局（图5-27）；在中观层次上，以老牛湾堡的城墙范围为核心保护区，完整保护历史堡寨的形制及传统建筑群；在微观层次上，以代表性历史院落及其建筑空间为中心进行历史建筑保护点的保护工作，最终形成完整的古村落空间布局保护体系。

（2）自然与人文景观要素的保护和利用

1）自然景观要素（山体景观要素、水体景观要素）

位于山体环境中的长城、黄河、烽火台以及其他历史建筑（群），应划定保护范围、建设控制地带及环境控制区。在建设控制地带，严格控制在长城、黄河两侧的旅游服务设施建设；在环境控制区内严禁开山取石、破坏植被等行为。

2）防御景观要素

城墙的修复重点在于保护地方特色材料、呈现历史久远性、恢复城墙连续性三方面，对一部分风化和破损的城墙，在不影响城墙承重和造成进一步坍塌的前提下适当维护现状，严禁过度修复而造成原真性的破坏，严禁单一模式的修复而造成多样性的丧失。

3）民居景观要素

老牛湾堡传统民居顺应地形和气候条件，与环境肌理相互融合。老牛湾堡的石窑所展现的不仅仅是原来生活的空间和过去生活的痕迹，更是人类文明的传承。老牛湾堡的乡土建筑选择自然、尊重自然，能动地适应自然，为其他乡村整体规划提供了有益的启示。

由于老牛湾堡村民在万家寨水利工程建设时已经搬迁，目前民居基本上闲置，不利于历史文化信息的保护和利用。今后可以通过功能置换的方式将传统的窑居进行内部的改造，变成古旧但充满活力的酒吧、画家活动室、摄影爱好者活动室、商店和旅社等。根据笔者在 2013 年暑期的调研，老牛湾堡每年都要接待一些大中专院校学生暑期写生活动，如 2013 年 7 月内蒙古大学学生在老牛湾堡写生，30 人左右，为期 10 ~ 15 天。魏家大院自 2009 年通过承租的形式开发为旅社，旅游公司负责营业执照，自来水供应，承租人自负盈亏，通常成本管理费 2 万元，大院的接待能力为 40 人左右，每年的 5 ~ 10 月接待游客，7 ~ 8 月为旺季，总共可以接待 1000 多人。另外在老牛湾堡保护区以外的新村建设，应进一步弘扬明清以来老牛湾堡形成的独特的石窑民居文化，将新村建设成为老牛湾风景区的接待基地。人们在领略长城军事文化的同时，在一个个独具特色的石窑大院中仍然能够体会到当地的民俗文化和饮食文化。

立足于明长城军事文化、黄河文化和独特的住居文化，可以将长城、黄河、老牛湾堡以及周边的自然环境作为一个整体制定保护和利用规划，将其开发为山西西北部独特的绘画基地、摄影基地，科研基地以及旅游胜地，其影响范围将辐射北京、河北、内蒙古和陕西等地。

5.2.4 居住生活型堡寨：有机更新模式

5.2.4.1 有机更新模式的含义

有机更新模式适合于历史整体格局与风貌保存较好或一般，能够体现历史延续性的特征，并在现代村镇体系中有较好或一定发展前景的堡寨。通常包括已注册为历史文化名镇（村）或尚未注册但历史格局保存较好或一般的堡寨聚落。这种堡寨往往规模较大，堡内容纳了大量的村民，民居形式特点鲜明。这种保护模式适用于居住生活型的堡寨聚落。这种类型的堡寨既要保护历史文化遗产，维护传统风貌，又要提高堡内村民的生活水平，满足人们对现代生活方式的向往和追求。在今后的保护与利用中，要协调好堡寨保护与村落更新的关系，注重遗产保护，传承地域民居建筑形式，改善和改进人们的生活方式，最终形成军事景观突出、民居特色鲜明、生活有活力的传统村镇。这种模式适应于大部分演化为村镇的军事堡寨。

5.2.4.2 有机更新机制

1. 分析在明长城遗产廊道的地位和价值，提升其功能与定位

依据前面的分析，山西省明长城沿线的军事堡寨从属于明长城生态经济区，而且可以纳入纵横交错的明长城、河流水系、驿传系统和烽传系统所形成的绿色廊道网络中，任何一个军事堡寨都是明长城遗产廊道不可分割的组成部分。就单个军事堡寨而言，依据其历史地位、现状保存程度及价值评估，可以确定其在明长城遗产廊道中的地位和角色。结合现代村镇的发展要求，为堡寨注入新的生活内容和经济社会功能，培育和地域文化相关的产业体系，进一步激发堡寨的生活活力。

2. 保护典型的空间特征，突出“序结构”形式，彰显军事文化特色

山西省明长城沿线的军事堡寨具有鲜明的空间特征，即堡寨和外围的长城、地形地貌、水系、驿道和烽火台是不可分割的整体，在保护与更新研究中首先要分析堡寨和外围的自然及历史要素共同形成的整体防御格局，

建立“山——水——长城——堡寨——烽燧（墩台）”的整体空间关系；其次军事堡寨由外及内形成了有秩序的层级防御结构形式，即外围的线性防御、内部的街巷构成、住户单元的封闭性是一个完整的体系，可以称之为“序结构”；再次棋盘式布局是军事堡寨建筑布局的脉络，在保护与更新过程中，应该延续原有的街巷肌理，维持原有的街巷尺度。

3. 在尊重传统地域文化的前提下，改善居住环境，提高人们的生活质量

居住生活型军事堡寨的历史建筑以民居为主，而大量的民居普遍面临着建筑年久失修、缺少厨卫设施、历史风貌受到破坏等问题，这些问题直接关系到社区居民的切身利益。有机更新模式的焦点一般都集中在传统民居的维护与改善、居住环境品质的提升和社区活力的激发等方面。通过调研老营堡的民居建筑基本上可以分为四类：第一类是保护类建筑，即具有较高历史、艺术和科学价值的民居。在设计中对其进行原地保护，方法上采取文物建筑修缮的方法，以保持其原貌不被改变，在功能上可以置换成民俗展示的场所；第二类是改善类建筑，指具有浓郁的乡土特色，但保护现状参差不齐的民居。这类民居大量存在，在改造中应该保持原有的结构、体量和形态，在内部空间上提出改进的方案，包括水、电、暖、网络等基础设施的改善，提高人们的生活质量以适应现代生活的需要；第三类是整治类建筑，是指建筑质量较好但风貌欠佳的民居。可以保持建筑形体结构，对风貌形式予以改造；第四类是拆除类建筑，是指建筑形式和聚落的传统风貌相冲突的临时建筑，应该坚决予以拆除。总之在保护与更新过程中，不仅要明确保护的刚性要求是什么，还要给予社区居民在允许范围内改造建筑的权利，并对其整治和改造行为提供需要的技术支持和指导。

5.2.4.3 典型案例分析——以山西省偏关县老营堡为例

1. 地理位置

老营堡位于山西省偏关县城东 40km 处，是偏关县域东部的中心镇。东西沿关河为峡谷平地，而南北群山绵延，东、北紧靠长城，南临关河，海拔高度为 1278m。老营堡“与大同接壤，山坡平漫，虏如越塞而逞，即三岔、五寨、岢岚、河曲皆可一驰而至”[1]（图 5-28）。

[1] ［明］杨时宁：《宣大山西三镇图说》，万历刻本，陕西省图书馆藏．

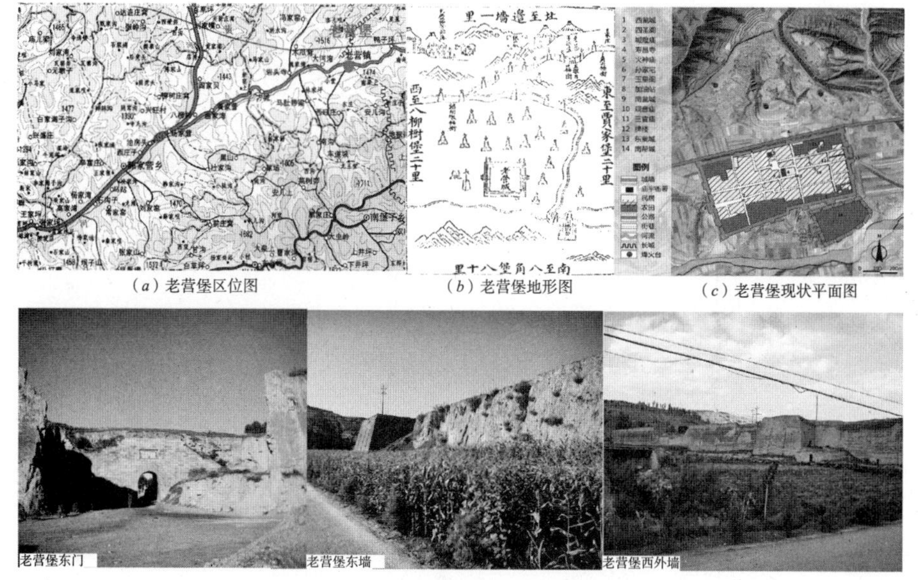

（*a*）老营堡区位图　（*b*）老营堡地形图　（*c*）老营堡现状平面图

图5-28　老营堡区位及平面格局图

图片来源：（*a*）来源于《山西省地图集》中偏关县域 1∶25 万地形图；（*b*）来源于《宣大山西三镇图说·山西镇》；（*c*）在航拍图的基础上通过调研自绘；照片为偏关县文物局提供

2. 历史发展

老营堡初置于明正统末年，当时边患已起，明王朝开始大规模修边备战。光绪《山西通志》引《读史方舆纪要》："老营堡，在偏关东北八十里。正统末置，弘治十五年（1502 年）、万历六年（1578 年）增修。近边有鸭角山、五眼井等冲，边外通王家庄，银川城诸处" [141]。在《山西志辑要》描述为："老营所，在县东八十里。明成化中筑，城方五里。孤悬极塞，左控平鲁，右接偏关、阳方诸口，恃为耳目，最称要害。今设巡司于所内" ❶。老营堡是层层设防的前哨阵地，"铜偏关，铁宁武，生铁铸成老营堡"。这是明清以来在山西北部广为流传的一句民谚。

明代在偏关、老营间设参将，后改都司，清裁老营都司，改为千总，统领贾家堡、五眼井堡、马站堡、永兴堡四堡，与偏关地位相近。

明代初期在老营堡城初设游击一员以后，经过嘉靖中期屡次改设，嘉靖四十四年（1565 年）设副总兵，实际上成为管辖山西奇岚道辖西路和山西岢岚道辖河保路的镇城级城堡。老营守御千户所设于嘉靖十八年（1539 年）[142]。

❶ ［清］雅德修，汪本直：《山西志辑要》，乾隆刻本，山西省图书馆藏．

3. 功能演化

山西内长城和外长城在偏关境内汇合，老营堡恰好处于交汇之处。老营堡北连平鲁，东接宁武，西近偏关，军事位置十分重要。老营堡不仅在明代的长城防御史上具有举足轻重的地位，同时在明长城沿线的蒙汉贸易活动中也占有一席之地，是明代中后期乃至清代的长城边贸口岸之一。

民国时期随着正太铁路、平绥铁路两条对外铁路以及公路交通的发展，山西建立起以太原为中心的商品流通体系，但是这条流通体系和晋北地区尤其是雁门关外地区的联系比较薄弱。晋北雁门关外实际上形成的是以大同为中心的商品流通体系。"大同处山西之北陲，扼平绥路之中枢。西抵包头，可通宁夏、蒙古诸省；东北至平津，直通京沪各地，为晋北进出口货物总枢纽"[143]。山西北部所产的各种土特产，大都经过大同向外运输。老营堡在偏关县东部，向东经由平鲁、朔州可达大同，路程仅200km左右，逐渐发展成为偏关东部的商贸中心城镇。

4. 老营堡的整体结构及景观特征分析

（1）城池规模较大，气势雄伟，整体格局规整，呈现出鲜明的网格状道路格局。

老营堡东北紧靠长城，距内长城约为400m，关河绕城南西下。城池平面顺应河流走向为东西向长方形，周长为2758m，面积为40.05ha，规模较大。据《三关志》记载"本城成化三年（1467年）筑土城，嘉靖十五年（1536年）展城，平面呈长方形，东西长约800米，南北宽约400米。现存西墙残长约380米，北墙残长约790米，余皆基本完整"❶。城墙里面土夯，外围砖甃，犹如铁铸。城开东、西、南三门，城内为四大街八小巷。四大街为东街、西街、南街和大街各一条，八小巷皆为横向排列，直抵城墙。值得一提的是东西向大街出于防御和风水的考虑两拐弯九十度，形成折线形，其他的小巷则显得狭窄、幽邃。

老营堡的东城门在东城墙的中心，而西城门向南偏，因此东、西城门不相对。路网遵循"城门不相对，道路不直通"的原则，多丁字路、口袋路，这是古代城池的御敌策略（图5-29）。

❶ ［明］刘效祖：《四镇三关志》，万历四年刻本，陕西省图书馆藏．

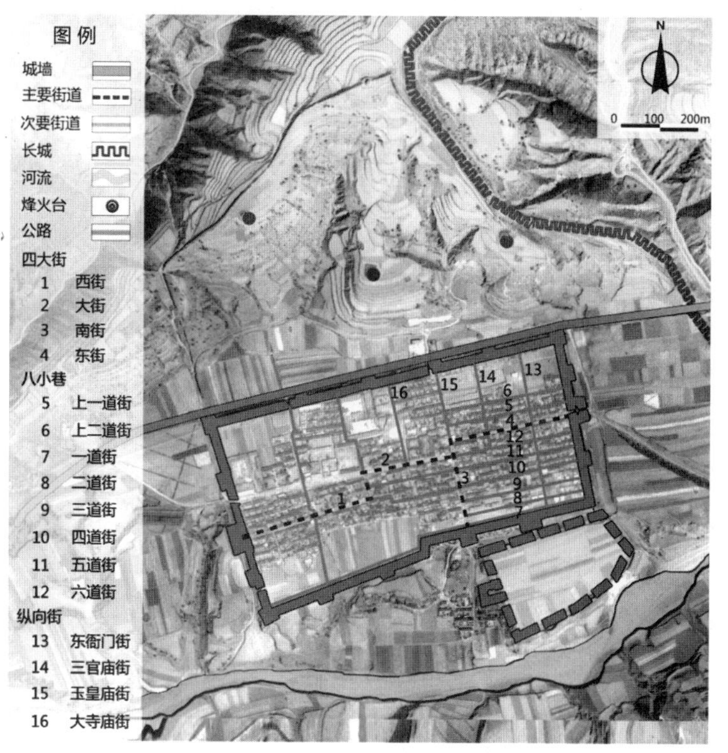

图5-29 老营堡历史街巷示意图（陈骁绘）

（2）区域地位显著，历史上文化教育设施较发达

据《偏关志》，“老营堡参将署在堡城内西街，老营守御千户所署在堡城内东街”[140]，明成化十二年（1476 年）置广积仓在老营堡内，另外设有营房 1500 间。关于老营堡建筑设施的史料较少，但据民间传说：老营城在极盛时期，城内有 3000 多户人家，全部是瓦房间，沿街店铺林立，有 43 家字号。每年正月十五、五月端午、六月十八赶庙会，街头上熙来攘往，热闹非常。南销胡麻油，北运棉布、铁货等。城中心建有魁星阁，周围有 13 个戏台。

明代老营堡南门外有藏经阁，用以藏经，现存遗址。城内寺庙众多，包括石庙寺、东关帝庙、南关帝庙、东、西、南奶奶庙、玉皇庙、文昌庙、孔庙、财神庙、城隍庙、马王庙、匠艺行、三皇庙、三官庙、龙王庙、大士庙等 30 多座庙，其规模不亚于县城，并每岁都定期唱戏。老营堡商业、手工业较发达，街上有天元楼、谦和昌等十几家商业字号，并有油坊、缸坊、豆腐坊以及铁匠、毡匠、银匠等各种手工艺匠铺，几乎家家兼营。如老营段家为木工巧匠，传说祖先曾为明时宫廷艺匠，起房架屋，雕刻花卉鸟兽，颇为盛名，从明清一直延续至今。

老营堡在明清时期的文化教育较为发达。明嘉靖四十四年（1565 年），老营副总兵孙吴戎暇时建立学校。老营堡庙学建于明朝万历八年(1580 年)，巡抚杨采请设训导一员，时有“岁科取童子八人入学”。清初堡学依旧，清末至民国初期设立私塾学校，新中国成立前夕设县立第二高级小学一所。

（3）乡土建筑

山西省由于较为封闭，且境内地形破碎，交通不便，即使官府由他处转运建材建造官署也属不易。清光绪年间修编的《晋政辑要》这样写道:“查晋省地处万山，路途险仄，砖瓦木石各，料向较别处为昂，运送更属不易。梁柱巨木尤为缺少，往往于数百里外入山采伐，挽运来省，所费尤多”❶。所以一般贫民建造住宅也只能就地取材，只求能遮风避雨而已。

根据史籍记载，老营堡在明代的民居建筑是起脊的砖瓦结构的四合院，大部分老民居于民国至 1970 年代间被拆毁。由于老营堡地处黄土高原沟壑区，该区经过历代屯垦，森林资源短缺，木材缺乏，而砖石却价格低廉，当地居民就地取材，因此大多在平地以砖石砌窑洞，且有院落。砖石窑洞指用砖或石料砌筑的拱形房屋，一般为多孔窑洞并联而成。拱顶有圆券拱和尖券拱之分，晋北地区的砖石窑洞多为圆券拱顶。砖石窑洞跨度为 3.5m 左右，进深大多为 6m，净高 3.5m 左右。在山墙处墙厚为 1m，足以承受拱券传来的侧向推力，间墙和前后墙厚一般为 0.5m。其构造做法是：用砖和石料做条形基础，基础埋深为 1m 左右，墙体用砖或石块砌筑，采用错位咬接的构造方式。偏关的老营堡以石窑为主，石窑以砂石或青石砌筑而成。过去多为“枕头窑”，现皆为“筒子窑”，枕头窑面阔三间，一门两窗，取一佛二菩萨之意，进深一间；筒子窑开间为 3m，进深 6m，双开门，窗靠门开，一间窑洞为一个居住单元。有些窑洞进深达 7.5m，中有夹墙，分前后两室，前室为客室，后室为橱室或卧室 [36]225。

（4）标识景观

老营堡的标识景观为城墙设施。老营所城由老营堡、北帮城、南帮城三部分组成。老营堡平面呈东西向长方形，墙体内为夯筑，外下砌条石，上包青砖，设东、南、西三座城门和瓮城，墙外俱设马面，四角设有角楼。现东、南、西三侧有护城壕，北侧被平万公路路基占用。老营堡东墙长 427m，基宽 8.9m，顶宽 3.8 ~ 8.5m，高 10.2m；南墙长 887m，基宽 8 ~ 16m，顶宽 3.1 ~ 5.4m，高 8.8 ~ 12m；西墙长 510m，残长 484m，基

❶（清）安颐纂：《晋政辑要》卷 37《工制・修缮三》，光绪十三年木刻本 .

宽 9.7m，顶宽 5m；北墙原长 934m，现长 926m，基宽 11.4m，顶宽 8 ~ 9.2m，高 7 ~ 9m。马面原有 12 座，现存 11 座，其中东墙 2 座，南墙 3 座，西墙 2 座，北墙 4 座[1]。老营堡的城墙高大坚实，基本保持完好，具有很高的历史价值、科学价值和艺术价值。

（5）节庆及活动

老营堡在当地一直沿袭两个大集，一个为农历的端午节，一个为农历六月十八。每年必定请来唱戏班为村民们演出，这两个大集十分热闹，吸引了附近乡镇的村民前来赶集，有看戏的，有做买卖的，也有从外地赶回老家跟家人团聚的。

5. 保护现状及存在的问题

老营堡的整体格局和整体风貌保存较好，但近几年由于建设发展的需要，老营堡东西向主街道被拓宽，失去了原有的街道尺度；由于东西向主街道西段的位置发生变化，导致西城墙形成豁口，且立有一座新牌坊形成西门入口，严重损坏了西城墙的整体风貌；由于移民新村的建设，老营堡的东部区域形成新的砖混民居建筑，和老营堡整体的历史及地域风貌不够协调统一。

6. 保护与利用的策略与方法

（1）在区域层面，充分发挥在明长城遗产廊道中的地位和作用，发挥中心城镇的职能，保护外围的整体空间格局。

老营堡的区域历史地位重要，曾设副总兵，是卫所级堡城。在现代的城镇体系结构中，是中心镇的地位。

从产业经济的角度讲，老营堡应充分发挥中心镇的职能，发展特色经济，推动地方经济的发展。从老营堡的镇域发展条件看，发展沟域经济是主导方向，产业发展方向可朝着生态农业、特色农副产业和长城文化旅游的方向发展。同时促进镇区的商业和服务业的发展，形成辐射镇域的经济中心。由于老营堡紧靠明长城，每年途经此处参观、考察、游览的科研人员和游客络绎不绝，老营堡作为中心镇，应进一步提升其服务功能，建设为偏关县东部的明长城探险、考察和旅游的服务基地。

从整体空间格局而言，老营堡北高南低，依托明长城、关河形成了两条绿色廊道横贯东西，近处的多个烽火台形成了堡寨的视觉焦点，整体上形成了“两廊一堡多点”的整体空间格局（图 5-30）。

[1] 偏关县文物局．第三次全国文物普查不可移动文物登记表——老营堡，2007.

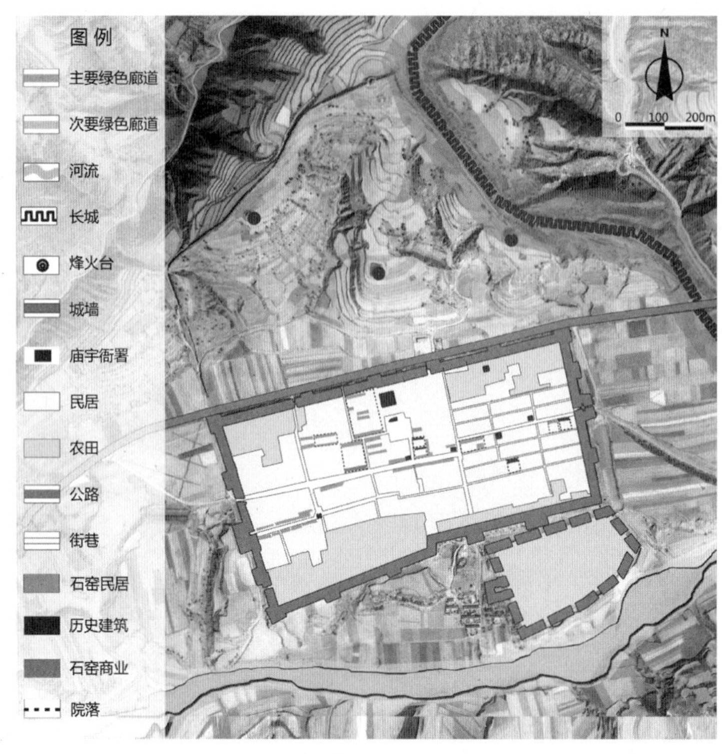

图5-30　老营堡整体格局图（自绘）

（2）在结构层面，强化“序结构”，保护街巷体系，强化里坊单元

老营堡是山西省明长城沿线军事堡寨“序结构”的典型代表，即外围的线性防御、内部的街巷构成、住户单元的封闭性构成了一个完整的体系。老营堡的城墙体系保存较完整，共有三个城门，和堡内的主要街道相连接。老营堡以街巷为界划分了十几个里坊，每个里坊的民居形成联排式的住宅，中间以院墙相隔，每个街巷内的居民亲密沟通，形成良好的交往氛围。规划在对民居建筑进行普遍整治的基础上，重点以里坊为单元，对建筑群域进行保护，整合空间结构，包括街巷出入口的强化及街名的标识。

（3）在要素层面，传承地域民居建筑形式

院落形式：老营堡在“四大街八小巷”的格局下，民居建筑整体上呈现出联排的形式，户与户之间以院墙相分割，整体上呈现出“敞院”的形式。但是老营堡也有一些传统的合院，如朱家大院，是老营堡典型的传统院落，共有三进，是前店后院的形式（图 5-31、图 5-32）。南面的一排建筑临老营堡的大街，是该院落的门店，主要经营生意；其他建筑为居住，北边的一排是主屋，为五开间，两侧各带耳房，是晋北典型的“纱帽翅”形式（图 5-33）。院落对于村民而言，承担了多样的功能：首先是防卫的功能；其次，院落承载着人们日常活动的多项功能，如节日庆祝、婚丧嫁娶、家务劳作、敬神拜祖等活动；再次院落是家庭种植和绿化的场所，根据调研，老营堡几乎家家户户种植蔬菜或果树，甚至种植花卉，时值夏日，一派生机盎然的景象。

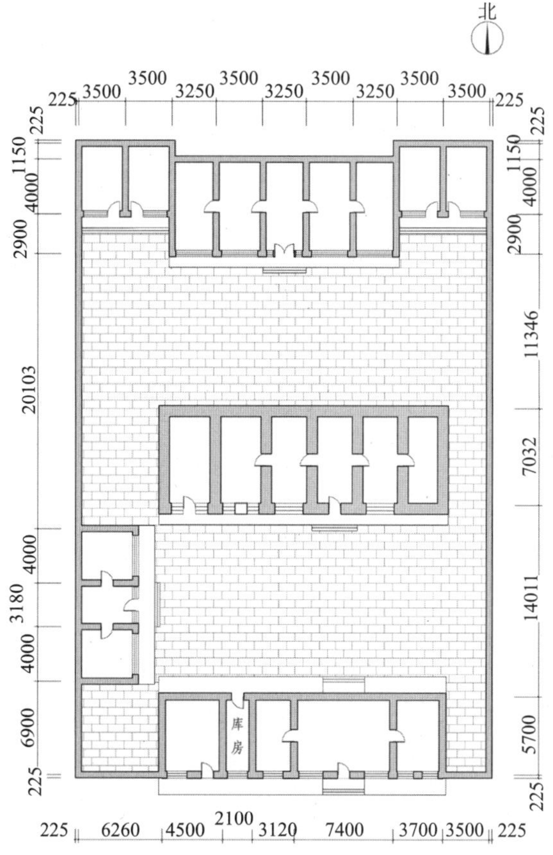

图5-31　老营堡朱家大院平面图（自绘）

图5-32　朱家大院的西墙

图5-33　朱家大院的主屋

建筑形式：老营堡的内在秩序和场所意义体现在具有地域性的“风土”上，其环境景观呈现出厚重朴实的美。老营堡的建筑大都将石块作为基本的建筑材料，从色彩上、质地上都与环境达到最大的协调。老营堡内的民居目前约 80% 是石窑建筑，因为老营周边群山环绕，基岩裸露，采石方便，因此建造房屋就地取材，采用青石锢窑非常方便，而且造价便宜。根据在当地的调查，三间锢窑的费用约 3 万元，而建造三间砖混平板房费用则增加一倍，可达到 6 ~ 7 万元。砖石锢窑的建造是先砌出房间的侧墙，上部以拱券的形式结顶，再将后部用砖石封堵，前面建造门窗、披檐、雨水口等，造型别致,风格独特(图 5-34)。石窑的结构体系是石拱承重,无须靠山依崖,便能自身独立，可以四面临空，所以在平川地带仍旧广泛使用。石拱顶部需掩土夯筑，厚度可达 1 米左右，故石窑和土窑一样具有冬暖夏凉的优点。据测量，窑洞在没有采暖措施的情况下，温度可以保持在 10 ~ 22℃之间，相对湿度为 30% ~ 75%，说明窑洞的隔热保温性能是非常显著的 [36]141。锢窑，俗称“四明头窑”，可以多间并列，所以布局灵活，布局方式多样，既可以形成敞院，也能形成合院，具有很强的适应性。石窑建筑是当地因材致用的住宅形式。

图5-34　老营堡的石窑民居

建筑细部：窑洞洞口的上部或女儿墙一般都会做镂空处理，凹凸有致的雕镂图案会产生丰富的光影变化，增添了建筑的层次感（图 5-35）。而这些建筑手法都源于民间艺术：皮影和剪纸。在色彩上，老营堡的建筑以灰色为主，在厚重的城墙的包围之下，映衬在黄土高原以及无边的绿色之中，显示出明代军事重镇厚重的历史氛围。但从室外门窗细部的装饰来看，门上贴鲜艳的对联，窗花鲜艳（图 5-36）；室内的装饰也呈现色彩斑斓的景象，炕围画颜色艳丽，剪纸贴饰精致鲜红，显示出普通老百姓质朴而单纯的审美情趣。

图5-35　老营堡石窑的檐口形式

图5-36　老营堡石窑的窗花和对联

室内空间：山西的大部分民居都使用火炕，火炕对于山西人已是一种生活方式。火炕与炉灶相连，做饭的同时便能够将火炕烧热，一举两得。但是，火炕会占据窑洞 1/3 的空间，这种生活方式使得窑洞的平面形制相对固定。

保护利用：窑洞是节能生态建筑，2009 年哥本哈根会议强烈提出通过节能减排来应对全球气候危机。而要达到低碳的目的，就需要从生活的方方面面入手，包括住宅。老营堡和老牛湾堡的石窑属于山西西北部特有的乡土建筑，取材石材，极好的利用了石材的天然性能，具有抗压防震、坚固耐用、防风、防水、隔音、冬暖夏凉等优点。而且石材的蓄热性能极佳，在冬、夏季窑洞内温度可以保持 10.5 ~ 28.0℃，冬暖夏凉，所以，石窑是当地人民和自然和谐相处的产物。

老营堡现存窑洞多破旧，而新建住宅往往为普遍流行的砖混建筑，在今后的发展建设中应积极采取现代技术对石窑建筑加以改造。在国外也有很多利用“生土”材料铸造民居的例子，比如美国西南地区有以土和草制作土坯砖的传统经验；新墨西哥的生土建筑历史可回溯到美索不达米亚，现在乡土民居发展了地下覆土建筑，既舒适又节能，土体结构民居在许多方面胜过工业化住宅。老营堡窑洞改造的方法包括：首先对古镇进行科学的整体规划，以使得古镇的整体格局得以保存；其次通过具体的建筑改造手段达到优化原有破旧窑洞的目的，包括改善道路系统，建设排水系统，住户的用水、排水统一化；室内墙面和顶棚的防水层尽量采用环保型简便轻质的材质以及推广太阳能集热器等。通过诸如此类的建筑改造手段，使老营堡珍贵的乡土建筑文化遗产得以保存。

5.2.5 无人居堡寨：生态图景模式

5.2.5.1 生态图景模式的含义

山西省明长城沿线的军事堡寨有的从功能的角度讲只是单纯的军事驻防，由于地势险峻、远离水源，在历史演化中成为无人居堡寨，往往只剩残垣断壁，孤立于荒原之中。这些堡寨虽然残破不堪，但往往和附近的地理环境及明长城浑然一体，依然承载着厚重的历史文化，记录了军事堡寨的兴衰。对于这种类型的堡寨，应该从明长城军事防御体系的整体性出发，将其视为军事堡寨文化遗产保护网络中的节点，同时无人居堡寨也是山西黄土高原地理环境上的一幅幅“图景”，在保护模式上应突出生态保育的理念和方法。

5.2.5.2 生态图景模式的理论基础

在世界遗产保护的历史发展过程中，欧洲国家的遗产保护理论与实践活动具有鲜明的代表性，并与现代遗产保护理论具有深厚的渊源关系，欧洲国家的许多经典理论及思想构成了现代遗产保护的基石。生态图景模式主要和以下的经典理论关联。

1. 英格兰的美学理论

18 世纪在英格兰盛行的一些美学理论与“风景如画”和“庄严、崇高”的概念有关，最初的想法来源于 17 世纪意大利那些描绘古典景观的绘画中，以后这种“画意”和有着神话关联、曲折的小径和古遗址废墟的英格兰景观园林的发展相联系，后来，画意风格（picturesqueness）被认定是古建筑的特质之一。在 18 世纪 60 年代和 70 年代，游览英格兰乡下的风景，并能够选择用水彩绘画或文字描述风景成为一种时尚，而且认为具有诗情画意的废墟在绘画中变得很重要，它参差不齐的形式，“因岁月的侵蚀而形成的斑驳色彩和苔藓凝结的痕迹”[144]，都加强了它的效果，这是较早时期对遗址废墟美学价值或画意价值的认可。

2. 约翰·拉斯金的保护理念

19 世纪中叶，针对当时欧洲盛行的“风格式修复”理论，英国著名的艺术理论家和艺术批评家约翰·拉斯金提出了尖锐的批评，他认为所谓"风格式修复"，是按照一定风格对历史建筑进行武断修复和重建。后来由约翰·拉斯金所领导的保护运动逐渐成为被人们所接受的保护历史建筑的现代方法，同时也成为文物古迹维护保养和保护性修缮方法的根源。

约翰·拉斯金认为历史痕迹是保护对象最具价值的特征之一，是保护对象的自身组成部分，如果失去了这些历史痕迹，保护对象就失去了其真实性中的重要元素而成为他物。当时英国提出的"画意风格"这个词常与荒废的建筑联系在一起，甚至被理解为"全面的衰败"，拉斯金则称之为"寄居的高尚气质"（parasitical sublimity）。对他而言，"画意风格"意味着美与崇高的结合，并可以通过艺术作品（如绘画）展现其特征。他认为历史建筑在岁月的洗礼下残破了，但是存在一种"高尚的画意风格"，是"岁月留下的如黄金般珍贵的印迹"，是时光在物品上留下的刻痕，正是这些痕迹使建筑独具特色。一座建筑要经历四五个世纪才能"处于最佳状态"，由此可见当初建造时建筑材料要经久耐用，才能经得起长时间的风雨的侵蚀。在他的著作《建筑的七盏明灯》的"记忆之灯"（Lamp of Memory）中，拉斯金关于历史建筑的思考达到了顶点，他特别指出这些建筑的民族重要性，并提示人们从中能够领悟到深刻的意义。他明确提出要保护历史建筑，因为历史建筑使人们能够产生联想和记忆，是那些逝去的时代遗留给后人的宝贵遗产。

对于如何保护历史建筑，拉斯金在《建筑的七盏明灯》的"记忆之灯"中写道："我愿意这样去做。要最大限度地保护这些建筑现有的一切，当保护也不再能使它们留存下来的时候，我宁可不采取任何措施，让它们自然地、一点一点地腐朽下去，也好过任何随意的修复"[79]。这段话几乎成为他的"商标"。但这并不代表拉斯金不主张对古建筑进行修缮，他建议应对古建筑进行日常维护，以避免出现"必需的修复"。以后在拉斯金保护思想基础上成立的英格兰古建筑保护协会（SPAB），提出古建筑保护的指导方针就是"保护性修缮"，以及"通过日常维护保养以延缓劣化"，这种保护方法在国际古建筑保护发展史上被称为"英格兰模式"。

3. 卡米洛·博伊托的保护观点

卡米洛·博伊托是19世纪末意大利保护运动令人瞩目的领袖，是在修复理论和反修复理论中找到平衡点的理论家之一。他认为可以将历史建筑如历史文献般进行分析，他试图在保护中做到在"哲学意义上"忠实于"文献"——不增删任何内容。博伊托确立了一些今天被广泛认同的原则，如原物和修复部分有明显的区别等，这样忠实于保护对象的修复成为可能。后来在此基础上发展起来的一些其他原则，如可逆性和最小干预原则对于减弱保护措施对保护对象的影响具有很大作用。

博伊托教授按照年代将建筑分为古物级、中世纪和自文艺复兴以来的现代建筑三类。每一类都有它的独特性，第一类建筑具有显著的考古学价值，第二类建筑具有画意风格的外观，第三类建筑具有建筑学之美。相应的，保护与修复的目标应该尊重每类建筑各自的特征，因此，这三类建筑保护的目标分别是："考古学修复"（archaeological restoration）、"画意风格式修复"（pictorial restoration）和"建筑学修复"（architectural restoration）[145]。古物级遗址在考古发掘时要非常谨慎，要记录所有碎片的相对位置，并做详细的发掘日志。考古学修复的目标是要尽可能保存原物留存的信息，任何必要的支护和加固必须与古物有明显的区别；中世纪建筑往往都需要进行修缮和加固，在某些情况下对原始构件进行替换往往是"最无损害"的办法，并保持其画意风格的外表，这种修复只是维护和加固，不主张改变其原有的风貌。对于自文艺复兴以来的现代建筑，博伊托认为在确实具备详尽文献资料的前提下，风格上的修复都是可以的，但是那些具有重要考古和历史价值的原始构件是不能替换的。在这三类保护方法中，第二类保护方法融合了"英格兰模式"的特点，对无人居堡寨的保护具有一定借鉴意义，即保护具有画意风格的无人居堡寨的城池原貌，仅对其进行必要的修缮和加固。

4. 哈特维希·施密特的遗址分类及保护目标

20世纪90年代著名的保护专家哈特维希·施密特将遗址分为以下几种类型：感悟性遗址（intellectual ruins）、自然型遗址（natural ruins）和目标性遗址（objective ruins）。第一类"感悟性遗址"，保护目标依赖访问者对遗址重要性和其历史的领会理解能力，并采取最小的必要干预使遗址可以被理解，展示现存遗址残片可以借助现代结构，不主张复原遗址；第二类"自然型遗址"指的是将废墟状的古迹特征用作英格兰式景观花园的组成元素，其保护的目标是在如画的环境中设计建造出外表可信的"遗址"。保护方法可以通过支托原始残片，并使之与现代构架相协调及重新整合来实现；第三类"目标性遗址"的保护建立在对科研和重建目标的信任基础上，它常常导致在部分重建的遗址景观中进行新的空间重组，倾向于改变遗址本身的废墟形象，而使其成为反映当代艺术审美观的新建筑。

山西省明长城沿线无人居堡寨就像残损的长城边墙一样，淹没在崇山峻岭、高山峡谷或绵延丘陵之中，在特征上应该属于第二类“自然型遗址”的范畴中。不过上述几种类型是立足于以石材为主的欧洲遗址特征，而山西省明长城沿线的无人居堡寨的残墙大部分是土质工程，城墙外围的砖石已经被人为移走，土墙更容易遭到损坏。针对无人居堡寨，最好是不要干扰，让它们静静地待在原地，就像荒野中的“图景”一般。保护目标在于周边生态环境的保护和治理，对遗址本身仅限于最小的必要干预。

5.2.5.3 无人居堡寨的价值分析

作为军事堡寨的一种类型，无人居堡寨承载了山西省明长城沿线人居环境的发展与变化，和风景区依附型堡寨、居住生活型堡寨相比，不仅具有共同的历史价值、文化价值，而且具有鲜明的生态价值和岁月价值。

1. 历史价值

无人居堡寨是军事堡寨的一种独特的演化类型，是明长城军事防御体系中不可分割的组成部分。一方面无人居堡寨外围的军事防御格局鲜明，地理环境和堡寨浑然一体，而且有的无人居堡寨和近处的长城边墙是一种犄角之势以加强防御，呈现出堡寨和明长城密不可分的互补关系；另一方面由于无人居堡寨位置偏远，人为破坏相对较少，有些堡寨的城墙保存较为完整，而且留存下来的堡寨城池规模、形态各异，这些遗址本身蕴含了丰富的历史文化信息，为研究明代堡寨城池的形制提供了实物佐证，同时也为研究明代军事堡寨的兴衰提供了样本。

2. 生态价值

从气候特征看，山西省明长城沿线军事堡寨位于暖温带和中温带的交界地带，沿线是半湿润区与半干旱区；从地理环境看，山西省明长城沿线军事堡寨地处黄土高原地区，同时也是北方农耕区和游牧区的交织地区。无人居堡寨作为明代驻军聚落的演化形式，反映了当地生态环境和人类活动之间的变迁关系：当生态环境不适宜人类的生产和生活时，一些军事堡寨在失去防御功能之后最终只能荒废，成为空堡留存在荒野之中。山西省明长城沿线的区域是生态脆弱地带，地形破碎、沟壑纵横、水源匮乏，应禁止或减少人类活动的干扰。从这个意义上讲，无人居堡寨是山西省明长城沿线脆弱生态环境的直接写照，具有标识当地生态环境脆弱性的功能，称之为生态价值。在此基础上，提出山西省明长城沿线军事堡寨的保护，尤其是无人居堡寨的保护应该和生态环境紧密结合起来，并实现遗产保护和生态环境保护相协调的目标。

3. 岁月价值

在里格尔的价值体系中，开创性地提出了古迹的“岁月价值”，并指出古迹的岁月价值是随着时间的进程不断积淀的价值，体现于古迹从最初状态到不完整状态和每天的磨损。无人居堡寨的岁月价值体现在遗址的“残缺之美”和“意境之美”上。

林徽因把这种美称之为“建筑意”，“无论哪一个巍峨的古城楼，或一角倾颓的殿基的灵魂里，无形中都在诉说，乃至于歌唱，时间上漫不可信的变迁；由温雅的儿女佳话，到流血成渠的杀戮。他们所说的‘意’的确是‘诗’与‘画’的。但是建筑师要郑重地声明，那里面还有超出这‘诗’、‘画’之外的‘意’存在”[104]70。无人居堡寨矗立在荒野中，或位于高山之巅，或位于丘陵地带，和周围的沟壑山川往往融合在一起，带给人极强的“残缺之美”和“意境之美”，无数的摄影作品和绘画作品说明了这一点。残缺的、荒凉的堡寨已经融入周围的大地景观中，其显示的岁月价值和景观价值是无人居堡寨中所有价值中重要的内容。

4. 文化价值

一是具有宣传教育功能，长城是进行爱国主义教育的良好课堂，是精神文明建设的重要基地。无人居堡寨是明长城防御体系不可分割的组成部分，在战争年代承载防卫的军事功能，通过了解堡寨的防御格局、历史演化以及人文事迹等内容让人们更加深入地了解长城防御对于国家和民族的意义，了解戍边将士当年生产与生活的场景，并更加珍惜今天和平环境的来之不易；另一方面通过了解堡寨的演化过程，明晰生态环境是堡寨生存和发展的基础，生态环境也是人居环境建设的根本。

二是具有文化传承的功能，无人居堡寨和明长城以及周边的自然环境共同形成了统一的整体，它的残损如同长城本体的残损一样，体现了当年金戈铁马的年代以及岁月的痕迹。堡寨的城墙遗存是晋北普遍存在的景观，是当地主流的军事文化的载体，体现了当地传统文化特色。

5.2.5.4 无人居堡寨保存现状及存在的问题

1. 无人居堡寨所处区域是明长城沿线的生态脆弱地带，水土流失和风沙灾害对无人居堡寨的侵蚀作用较强。

2. 无人居堡寨往往位于地形险要之处、交通不便、可耕地少，附近村民致富有困难，只有靠山吃山，甚至有目的地拆城砖，将城墙基石变为房基，或将城砖垒羊圈、院墙，甚至从事倒卖城砖及关楼匾额等非法活动。

3. 由于无人居堡寨距中心城市较远，观赏性又较差，因此开发为博物馆或遗址公园的可能性不大。

4. 无人居堡寨地处农村，保护和利用方面的资金投入相当有限，从地方政府到周边村民普遍缺乏保护意识。

5.2.5.5 无人居堡寨的生态图景模式分析

20 世纪下半叶对遗产的破坏比历史上任何时候都要巨大，部分原因是严重的自然和环境灾害造成的。这使得 21 世纪以来，保护文化遗产已成为人们对自然和环境的关注，2005 年国际古迹遗址理事会通过的文化遗产保护宪章《西安宣言》突出表达了保护遗址环境的思想。

在山西省明长城沿线脆弱的生态条件之下，在黄土高原生态环境治理的背景下，针对广泛分布的无人居堡寨，生态图景模式是将堡寨遗址作为山西黄土高原生态环境背景下的具有画意风格的“图景”，将生态环境和堡寨遗址作为一个整体进行保护。在保护方式上，采用“纯粹保护”的方法实现对遗址的保护，“纯粹保护”是指“最大化”和“最小化”保护原则，即对生态环境实行“最大化”保护原则，“最大化”是指最大限度地改善遗址所在区域的生态环境，通过区域小流域治理以及绿色廊道的建设实现生态环境对遗址的保育功能；对无人居堡寨遗址实行“最小化”保护原则，是指实行最低限度的修缮原则，只是维护和加固，不主张改变其原有的风貌。

1. 以保护生态环境实现对遗址本体的日常维护和保育

山西省明长城沿线的无人居堡寨由于大部分位于崇山峻岭以及荒原之中，在区域整体生态环境脆弱的背景下，应对无人居堡寨和其周边的遗址环境实施整体保护。无人居堡寨的周边往往是苍茫的山势、辽阔的原野或一望无际的农田，这些都是无人居堡寨极好的环境衬托。应该保持这些历史上形成的自然环境和景色，制止诸如开山取石、砍伐植被等人为破坏环境的行为。正如王瑞珠先生所说：“环境，和建筑一样，是一种空间艺术。生动的文学描述、逼真的摄影记录、甚至是音像俱全的影片和电视，都无法代替现实环境的真实感受”。“一个保护得很好的自然环境，可以使古迹的传统景色魅力经久不衰”[146]。

无人居堡寨的生态环境改善应该紧密结合国家的“三北防护林工程”以及山西的“主体功能区规划”，将无人居堡寨这一个个的“节点”融入以明长城、河流水系、驿道系统和烽传系统为主体形成的绿色廊道之中，最终实现无人居堡寨整体生态环境的改善。无人居堡寨位于地势险要之处，远离一般的村镇，日常维护和管理是不现实的，只有通过生态环境保护这种间接的方式，才能实现对无人居堡寨的日常维护和保育。

2. 遗址本体保护凸显“图景之美”

山西省明长城沿线的无人居堡寨多数只剩余残损的城墙，就像今日的楼兰古城，一篇报刊文章这样描述：“楼兰的美是一种残缺的美，如同圆明园残存的大水法。走进大漠黄沙，走进楼兰古城，我们所需要的绝不是繁华与喧闹，而是聆听与触摸”[147]。也如同16世纪德国的海德尔堡城堡（Heidelberg Castle），这座城堡于17世纪末遭到法国军队的破坏，1891年由德语国家代表组成的委员会拟定保护措施，委员会最终决定拒绝对任何缺失的部分进行重建，仅允许采取适当的措施保护现有的遗存。在无人居堡寨遗址本体的保护中，应体现遗址修缮的“最低限度原则”，尽量保存遗址本体的“原汁原味”，突出表现其历史价值和岁月价值，在无尽的山野中尽显孤独而苍凉的“图景之美”（图5-37）。

图5-37　右玉县的旧云石堡[120]271

最低限度原则是国际遗址保护的首要原则，是指尽可能地采取最低限度的维护措施，以制止由于自然或人为造成对遗址的破坏过程。该原则要求遗址的保护能以维护原状的方式解决的，绝不进行维修；能以维修方式解决的，绝不修复；能以修复方式解决的，绝不重建；能以物理方式处理的，绝不用化学方式等等。这些思想对遗址的保护起着指导性作用[148]。

5.2.5.6　实例分析——以山西省偏关县无人居堡寨为例

1. 偏关县地理位置

偏关县位于山西省西北部，为黄河从内蒙古入晋南流的交汇处。北靠长城与内蒙古清水河县接壤，西临黄河与内蒙古准格尔旗隔河相望，南与山西省河曲、五寨两县相连，东与神池、平鲁两县毗邻。县境东西长 60km，南北宽 58km，全县总面积为 1685.4km^2（图 5-38）。

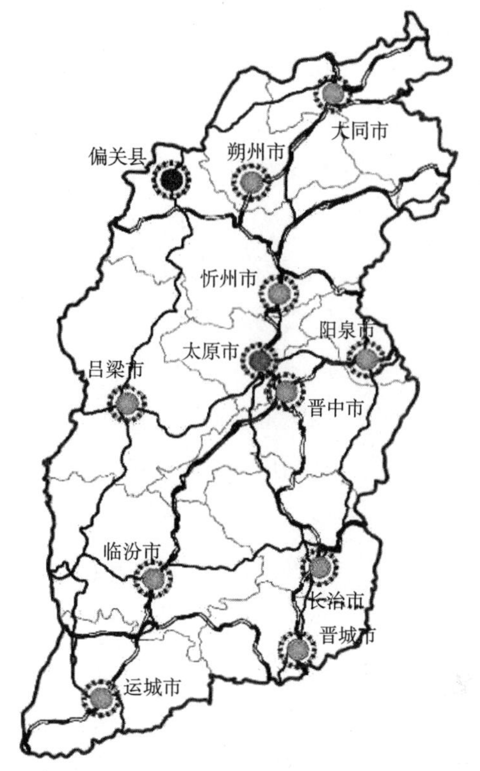

图5-38　偏关县在山西省位置图

2. 偏关县历史沿革

偏关地处黄河中游，历史悠久。远在新石器时代，偏关县就有人类活动的遗址，可以从吴城、黄龙池、梨园三处文化遗址得到证实。夏禹时期，偏关为冀州之地，春秋战国时期为林胡族聚居之地，赵武灵王破林胡、灭娄烦、取其地置儋林郡。秦汉属雁门，隋属马邑，唐置唐隆镇。迄于五代，刘崇在晋阳称帝，首次于偏头（以后称偏关）立寨，据险设关，扼控西北。到北宋，偏头正是扼拒契丹辽的边防前哨。元朝大德三年（1299），升寨为偏头关。从此，偏头关、雁门关、宁武关合称外三关。偏头关为晋之屏藩、三关首镇。

偏关县明朝时无行政建制，隶属太原府，洪武二年（1369 年），设太原五卫，镇西卫置偏头关，隶属山西都司。二十三年（1390 年），改筑关城，特置守备，专饬守关。宣德四年（1429 年），更置总兵官，偏头关成为"九边"中山西镇的镇城所在地，设兵万余，增饷数万，辖营堡二十九个。成化十一年（1475 年），置偏头关守御千户所，经理地方屯粮、差徭。嘉靖二十一年（1542 年），因阳方口疏防，总兵移驻宁武，偏头关更置参将。由此可见，偏头关作为山西镇镇城历时一百余年，军事防御地位非常鲜明。雍正三年（1725 年），升宁武为府，偏关始设县，与神池、五寨皆隶宁武府。

3. 山西省偏关县无人居堡寨的分布状况

明外长城和内长城在偏关县交汇，相交处在偏关县柏杨岭东一里的山上，从此处分为向南、向西两路。向南为内长城，经史家圪台、边墙上村、老营堡、辛庄子、地椒峁，过海拔 1853m 的青杨岭山东转为东南方向，再过海拔 1819m 的堡角山，由南场村向南四华里处，经偏关入神池县境，这段长城长约 43km。明外长城由清水河县与偏关县交界处，向西过柏杨岭山、水泉堡、滑石涧堡，抵黄河岸的老牛湾堡，长度约为 565km。长城到了老牛湾堡，虽抵黄河岸，然并未跨黄河西去，而是顺黄河南下，经万家寨、关河口，至寺沟村南二华里出偏关县，入河曲县平头村界，这段长城长约 37.5km。总之，偏关县境内所辖明长城长约 137km。

目前偏关县境内共包括军事堡寨 23 座，其中无人居堡寨共 9 个，包括：教儿墕堡、柏杨岭堡、万家寨堡、滑石涧堡、上纸房堡、小元峁堡、小寨堡、寺沟堡、五眼井堡（图 5-39）。偏关县无人居堡寨的景观特征表现为：距离明长城较近；位于地势险要的山地或丘陵之中；城池规整，规模较小；城墙保存程度一般或较差（表 5-10）。

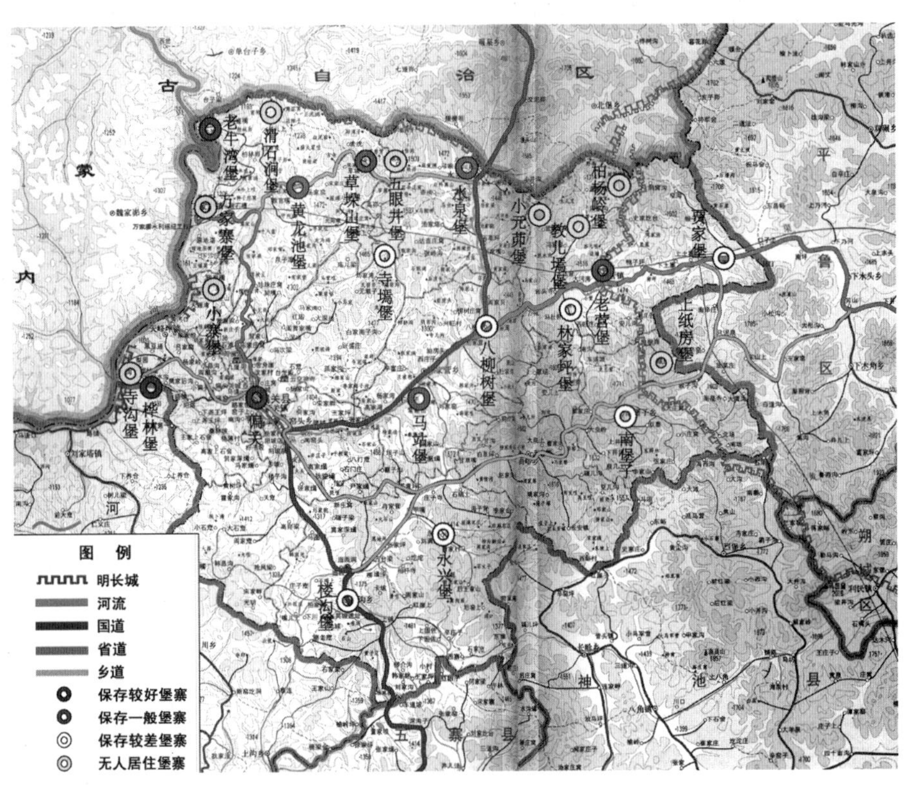

图5-39　偏关县军事堡寨保存现状图

（图片来源：自绘）

山西省偏关县无人居堡寨的特征总结

（资料来源：根据各堡寨的三普资料汇总形成）　　表 5-10

堡寨名称	和长城的位置关系；地理环境	形状及规模	城墙保护程度
教儿墕堡	距离长城较近；位于教儿墕北山腰上，堡东西为沟谷，南北坡地，堡东侧有乡村道路由南向北通过，堡南、西、北三侧均为耕地	平面呈方形，坐北朝南，东西长度为102m，南北长度为97.1m	整体保存一般，堡西侧墙体有不同程度的坍塌，有土层剥落现象；南北两墙破坏严重，墙体多处出现豁口；西墙中部现有17m长豁口；瓮城保存较差，墙体断续残存
柏杨林堡	紧邻长城；古为林地，柏、杨为主，故名柏杨岭。因主峰内有内、外长城交汇成丫角状，又名丫角山	平面呈方形 四面城墙均长为50m	整体保存较好，轮廓较为清晰。堡墙外包砖石大部分被拆毁，夯土墙坍塌剥蚀较重
万家寨堡	临近长城；位于万家寨村西南500m处一山涧孤岩之上，依山岩而建	平面呈方形，规模较小	整体保存一般，内外堡墙部分残损，堡内房址仅存残基，内外堡门现保存基本完整
滑石涧堡	临近长城；位于外长城南侧约400m处的山丘上，为蒙古高原的南缘，周边地势起伏不平	平面呈方形 四面城墙均长为140m	整体保存较好，四面城墙大部分完好。堡墙外包砖石大部分被拆毁，夯土外露，多处坍塌
上纸房堡	临近长城；地处管涔山西北余脉，上子房村西北山脊半坡处，东、西两侧临河，北、南为坡地	平面呈东西向长方形，规模较小	整体保存较好，墙体大部分完好，角楼、马面可辨，城门已毁，但可辨位置，堡墙原为夯筑，外表剥蚀严重，东墙北段约30m因雨水冲刷坍塌
小元峁堡	堡址北1000m处为外长城；处在南高北低较平坦的梁上	平面呈长方形 规模较小	整体保存较好，布局基本完整，现存墙体409m，残高1.6～3.2m，西墙坍塌严重，东墙北段损毁
小寨堡	距离长城较近；位于小寨村西北900m处孤岩之上，西望黄河河谷及小寨北沟，海拔1097m，地势险要，周围均为沟谷	呈不规则梯形 规模较小	整体保存较差，堡门券顶塌陷，堡墙大部分已毁，仅存残基
寺沟堡	紧邻长城；位于寺沟村东北460m处山顶，西眺黄河，东距桦林堡600m，海拔1046m，山体基岩为石灰岩质	平面呈东西向长方形，堡东西长度为135m，南北长度为120m	整体保存差，东墙仅存残长11m，大部分已毁。南墙仅存基部，残长90m，南侧剩50m，北侧仅存19m，北墙断为东西两段，东段残长47m，西段残长70m
五眼井堡	距离长城较近；建于五眼井村北500m，四周为耕地，属山区丘陵地貌	平面近似方形，东西长度为97.7m，南北长度为103m	整体保存一般，格局完整，轮廓清晰。四面墙体均有坍塌、剥蚀现象，间有较大豁口，但墙体连续

4. 偏关县无人居堡寨的保护方法

（1）形成良好的生态背景

在区域上充分考虑无人居堡寨所处的黄土高原自然环境状况，着力改善偏关县明长城沿线整体的生态环境。山西省偏关县明长城沿线地形丘陵起伏、沟壑纵横、坡陡沟深、坡面短而陡峭，沟壑密度甚大，每平方公里沟长可达4 ~ 5km，是水土流失极强烈地区，侵蚀模数每平方公里8000 ~ 12000吨。总之这一区域地形支离破碎、坡度大、保土能力差、植被稀疏、抗蚀力弱。主要治理措施包括：针对黄土丘陵沟壑区，应该大力营造水土保持林，实行封山育林、退耕还林、农林牧综合发展；25度以上的陡坡耕地退耕还林还草，宽沟筑淤堤坝，在较宽的河道淤滩造地，建设高标准稳产、高产田；在水土流失严重的区域实行生物措施和工程措施相结合，治坡和治沟相结合，以小流域为单元进行综合、连续治理。通过一系列的生态保育措施，将无人居堡寨这一幅幅令人深思和感悟的图景融入黄土高原广阔的地理环境中。

无人居堡寨是山西省明长城不可分割的组成部分，单个堡寨的保护应该纳入明长城遗产廊道进行整体保护。遗产廊道不仅保护明长城边墙线形遗址，而且通过适当的生态恢复措施使区域内的生态环境得到恢复和保护，使得一些分散孤立的堡寨遗址融入可持续的明长城整体遗产环境中，最终实现遗产保护与生态环境保护的协调统一。

偏关县的无人居堡寨散布在明长城沿线，一些堡寨分布在明长城的附近，可以纳入明长城的保护区和缓冲区，可以通过建设明长城绿色廊道得到保护（表5-11）。对于一些分布于明长城缓冲区以外的无人居堡寨，应通过构建次级绿色廊道建立堡寨与明长城的自然或历史联络途径。一种途径是通过构建河流绿色廊道建立无人居堡寨与明长城之间的自然生态联系；另一种是通过驿传或烽传系统建设绿色廊道，建立无人居堡寨与明长城之间的历史联系。通过这两种途径将无人居堡寨最终纳入明长城遗产廊道的保护体系中，实现对无人居堡寨的区域保护。

山西省偏关县无人居堡寨的保护方法（资料来源：自己绘制） **表5-11**

堡寨名称	和长城的距离	保护方法
教儿墕堡	约3750m	可以纳入次级绿色廊道
柏杨林堡	紧邻长城	可以纳入明长城的保护区
万家寨堡	约500m	可以纳入明长城的保护区
滑石涧堡	约400m	可以纳入明长城的保护区
上纸房堡	约2500m	可以纳入明长城的缓冲区
小元峁堡	约1000m	可以纳入明长城的缓冲区
小寨堡	约2000m	可以纳入明长城的缓冲区
寺沟堡	约500m	可以纳入明长城的保护区
五眼井堡	约2500m	可以纳入明长城的缓冲区

（2）保护无人居堡寨的图景形式

山西省明长城沿线的无人居堡寨和险峻的地理环境紧密结合，依据所处的地形环境，可以进一步将无人居堡寨的“图景”形容为高岗遗址、丘陵遗址、岩石遗址等类型（图 5-40）。就如同南美洲秘鲁位于陡峭的、荒无人烟山脊的马丘比丘遗址，马丘比丘遗址也是军事要塞，遗址废墟与高原风光相得益彰，代表了神秘的印加文化。无人居堡寨类似于这种位于崇山峻岭中但文化价值很高的遗址，要坚持全面保护遗址的历史特征和历经沧桑之后遗址所呈现出的面貌和环境。具体的保护方法如下：

图5-40　偏关县的上纸房堡

1）划定保护区

在无人居堡寨的“生态图景模式”之下，自然环境和堡寨是山西省明长城沿线一幅幅生动的“图景”。无人居堡寨的保护范围应考虑“图景之美”，按考古勘探确定的城墙墙体外沿为基线，四面向外各扩 200 ~ 600 米的范围，这个范围契合了军事堡寨绿色廊道的基本宽度。建设控制地带和环境协调区的划定依据周边的地形、与明长城的关系以及环境和景观的需要合理划定。

保护范围的保护要求如下：一是明确土地使用性质为“文物古迹用地”，在本范围内不得建设任何与遗址保护工作无关的建构筑物；二是保护范围内不得进行任何有损遗址本体的活动，对遗址本体的保护措施应遵循文物古迹保护规定和法规进行，不得破坏遗存现状或对遗存构成威胁，不能进行与保护无关的任何建设工程。如需对文物本体实施保护工程，应遵循原设计、原材料、原工艺的原则，必须按照法定程序办理报批审定手续；三是严格保持保护范围内山河水系的现状特征，不得进行任何破坏原地形地貌、损毁植被的行为，保持遗址的历史环境风貌；四是不得进行任何与保护无关的钻探、发掘、矿业生产等活动；四是无人居堡寨的保护范围划定后，应在保护界限处设置保护标志进行保护，避免附近村民将耕地扩展至保护范围内或其他的人为破坏行为。

建设控制地带内不得建设任何对堡寨本体和环境造成破坏和污染的项目和设施；不得进行任何有损堡寨整体环境和历史景观风貌的建设活动；在建设控制地带内修建新建筑或构筑物时，其形式、高度、体量、色彩等应与无人居堡寨的气氛相协调。

环境协调区不得进行任何破坏原地形地貌的行为；加强军事堡寨的绿色廊道建设，形成良好的自然生态屏障，实现无人居堡寨自然生态环境的可持续性；区内不应建设对环境生态有污染的，需要改变自然地形地貌的体量规模过大的项目。

2）采取加固措施

现状加固是在保持遗址安全的前提下，采用一定的现代工程技术手段对濒临倒塌和面临被水侵蚀威胁的遗址进行加固、稳定、支撑、防护的保护技术措施。是针对土遗址边坡失稳以及风蚀、雨蚀等主要破坏因素而制定的保护措施。

在实施加固措施时应尽量不改变遗址的外观面貌，要隐藏现代技术干预的痕迹，尽量不要破坏无人居堡寨遗址的画意风格。还有加固措施中添加的现代构件、现代材料自身的形式、色彩要谨慎设计和应用，不能太突出、显眼。

加固措施分本体抢救性加固、一般性加固和载体加固、应部分危险和隐患严重的遗存重点部位加固。加固措施主要有裂隙加固、基部加固、表面加固等。加固技术要针对具体的破坏特点和发生部位，应分别研制科学、适度的实施方案。通常包括化学加固（化学加固剂）和物理加固（采用砂土覆盖、鹅卵石加固、重点部位防护支撑等）的方法，防止遗址坍塌和遗址被水侵蚀[149]。如北京近年来最大规模的长城修缮工程——怀柔河防口段长城修缮工程也主要以现状保护加固为主，修缮后供游人远观和眺望（图5-41）。

图5-41　北京怀柔河防口段长城[149]

5.3　小结

由于军事堡寨所处区域面临生态环境脆弱、文化遗产分布“孤岛化”和“边缘化”、经济发展滞后等现实矛盾与问题，本研究采用“区域——廊道——节点”的基本模式，将山西省明长城沿线呈线型分布的军事堡寨，以及沿线紧密相关的自然和历史文化资源串联起来，实现地区遗产保护与生态环境保护、休闲与教育、社会经济发展相协调的综合目标。

“区域——廊道——节点”的区域保护与利用基本模式是由“生态经济区、绿色廊道、游步道、展示功能区”四要素共同作用而构成的。核心内容包括：一是通过建立明长城生态经济区，构筑军事堡寨的生态经济体系；二是通过构建绿色廊道网络，形成军事堡寨的绿色保护体系。绿色廊道包括长城绿色廊道、河流绿色廊道、驿路绿色廊道和烽线绿色廊道；三是通过规划游步道系统，完善交通体系。游步道的选线要考虑自然和文化两个方面，军事堡寨的游步道可以依托明长城游步道和历史文化古道；四是通过划分展示功能区，推动展示和利用设施建设。

在聚落层面上，风景区依附型堡寨采用活化观光模式，活化机制体现在以下四个方面：在产业方面，通过提取“文化基因”，刺激文化产业的发展；在推动力方面，依托多样化的人群结构，推动经济和社会发展；在管理方面，提倡政府、社区和经济主体三者共同经营；在建筑功能上，通过置换功能，重塑建筑的适用功能。居住生活型堡寨采用有机更新模式，有机更新机制体现在以下三个方面：分析在明长城遗产廊道的地位和价值，提升其功能与定位；保护典型的空间特征，突出“序结构”形式，彰显军事文化特色；在尊重传统地域文化的前提下，改善居住环境，提高人们的生活质量。无人居堡寨采用生态图景模式，即将堡寨遗址作为山西黄土高原生态环境背景下的具有画意风格的“图景”，将生态环境和堡寨遗址作为一个整体进行保护。在保护方式上采用“纯粹保护”的方法实现对遗址的保护，即对生态环境实行“最大化”保护原则，通过区域小流域治理以及绿色廊道的建设实现生态环境对遗址的保育功能；对无人居堡寨遗址实行“最小化”保护原则，只是维护和加固，不主张改变其原有的风貌。

第 6 章
总结与展望

6.1 研究总结

明长城防御体系已不是单一的一条长城的城墙防线，而是由长城、内外沿线的镇城、路城、卫城、所城、堡城、关堡、墩台等构成不同级别、不同用途、互相有机配合，具有一定纵深的严密、完整和连续的长城防御体系。长城是世界文化遗产，通常受保护的对象是长城的边墙，军事堡寨虽然是明长城防御体系中不可分割的组成部分，但是绝大多数的军事堡寨尚未进入国家乃至省级的保护名录中。目前明长城沿线军事堡寨的历史文化信息遭受了严重的破坏，其真实性、完整性和延续性面临严重的挑战。在此背景下，对山西省明长城沿线军事堡寨的保护与利用进行研究，不仅有利于明长城的整体保护，抢救正在衰败甚至消失的明长城沿线堡寨聚落文化，而且有利于解决军事堡寨在现代社会发展中所面临的主要问题和矛盾，建立其保护与利用的策略方法和应用模式，为本地区军事堡寨所处村镇的保护与再生提供方法与途径。本书的主要研究结论如下：

1. 从自然地理和历史地理的角度，分析山西省明长城沿线军事堡寨与明长城的历史空间关系以及军事堡寨的历史空间分布特征，明确军事堡寨的历史格局和历史地位。

明长城沿线军事堡寨是明长城防御体系的重要组成部分，二者是唇齿相依的整体关系。依据和明长城之间的历史空间关系，山西省明长城沿线军事堡寨通常表现为三种类型：和明长城防御工事紧密结合的关隘型堡寨；毗邻黄河、明长城共同进行防御的堡寨；和明长城有一定距离的堡寨。山西省明长城沿线军事堡寨在空间分布上地理环境特征鲜明，军事卫所选址具有双重地理特征：一方面要满足军事防御的要求；另一方面选址也必须符合农业经济的需要，因此往往选择用地条件较好的河谷地区。明长城沿线军事堡寨的具体选址往往是以“据险”和“扼要”为指导原则，有的居高临下，扼守山谷；有的位于“河流川地，交通要道”。

2. 剖析山西省明长城沿线军事堡寨的演化过程及其演化中的影响因素，明确军事堡寨的演化类型，厘清军事堡寨的历史脉络，为今后保护策略的制定提供研究基础。

山西省明长城沿线军事堡寨在明——清——近代的发展过程中，军事堡寨的功能发生了较大的变化，军事功能渐渐弱化，代之而起的是行政和商贸功能。近代以后由于交通地位的变化以及矿产资源的开发，一些军事堡寨的功能又发生变化并因此兴衰。山西省明长城沿线军事堡寨演化的影响因素是多方面的，主要包括自然生态因素、政治因素、经济因素、社会和文化因素，总体上讲国家政治及军事政策的转变对军事堡寨的演化产生了本质上的影响和变化。总之，山西省明长城沿线军事堡寨的演化类型表现在以下四个方面：随着明末卫所制的瓦解，这些军事聚落逐渐演变为地区的行政中心、乡镇中心或村落；山西外长城沿线许多关隘型堡寨在清代失去防御功能之后，由于汉族和蒙古族之间的贸易需求，这些关隘型的堡寨发展成为重要的贸易关口，而位于内长城沿线交通要道处的堡寨往往也发展成为商贸型城镇；另外出于防卫形势的变化，一些单纯的军事功能的堡寨被裁撤；还有一些军事堡寨由于水源和用地条件等的限制，失去生存条件逐渐演化为无人居堡寨。

3. 借鉴文化景观的理念，提出山西省明长城沿线军事堡寨的景观要素由固定特征因素、半固定特征因素和非固定特征因素三种形式构成，并以此为依据，对山西省明长城沿线军事堡寨的价值构成进行评定。

明长城沿线的军事堡寨作为一种聚落形式，通过有形和无形景观的层面向人们传递着景观中包含的信息，景观感受的过程也是对聚落内涵的理解和审美的过程。本书将山西省明长城沿线军事堡寨的景观分为固定特征因素、半固定特征因素和非固定特征因素三种形式。其中固定特征因素包括：自然环境要素、城墙、道路和场地、建筑群和场地（官署衙门和营房、民居）、标识景观；半固定特征因素中，最具特色的是室内的火炕；非固定特征因素包括了人们的文化娱乐、日常交往或集市贸易等。这三种要素相互联系、相互作用，共同构成富有历史和生活气息的堡寨聚落。以此为依据，对山西省明长城沿线军事堡寨的历史价值、科学价值、艺术价值、文化价值和社会价值进行评定。并基于价值构成提出山西省明长城沿线军事堡寨的保护原则：一是强调真实性原则，突出体现军事堡寨的历史价值和岁月价值；二是慎重对待“复原”与“重建”手法,处理好“岁月价值”和“新物价值”之间的关系；三是弘扬文化价值，充分挖掘军事堡寨的社会价值。

4. 在遗产廊道的理念下，从区域、聚落、要素三个层面提出山西省明长城沿线军事堡寨保护与利用的策略。

遗产廊道不仅能够高效地保护历史文化资源和线性遗产，而且具有休闲旅游、生态保护和促进地方经济发展等多种功能，为区域发展和遗产保护提供了崭新的视角、战略和途径。在遗产廊道理念的指导下从区域、聚落、要素三个层面提出军事堡寨保护与利用的策略。在区域层面上，重点协调遗产保护和生态保护、经济社会发展之间的关系；协调军事堡寨和明长城以及其他军事要素的保护关系；建立明长城遗产廊道地区间的协作机制；推进军事堡寨整体的文化遗产保护工作。在聚落层面上主要研究军事堡寨外围的整体空间格局，将其融入明长城遗产廊道中；突出军事堡寨的“序结构”，实现对军事堡寨空间结构的保护。在要素层面上，基于价值评定具体阐述了城墙和传统民居的保护策略与方法。

5. 在策略与方法指导下，从区域和聚落两个层面提出山西省明长城沿线军事堡寨的保护与利用模式，并以典型实例进一步阐释军事堡寨的应用模式。

在区域层面，采用“区域——廊道——节点”的区域保护与利用基本模式，将山西省明长城沿线呈线型分布的军事堡寨，以及沿线紧密相关的自然和历史文化资源串联起来。该模式是由“生态经济区、绿色廊道、游步道、展示功能区”四要素共同作用而构成的。核心内容包括：一是通过建设明长城生态经济区，构筑军事堡寨的生态经济体系；二是通过构建绿色廊道网络，形成军事堡寨的绿色保护体系；三是通过规划游步道系统完善军事堡寨的交通体系；四是通过划分展示功能区，推动军事堡寨的展示和利用设施建设。

在聚落层面，风景区依附型堡寨采用活化观光模式，活化机制体现在以下四个方面：在产业方面，通过提取“文化基因”，刺激文化产业的发展；在推动力方面，依托多样化的人群结构，推动经济和社会发展；在管理方面，提倡政府、社区和经济主体三者共同经营；在建筑功能上，通过置换功能，重塑建筑的适用功能。居住生活型堡寨采用有机更新模式，有机更新机制包括：分析在明长城遗产廊道的地位和价值，提升其功能与定位；保护典型的空间特征，突出“序结构”形式，彰显军事文化特色；在尊重传统地域文化的前提下，改善居住环境，提高人们的生活质量。无人居堡寨采用生态图景模式，生态图景模式是将堡寨遗址作为山西黄土高原生态环境背景下的具有画意风格的“图景”，将生态环境和堡寨遗址作为一个整体进行保护。在保护方式上采用“纯粹保护”的方法实现对遗址的保护，即对生态环境实行“最大化”保护原则，通过区域小流域治理以及绿色廊道的建设实现生态环境对遗址的保育功能；对无人居堡寨遗址实行“最小化”保护原则，只是维护和加固，不主张改变其原有的风貌。

6.2 研究展望

本书从山西省明长城沿线军事堡寨的时空特性入手，针对军事堡寨的保护现状及存在问题，对军事堡寨的区域保护与利用模式以及典型堡寨的保护与利用模式进行了初步的探讨和研究。然而这只是工作的起步，在以下方面尚需进一步深化和拓展。

1. 参照《中国历史文化名镇（村）评价指标体系》的基本鉴定要求以及长城“关堡保存程度评价标准”，结合山西省明长城沿线军事堡寨的空间特色和要素分析，确定了军事堡寨现状保存程度的等级评价依据，并从定性的角度将现状保存类型划分为四个层次。今后应进一步加强评价指标的研究，建立适合于军事堡寨保护评价的指标体系，通过定量方法对军事堡寨的现状保存程度和价值进行评析。

2. 由于研究地域广阔以及研究对象数量众多，在对山西省明长城沿线军事堡寨保护与利用的典型模式建立中，本书选取的典型案例主要是建立在对偏关县和右玉县调研和分析的基础上，不可避免还存在明长城沿线其他县（市）典型案例的存在以及相应模式的建立，因此这项研究还有广阔的研究地域和研究内容。

参考文献

[1] 陈喆，傅岳峰 . 长城保护与周边村落更新 [J]. 建筑学报，2005（7）：21-23.

[2] 顾祖禹 . 读史方舆纪要 · 卷 39 · 山西 [M]. 上海：上海书店出版社，1998.

[3] 郭德政，杨姝影 . 中国北方长城的生态学考察 [J]. 自然生态保护，2005（1）：46-48.

[4] 史念海 . 黄土高原历史地理研究 [M]. 郑州：黄河水利出版社，2001.

[5] 华夏子 . 明长城考实 [M]. 北京：档案出版社，1988.

[6] 李严 . 明长城“九边”重镇军事防御性聚落研究 [D]. 天津：天津大学，2007.

[7] 李韵 . 不能让人为因素造成长城毁灭性破坏 [N]. 光明日报，2009.

[8] 艾冲 . 中国古长城新探——古代长城的历史地理学研究 [M]. 西安：西安地图出版社，2006：170-172.

[9] 尚珩 . 明大同镇长城防御体系研究 [D]. 太原：山西大学，2010.

[10] 山西省地图集编撰委员会编辑部 . 山西省地图集 [M]. 济南：山东省地图出版社，2005.

[11] （明）兵部编 . 九边图说 [M]. 玄览堂丛书初辑 . 中国台北：正中书局，1981.

[12] 倪晶 . 明宣府镇长城军事堡寨聚落研究 [D]. 天津：天津大学，2005.

[13] 谭立峰 . 河北传统堡寨聚落演进机制研究 [D]. 天津：天津大学，2007.

[14] （明）李侃，胡谧 . 山西通志 [M]. 北京：中华书局，1998.

[15] 王杰瑜 . 明代山西北部聚落变迁 [J]. 中国历史地理论丛，2006，21（1）：113-124.

[16] 秦潇 . 关隘型古村镇整体保护与开发利用研究——以山西省娘子关古镇为例 [D]. 武汉：华中科技大学，2007.

[17] 薛林平等 . 得胜古村 [M]. 北京：中国建筑工业出版社，2012.

[18] 孙靖国 . 明代雁北地区城堡的职能与选址特征 [J]. 中国历史地理论丛，2011，26（4）：105-117.

[19] （明）翁万达撰 . 朱仲玉，吴奎信点校整理 . 纪鹑鸽峪之战 · 翁万达集 [M]. 上海：上海古籍出版社，1992：693.

[20] 山西省地图集编纂委员会 . 山西省历史地图集 [M]. 北京：中国地图出版社，2000.

[21] 王绚 . 传统堡寨聚落研究——兼以秦晋地区为例 [D]. 天津：天津大学，2004：116.

[22] [清] 张廷玉等撰 . 明史 · 卷 91 · 志 67 · 兵三 [M]. 北京：中华书局，1974：2235.

[23] [清] 顾祖禹撰 . 贺次君，施和金点校 . 读史方舆纪要 · 卷 44[M]. 北京：中华书局，2005：1833.

[24] [清]查继佐著.罪惟录・卷12・九边表总序[M].杭州：浙江古籍出版社，1986：746.

[25] 赵尔巽.清史稿卷六十・地理志七[M].北京：中华书局，1977.

[26] 李裕民等.山西风物志[M].太原：山西人民出版社，1985：127.

[27] 顾颉刚，史念海.中国疆域沿革史[M].北京：商务印书馆，1999：194.

[28] 刘景纯.清代黄土高原地区城镇地理研究[M].北京：中华书局，2005.

[29] 牛平汉.清代政区沿革综表[M].北京：中国地图出版社，1990.

[30] 曾谦.近代山西城镇地理研究[M].银川：宁夏人民出版社，2009.

[31] 林传甲.大中华山西省地理志[M].北京：商务印书馆，1919.

[32] 段进.城市空间发展论[M].南京：江苏科学技术出版社，1999：32.

[33] 王杰瑜.明朝“烧荒”对长城沿线生态环境的影响[J].环境保护,2009，424（7B）：64-65.

[34] 薛原.资源经济角度下明代长城沿线军事聚落变迁研究[D].天津：天津大学，2007.

[35] 史念海.黄土高原历史地理研究[M].郑州：黄河水利出版社，2001.

[36] 王金平，徐强，韩卫成.山西民居[M].北京：中国建筑工业出版社，2009.

[37] 甄博.浅析明朝至近代晋北聚落的主流形态[D].太原：太原理工大学，2010.

[38] 裴钰.长城：“古镇”新思维[J].建筑与文化，2011（4）：73-75.

[39] 戴维・理，王兴中编译.城市社会空间结构[M].西安：西安地图出版社，1992：209-219.

[40] [清]刘士铭修，王霷纂.李裕民点校.朔平府志[M].北京：东方出版社，1994.

[41] 吴必虎，刘筱娟.中华文化通志・艺文典・景观志[M].上海：上海人民出版社，1998：296.

[42] 李贞娥.长城山西镇段沿线明代城堡建筑研究[D].北京：清华大学，2005.

[43] 单霁翔.保护长城，上承祖先下传子孙[N].人民日报，2012-6-6.

[44] 赵勇.中国历史文化名镇名村保护理论与方法[M].北京：中国建筑工业出版社，2008：37.

[45] http：//news.163.com/13/0606/02/90LECH9700014AED.html.

[46] 赵向东，蔚文彩.印象朔州[M].北京：中央编译出版社，2009：114-115.

[47] 卢有泉.山西古关隘[M].沈阳：辽宁人民出版社，2005：66.

[48] 周年兴，俞孔坚，黄震方.关注遗产保护的新动向：文化景观[J].人文地理，2006（5）：61-65.

[49] 佟玉权，韩福文.工业遗产景观的基本内涵及整体性特征[J].城市问题，2009（11）：

14-17.

[50] Cultural Landscape [R/OL]. http：//whc.unes co.org/en/cultural landscape.

[51] 李和平，肖竞 . 我国文化景观的类型及其构成要素分析 [J]. 中国园林，2009（2）：90-94.

[52] National Park Service. The Secretary of the Interior's Standards for the Treatment of Historic Properties with Guidelines for the Treatment of Cultural Landscapes[R]. Washington D.C.：U.S. Department of the Interior National Park Service，1996.

[53] World Heritage Centre. Operational Guidelines for the Implementation of the World Heritage Convention[R/OL].World Heritage Centre，2008.

[54] 蔡晴 . 基于地域的文化景观保护 [D]. 南京：东南大学，2006：173.

[55] Rossler M. World Heritage Cultural Landscapes[J].Landscape Research，2006，31（4）：333- 353.

[56] Relph E. Place and Placelessness[M]. London：Pion，1976.

[57] 赵荣，李同升 . 陕西文化景观研究 [M]. 西安：西北大学出版社，1999.

[58] 单霁翔 . 走进文化景观遗产的世界 [M]. 天津：天津大学出版社，2010：46.

[59] 国家环境保护局政策法规司 . 中国缔结和签署的国环境条约集 [M]. 学苑出版社，1997.

[60] 刘益昌 . 台湾的考古学与史前时代的遗址 [M]. 中国台北：台湾省文献委员，1996.

[61] [美] 阿摩斯・拉普卜特（Amos Rapoport）. 黄兰谷等译 . 建成环境的意义——非语言表达方法 [M]. 北京：中国建筑工业出版社，1992.

[62] 中国大百科全书出版社编辑部 . 中国大百科全书・军事卷 [M]. 北京：中国大百科全书出版社，1988：95.

[63] 程大锦 . 建筑：形式、空间和秩序 [M]. 天津：天津大学出版社，2005.

[64] 李严，张玉坤 . 明长城军堡与明、清村堡的比较研究 [J]. 新建筑，2006（1）：36-40.

[65]（美）凯文・林奇 . 城市形态 [M]. 林庆怡等译 . 北京：华夏出版社，2001：7-8.

[66] 余压芳 . 生态博物馆理论在景观保护领域的应用研究——以西南传统乡土聚落为例 [D]. 南京：东南大学，2006：72.

[67] 姚志琳 . 从类型开始——探析聚落精神在场地中的重构 [J]. 建筑学报，2005（5）：66-69.

[68] 李哲 . 山西省雁北地区明代军事防御性聚落探析 [D]. 天津：天津大学，2005：11-13.

[69] 陈建军 . 晋北合院式民居空间形态分析 [J]. 山西建筑，2011，37（35）：6-7.

[70] 王金平．风土建筑与建筑形态——晋西风土建筑形态分析 [J]. 建筑师，2003（1）：60-70.

[71] 中国地方志集成第 16 册 .[同治] 河曲县志·卷 5·民俗 [M]. 南京：凤凰出版社，2005.

[72] 中国地方志集成第 57 册 .[道光] 偏关志·卷上·风土 [M]. 南京：凤凰出版社，2005.

[73] [日] 原广司著．王昀校．世界聚落的教士 100[M]. 于天炜，刘淑梅，马千里等译．北京：中国建筑工业出版社，2003：62-63.

[74] 张月琴．清末民初大同北部堡寨聚落的民间信仰 [D]. 太原：山西大学，2008.

[75] [美] 刘易斯·芒福德．城市发展史——起源、演变和前景 [M]. 倪文彦，松俊岭译．北京：中国建筑工业出版社，1989：10-11.

[76] 李立．乡村聚落：形态、类型与演变——以江南地区为例 [M]. 南京：东南大学出版社，2007：36-37.

[77] Alois Riegl. The Modern Cult of Monuments：Its Character and Its Origin. Translated by Kurt W. Forster and Diane Ghirardo，In：K.Michael Hays，eds. Oppositions 25. New York：Princeton Architectural Press，1998：621-625.

[78] 李红艳．中国城市遗产保护的原真性理论及实践应用探索 [D]. 上海：同济大学，2009.

[79] 约翰·罗斯金著．刘荣跃主编．张璘译．建筑的七盏明灯 [M]. 济南：山东画报出版社，2006：174.

[80] 黄明玉．文化遗产的价值评估及记录建档 [D]. 上海：复旦大学，2009：87.

[81] 世界遗产委员会．保护世界文化和自然遗产公约（简称《世界遗产公约》）[R]，1972.

[82] 吕舟．文物建筑的价值及其保护 [J]. 科学决策，1997（4）：38-41.

[83] 徐嵩龄．第三国策：论中国文化与自然遗产保护 [M]. 北京：科学出版社，2005：34-36.

[84] （澳大利亚）肯·泰勒撰文．文化景观与亚洲价值——寻求从国际经验到亚洲框架的转变 [J]. 韩锋，田丰编译．中国园林，2007（11）：7-8.

[85] 陈志华．文物建筑保护中的价值观问题 [J]. 世界建筑，2003（7）：80.

[86] 张松．历史城市保护学导论——文化遗产和历史环境保护的一种整体性方法（第 2 版）[M]. 上海：同济大学出版社，2008：176.

[87] Searns.R.M. The evolution of greenway as an adaptive urban landscape form. Landscape and Urban Planning 1995（33）：65-80.

[88] 朱强，李伟. 遗产区域：一种大尺度文化景观保护的新方法 [J]. 中国人口 · 资源与环境，2007（1）：50-55.

[89] Charles A. Flink，Robert M. Searns. Greenways[M]. Washington：Island Press，1993：167.

[90] 王志芳，孙 鹏 . 遗产廊道—— 一种较新的遗产保护方法 [J]. 中国园林，2001（5）：85-88.

[91] 奚雪松 . 大运河遗产廊道构建概念、途径与设想 [M]. 北京：电子工业出版社，2012：12.

[92] 周子鑫，朱传耿 . 我国区域空间整合研究进展与展望 [J]. 地域研究与开发，2009，28（5）：1-5.

[93] 景爱 . 长城 [M]. 北京：学苑出版社，2008.

[94] 朱强 . 京杭大运河江南段工业遗产廊道构建 [D]. 北京：北京大学，2007.

[95] 杨宇振 . 人居环境科学中的"区域综合研究"[J]. 重庆建筑大学学报，2005，（3）：5-8，22.

[96] 孔繁德 . 中国长城沿线生态破坏的特点及保护对策 [J]. 水土保持研究，2006，13（2）：42-43.

[97] 王丽萍 . 滇藏茶马古道线形遗产区域保护研究 [J]. 地理与地理信息科学，2012，28（3）：101-105.

[98] 卢济威，王海松 . 山地建筑设计 [M]. 北京：中国建筑工业出版社，2001：137.

[99] 国际古迹遗址理事会（ICOMOS）第 8 届全体会议 . 保护历史城镇与城区宪章（华盛顿宪章）[R]，1987.

[100] 回大伟 . 扶宁长城沿线地区传统民居研究及其现代启示 [D]. 重庆：重庆大学，2012.

[101] 王金平，温婧 . 晋北堡寨式聚落防御性特征初探——以大同市天镇县新平堡镇为例 [J]. 中国名城，2012（3）：31-36.

[102] 戴彦 . 巴蜀古镇历史文化遗产适应性保护研究 [M]. 南京：东南大学出版社，2010：168.

[103] 顾馥保 . 商业建筑设计（第二版）[M]. 北京：中国建筑工业出版社，2003.

[104] 付晓渝 . 中国古城墙保护探索 [D]. 北京：北京林业大学，2007.

[105] 国际古迹遗址理事会（ICOMOS）美洲国家委员会 . 圣安东尼奥宣言 [R]，1996.

[106] （英）B.M. 费尔顿 . 欧洲关于文物建筑保护的观念 [J]. 陈志华译 . 世界建筑，1986（3）：8-10.

[107] 全国人民代表大会常务委员会 . 中华人民共和国文物保护法（2007 修正）[R]，2007.

[108] 第二届历史古迹建筑师及技师国际会议．国际古迹保护与修复宪章（威尼斯宪章）[R]，1964.

[109] 国家文物局．中国文物地图集：山西分册 [M]. 北京：中国地图出版社，2007.

[110] 张宏．中国古代居住与住居文化 [M]. 武汉：湖北教育出版社，2006：79-123.

[111] 侯继尧，王军．中国窑洞 [M]. 郑州：河南科学技术出版社，1999（9）：19.

[112] 吴晓勤．世界文化遗产——皖南古村落规划保护方案保护方法研究 [M]. 北京：中国建筑工业出版社，2003.

[113] 杨豪中，张鸽娟．“改造式”新农村建设中的文化传承研究——以陕西省丹凤县棣花镇为例 [J]. 建筑学报，2011（4）：31-34.

[114] 陈威．乡村景观规划理论与方法 [D]. 上海：同济大学，2005.

[115] 刘春腊，张义丰．首都生态经济区的空间结构及建设机理 [J]. 经济地理，2010，30（7）：1068-1073.

[116] 张义丰．中国长城保护与利用协调发展的战略构想 [J]. 地理科学进展，2009，28（2）：280-284.

[117] 徐龙．关于三北防护林体系工程建设思路——以山西、河北省三北防护林工程建设为例 [J]. 防护林科技，2009（5）：51-53.

[118] 吉迎东，卞坤．基于主体功能区的山西城镇化发展模式优化 [J]. 经济研究，2010（10）：70-72.

[119] 张青峰．黄土高原生态经济分区研究 [D]. 杨凌：西北农林科技大学，2008.

[120] 朔州市地方志办公室．朔州风光 [M]. 北京：中华书局出版社，2011.

[121] 张义丰，贾大猛等．北京山区沟域经济发展的空间组织模式．地理学报 [J]，2009，64（10）：1231-1242.

[122] 刘沛林，刘春腊．北京山区沟域经济典型模式及其对山区古村落保护的启示 [J]. 经济地理，2010，30（12）：1944-1949.

[123] 胡平平．自然地理环境与长城北京段关系研究 [D]. 北京：北京建筑工程学院，2008：13-14.

[124] 靳林．明代山西三关地区防卫区划的形成与演变 [D]. 上海：复旦大学，2010.

[125] 黄丽敬．中国长城博物馆综述 [J]. 万里长城，2011（2）：21-33.

[126] 杨正泰．明代驿站考 [M]. 上海：上海古籍出版社，2006 年修订版．

[127] Little，C.E. Greenways for America[M]. Baltimore，M.D.：Johns Hopkins University Press，1990.

[128] Forman，R.T.T，and Gordon，M.. Landscape ecology[M]. New York：John Wiley，1986：121-155.

[129] Smith, D. S. et al. Ecology of Greenways[M]. The University of Minnesota Press, 1993: 142.

[130] [130]Michael Hough. City Form and Natural Process: Towards a New Urban Vernacular [M]. New York: Chapman and Hall, Inc, 1989: 125.

[131] 朱强，俞孔坚，李迪．景观规划中的生态廊道宽度 [J]. 生态学报，2005，25（9）：2406-2414.

[132] 俞孔坚，李迪华．生物多样性保护的景观规划途径 [J]. 生物多样性，1998，6（3）：205-212.

[133] 薛占金．山西省土地沙化现状及其治理对策研究 [D]. 太原：山西大学，2007：27.

[134] 赵文斌．国家考古遗址公园规划设计模式研究 [D]. 北京：北京林业大学，2012.

[135] 谢凝高．保护自然文化遗产，复兴山水文明 [J]. 中国园林，2000，（2）：36-38.

[136] UNESCO World Heritage Center. Operational Guidelines for the Implementation of the World Heritage Convention [R]. 2005, 20-28, 83-85.

[137] 佟玉权，韩福文，邓光玉．景观——文化遗产整体性保护的新视角 [J]. 经济地理，2010，30（11）：1932-1936.

[138] 世界遗产委员会．关于“村落文化景观保护与发展”的建议（简称《贵阳建议》）[R]，2008.

[139] （清）魏元枢，周景柱．宁武府志注 [M]. 北京：中国文史出版社，2006：158.

[140] 偏关县文史丛书编辑委员会．卢银柱校注．偏关志 [M]. 北京：中国文史出版社，2007：28.

[141] 顾祖禹．读史方舆纪要 [M]. 北京：中华书局，1955，卷 40.

[142] 李贞娥．长城山西镇段沿线明代城堡建筑研究 [D]. 北京：清华大学，2005.

[143] 实业部国际贸易司．中国实业志·（山西省）（丙）[M]. 实业部国际贸 司，1935：75.

[144] Gilpin, W. Observations on Several Parts of the Counties of Cambridge [J]. Norfolk, Suffolk and Essex etc. 1809.

[145] （芬兰）尤嘎·尤基莱托著．建筑保护史 [M]. 郭旃译．北京：中华书局，2011：283.

[146] 陈同滨．城镇化高速发展进程下的中国大遗址背景环境保护主要规划对策 [N]. 中国文物报，2005-10-14（7）.

[147] 纵艺 [N]. 中国文化报，2008-6-30（1）.

[148] 崔明．江苏省大遗址保护规划与利用模式研究 [D]. 南京：东南大学，2006：16.

[149] 邸玮．汉长城玉门关段遗址保护规划研究 [D]. 西安：西安建筑科技大学，2007.

附录A　大同镇所辖城堡分布表[15]

镇城	分守情况	驻地	卫城和所城	所辖主要城堡	军事管理
大同	新平路	新平堡		平远堡 保平堡 桦门堡	嘉靖二十五年新设，下辖4堡，管边46里，边墩82座，火路墩42座，官兵2956名，马骡728匹
	东路	天城城	阳和城	守口堡　靖虏堡 镇门堡　镇口堡 镇宁堡　永嘉堡 瓦窑口堡	本路辖9城堡，管边96里4分，边墩178座，火路墩90座，官兵7175名，马骡1273匹
	北东路	得胜堡		镇羌堡　宏赐堡 镇边堡　镇川堡 拒墙堡　镇河堡 镇虏堡	本路辖8城堡，管边96里3分，边墩129座，火路墩42座，官兵6507名，马骡1701匹
	北西路	助马堡		保安堡　拒门堡 宁虏堡　灭虏堡 威虏堡　破虏堡 云西堡　云冈堡	本路辖9城堡，管边77里，边墩103座，火路墩70座，官兵5969名，马骡12851匹
	中路	右卫城	左卫城	马营河堡 破胡堡　杀胡堡 残胡堡　马堡 铁山堡　三屯堡 云阳堡　牛心堡 红土堡　黄土堡	本路辖11城堡，管边124里，边墩186座，火路墩182座，官兵9267名，马骡2153匹
	威远路	威远城		云石堡　威胡堡 威平堡 祁家河堡	本路辖5城堡，管边39里9分，边墩50座，火路墩88座，官兵3368名，马骡1076匹
	西路	平虏城		迎恩堡　败胡堡 阻胡堡	本路辖4城堡，管边47里6分，边墩68座，火路墩48座，官兵4516名，马骡929匹
	井坪路	井坪城	朔州（卫）城 怀仁（所）城 山阴（所）城 马邑（所）城 应州城	灭胡堡 将军会堡 乃河堡 西安堡	本路辖10城堡，管边31里，边墩59座，火路墩167座，官兵7430名，马骡2119匹

附录B　山西镇所辖城堡分布表[15]

镇城	分守情况	驻地	卫城和所城	所辖主要城堡	军事管理
偏关（后移驻宁武）	东路	代州城	雁门关	广武城　八岔堡 白草堡　水峪堡 胡峪堡	长城总长一百里零三十八丈
	北楼路	北楼城		小石口堡　凌云堡 大石堡　茹越堡 马阑堡　平型关堡 团城堡　太安堡 车道堡　平行岭堡	长城总长二百五十三里零一百八十丈二尺
	中路	利民堡	宁化（所）城	宁武关城　宁文堡 西关堡　东关堡 朔宁堡　大河堡 二马营堡　西沟口堡 阳方口堡　盘道梁堡 小莲花堡　夹柳树堡 燕儿水堡　雕窝梁堡 云冈口堡　神池堡 圪老罐堡　石湖岭堡 狗儿涧堡　长林堡 八角堡　干柴沟堡 野猪沟堡　得胜堡 勒马沟堡　将家峪堡	长城总长二百九里零四十丈
	西路	偏头关	岢岚（卫）城 宁武（所）城 老营（所）城	桦林堡　韩家坪堡 马站堡　永兴堡 楼沟堡　柏杨岭堡 贾家堡　八柳树堡 寺焉堡　草垛山堡 黄龙池堡　滑石涧堡 五寨堡　三岔堡 水泉堡　岚县城 兴县城　红门市堡	河边和长城总长二百三十二里零二百八十步
	河保路	河曲营	保德州城（所城）	楼子营　唐家会 河会堡　河曲县城	河边总长二百一十里

附录C 山西省偏关县军事堡寨基本情况表

名称	堡寨情况简介
小元峁堡	小元峁堡址位于偏关县老营镇武家庄窝村小元峁自然村西南约1.5km的山梁之上。堡址平面呈方形，四角设墩台，东、西、北三墙中没马面，南设门，无瓮城，东西长105m，南北宽103m，分布面积约10815m^2。现存北城墙105m，东城墙103m，南城墙98m，西城墙103m，基宽8m，高1.6～3.2m，夯层厚0.1-0.22m，土质夯筑。城门进深8m，宽7m，高5.4m。堡址内有散落的石块。堡址处在南高北低较平坦的梁上，创建于明代，清以后废弃不用
南堡子城	南堡子城址，位于偏关县南堡子乡南堡子村东约500m处。城址平面呈长方形，东西长约300m，南北宽约250m，分布面积约7.5万m^2。现残存北墙250m，西墙100m，南墙120m，东墙300m，基宽3～8m，残高2～4m，土质夯筑，夯层厚0.08～0.15m，顶宽0.6～4m。城门不详。时代为宋代
老营堡	老营堡位于偏关城东40km处关河北岸老营镇老营村，东距内长城400m。现由老营堡、北帮城、南帮城三部分组成。老营堡平面呈东西向长方形，墙体内为夯筑，外下砌条石，上包青砖，设东、南、西三座城门和瓮城，墙外俱设马面，四角设有角楼。现东、南、西三侧有护城壕，北侧被平万公路路基占用。 老营堡东墙长427m，基宽8.9m，顶宽3.8～8.5m，高10.2m；南墙长887m，基宽8～16m，顶宽3.1～5.4m，高8.8～12m；西墙长510m，残长484m，基宽9.7m，顶宽5m；北墙原长934m，现长926m，基宽11.4m，顶宽8～9.2m，高7～9m。堡周长2758m，面积400500m^2。马面原有12座，现存11座，其中东墙2座，南墙3座，西墙2座，北墙4座
老牛湾堡	老牛湾堡位于偏关县万家寨镇老牛湾村、黄河入晋第一湾、河东一台地之上，西北与内蒙古隔河相望，东接晋蒙分界外长城。平面呈长方形，坐北向南，由堡和瓮城两部分组成。堡门开于南墙正中，瓮城门开于东墙正中。堡内原有建筑大部已毁，现存照壁、关夫子庙旧址（现建筑为近年新建）及旗杆基座等。堡墙内为夯筑，外包行錾条石。原四角均有角楼，现仅剩东北、东南两角残基。东墙残存南段，长24m，底宽2.5m，顶宽1.3m，内高3.7m，外高9.6m；南墙残长49.9m，底宽4.3m，顶宽3.1m，内高3.3m，外高9.7m；西墙残长47.3m，仅存北段，底宽3.9m，顶宽2.6m，内高5m，外高11.3m；北墙残长69.2m，保存较好，外包行錾条石，损毁较少，基本保持了原有形态，底宽3.4m，顶宽2.2m，外高9.9m。堡门通道内侧长5.2m，宽3.5m，左右壁高1.97m，拱高2.23m；外侧长2.5m，宽2.96m，拱顶已毁，左右壁已残，内外券脸均为二伏二券，券脸高0.62m。现门道内有门限石两块，宽0.24m，高0.2m，南侧长0.9m，北侧长0.6m
万家寨堡	万家寨堡位于村西南500m处一山涧孤岩之上，依山岩而建，分内外两重，坐西朝东，内外堡门均开于南墙正中。外堡平面呈不规则形，东西122.6m，南北40m。外堡门开于南墙中部，左右壁利用山体基岩，上部为石券拱顶，通道拾阶而上，或凿或砌。踏步宽窄不一。堡门内侧通道，长1.9m，宽1.05m，拱高0.7m，内侧左右壁留有长方形拴孔。堡南墙、东墙保存较好，基本利用岩体，上部条石垒砌。南墙长约72.2m，宽1.5～1.7m，高0.3～1.9m。东墙长约75.7m，宽1.5～1.7m，外高4.5～5.6m，内高2.2～3.8m，东墙顶部残存石砌女墙，长10m，基宽0.8m，高0.2～1m。距堡门东侧25m处东墙外砌一马面，南北3m，外宽2.4m，内宽4.2m，与墙体同高。北墙大部借用山崖岩体，局部外沿砌筑墙体，高0.56m，宽0.5m。西侧全部利用山崖

续表

名称	堡寨情况简介
小寨堡	小寨堡位于小寨村西北900m处孤岩之上，西望黄河河谷及小寨北沟。平面呈不规则梯形，坐西朝东。堡门开于东墙正中，拱券顶已坍塌。堡墙片石垒砌，大半已毁，仅存墙基。东墙中开堡门，门南北石墙保存尚好，南侧长1.75m，高2.2m；北侧长2.7m，高2.4m。堡门道长2.8m，宽1m，左右壁高1.5～1.6m，北壁残存一拴孔，0.27m×0.3m。南墙下部利用自然基岩，现存东西两端，中部大部已毁，长25m，残墙高0.5～2.2m；西墙长25m，残高2m，宽0.8m，北墙长16m，高0.5～2m
桦林堡	桦林堡位于天峰坪镇桦林堡村内，西距黄河东岸约1800米。该堡平面呈东西向长方形或基本呈方形，坐北朝南，堡门开于南墙正中偏东，堡门外有瓮城，瓮城门开于东墙正中。原四角有角楼，现存西北角、西南角、东南角三个，东北角残毁。东墙、西墙、北墙外各置马面2座，墙体原外侧下砌行錾条石，上包青砖，白灰为粘合料。堡内原有老爷庙、城隍庙（现存为旧址新修寺庙）。堡外东南角有马王庙，现仅存戏台；堡西北为龙王庙。瓮城门东150m处有一明代影壁。南墙西侧有一明代排水沟，片石垒砌，（宽1.1m，长10余米）。今日桦林堡于西墙、北墙各开两个豁口，东墙开一豁口。堡东西186m，南北198m
寺沟堡	寺沟堡平面呈东西向长方形，现四面堡墙均有残存，坐向不明。堡内西侧残存一夯土台基，可能为一点将台。堡东西135m，南北120m，东墙仅存南段，长约11m，底宽1.2～2m，顶宽1.2～1.5m，高3.3～3.5m，夯层约0.10～0.20m；南墙仅存墙基下部，长约90m，大部外高内平，外高2～2.8m，高出内侧地表约4m。夯层0.2m；西墙被偏0056号烽火台分为南北两段。南段长50m，底宽0.8～1.2m，高3.7m，已岌岌可危；北段残长19m，底宽2.2m，高2.5m；北墙东段残长47m，底宽2.2m，顶宽0.5～0.7m，夯层0.08～0.16m，高3～3.5m。西段残长70m，高1.5～3.7m，其他类同东段
黄龙池堡	黄龙池堡堡墙基本保存完整，西墙北段保存较差，内侧坍塌成坡状。顶宽4.2～5.1m，底宽9.5m，高5.5～9.5m。堡墙外包砖石已被拆毁，只留夯土墙，夯土为黄砂土和红黏土，夯层0.06～0.15m。平面布局近似刀把形，只设有南门一座堡门，格局清晰，南门外有瓮城。四角设有角楼，北墙与西墙中部各设一座马面。东西125.5m，南北173.6m
草垛山堡	草垛山堡堡墙总体保存较好，只有局部被毁，顶宽0.5～6m，底宽8.8m，内高4～10.5m，外高5～13m，夯层0.06～0.18m。墙体局部残留外包砖石，墙体顶部散落铺砖。构筑方式为外下砌条石，上包青砖，白灰勾缝垒砌；内为夯土，夯土为黄砂土。堡平面近似方形，东西258m，南北197m；四角设有四个角楼；西墙和北墙中段各设一个马面；东墙和南墙中段各开一座城门，城门的构筑方式为三伏三券；两座城门均设有瓮城，瓮城均为方形。堡内现有居民和耕地，东侧有玉皇庙，西侧有城隍庙
寺堰堡	寺堰堡堡墙总体保存一般，局部坍塌较重，局部已经消失。顶宽0.5～3.3m，底宽8m，内高5.1～7.5m，外高6.5～10.2m，夯层0.05～0.09m。墙体构筑方式为外下铺条石，上包青砖，白灰垒砌；内填夯土，夯土为黄砂土。堡平面呈方形，东西90m，南北99.6m；南墙中段设有堡门，现已被拆毁；四角设有角楼，东墙和西墙各设有一座马面。堡内现为居民区和耕地
五眼井堡	五眼井堡堡墙为土质夯筑，夯土为黄砂土，夯层0.12～0.28m。整体保存连续，高低不一。顶宽0.5～3.6m，底宽5.3m，高3.4～7.4m。平面近似方形，东西97.7m，南北103m，堡门置于南墙中段，堡门外设有瓮城1座，瓮城门的开向不详。瓮城东侧南段外墙上设有1座马面

续表

名称	堡寨情况简介
马站堡	马站堡堡墙为外下砌条石，上包青砖，内为夯筑土墙。现东、西、北三面墙体除局部有缺口外，大部分残存，南墙已基本消失。残存墙体顶宽0.3～6m，底宽3～7.2m，外高0.5～10.9m，内高0.5～8.7m，夯层0.06～0.15m。平面呈不规则形，东西最大542m，南北最大121m。因地制宜，依山势而建。西墙中段开一堡门，堡门外建方形瓮城，瓮城门开于南侧。西南角设有角楼，北墙西段设有一马面
永兴堡	永兴堡除原有东、南、西、北四侧墙体外，还有东西两座瓮城。现东、西两墙体和瓮城部分残存，南北两墙大部已毁。西墙保存较好，外有瓮城，现被公路截为南北两段。北段长30m，近北侧有一缺口，宽约4m，墙体底宽9m，顶宽1.5～3.2m，高8～9m，夯层0.04～0.06m。西瓮城平面呈方形，门开于北侧，现已残损；南墙、西墙基本完整，西墙长28m，底宽14m，顶宽9～10m，夯层0.14～0.32m；南墙长9m，底宽4～5m，顶宽2.3m，高约8～9m。瓮城南侧墙体长约28m。东墙类同西墙，被公路截为南北两段，北段墙体底宽13m，顶宽10m，长15m。南段为瓮城，其北墙、东墙保存较好，南墙已毁，堡门消失，北墙长30m，底宽5m，顶宽2.3m，高8～8.5m，夯层0.06～0.19m。东墙长15m，底宽13m，顶宽10m，高8～8.5m
楼沟堡	楼沟堡堡墙为外包砖石，内为夯筑土墙。小堡保存较好，顶宽1.7～5m，底宽8m，外高0.6～9.5m，内高0.6～9.7m，夯层0.06～0.16m。大堡保存较差，顶宽1.5～5m，底宽8m，高0.5～10m。堡由小堡、大堡两部分组成，总体平面近似“吕”字形，单体平面均呈方形。大堡居于北端，东西267.8m，南北138m，西北角和西南角设有角楼；小堡位于南端，东西95.3m，南北83.6m，四角设有角楼。从平面布局看，大堡南墙依托小堡北墙为基础，向外延伸扩大，可能为后期扩建所为，亦可能为原格局。现大堡内为居民，小堡内为耕地
上纸房堡	上纸房堡整体保存较好，坐北向南，墙体大部残存，马面和西南、东北角楼尚存，堡门位置清楚。堡内遗迹全部坍塌，仅存残基，堡门开于南墙正中，宽5m。南墙全长约60m，底宽2.3m，顶宽0.50～2.1m，内高3.6m，外高4.5m；东墙长130m，底宽4.5m，顶宽0.9～1.3m；西墙长130m，底宽4.5m，顶宽0.4～1.4m，内高2.4m，外高3.2m；北墙马面位于正中，两端各有一角楼，全长60m，底宽8.3m，顶宽3.7m，高3.5～6.3m。马面高7.8m，突出墙体约1.5～2m，高出墙体约1.5m。东北角楼突出约4m，顶宽4m；西北角楼突出约6m，顶宽4m。平面呈东西向长方形，堡门开于南墙正中，北墙中部为马面，东北、西北各有一角楼，堡中心为建筑遗址
八柳树堡	八柳树堡整体保存差，墙体外砌砖石全部消失，仅剩断续残存夯筑土墙。西墙断续残存，原长218m，现墙体残存长度60m，底宽9m，顶宽0.5～3m，高度0.3～10.1m；北墙残存长度50m，底宽2m，顶宽1.5m，高0.5～5m，东墙仅剩一土棱，可辨走向。南墙已毁。堡内设施仅剩两块碑身。平面基本呈方形，西墙原长218m，北墙原长155m，南墙已毁，东墙原长179m
贾家堡	贾家堡堡墙大部已毁，断续残存。四角角楼仅存基部，保存较好，棱角分明。堡门位于南墙正中，仅存门东壁，条石尚存。堡内设施全无。堡墙原为夯筑土墙，外包砖石为二次修缮遗迹。平面基本呈方形，坐北向南。堡东墙大部残存，长177m，底宽5m，顶宽0.6～2.6m，高1～6.7m，墙正中为马面，大部残损，突出墙体顶2.5m，底4m，顶南北6m，底9m。西墙长度177m，底宽5m，顶宽0.6～2.6m，高6.7m。北墙全长191m，墙体宽厚，底宽6m，顶宽3～5m，高1～6.7m，北墙正中为马面，顶部突出墙体9m，底南北11m，东西12m。南墙正中即为堡门，堡门南北长3.66m，东壁高2.3m，条石规整，长0.14～1.4m，厚0.19～0.25m，北侧有栓孔，径约0.16m。南墙全长191m。尺寸类同东西两墙。四角角楼基部基本完好，与墙体同高。西南角楼东西4.9m，南北3.8m；西北角楼东西7.5m，南北6m；东北角楼东西11m，南北9m；东南角楼东西6m，南北8m

续表

名称	堡寨情况简介
教儿墕堡	教儿墕堡堡墙为夯筑而成，四墙有不同程度的塌毁，其中南北两墙坍塌严重，有豁口多处，总体墙体大部残存，四角设角楼。残存墙体顶宽0.2～4m，底宽7m，外高0.5～10.2m，内高0.5～7.5m，夯层0.08～0.15m。东南角角楼东西10m，南北11m，高11.4m，瓮城东西20.3m，南北16m，墙体宽0.5～1m，内高1.9m，外高3.9m。墙体顶部残存条砖铺漫痕迹。平面呈方形，东西102m，南北97.1m，坐北朝南，四角设有角楼，南墙中部建有瓮城一座，瓮城门开于东侧，平面呈方形。四角楼原外砌行錾条石，现东北、西北、西南三角楼残留部分条石，堡内现为耕地，现有窑洞4孔，砌筑手法粗糙，年代不详
林家坪堡	林家坪堡现存南北两侧墙体，东西墙体基本消失，现可辨基址，无角楼、马面。现南墙东段，北墙东段、西段各有三处豁口，残存墙体内高5m，外高3.5～6.5m，顶宽1～3m，底宽5m，夯层0.13～0.22m。平面呈东西向长方形，堡朝向无法确定，东西长43m，南北89.5m。堡墙西侧另发现一道围墙，向西断续延伸。北墙向西延伸41.5m，南墙延伸14m，用途不详
偏头关城	偏头关城址，位于偏关县新关镇（县城中），东西最长约1000m，南北最宽约928m，占地面积约90万m^2。《宣大山西三镇图说》载：本关洪武二十三年（1390年）建改土城，宣德、天顺、成化、弘治年间节次展拓，万历二年（1574年）砖包，平面呈不规则形。现存东墙残长约3m，西墙残长约477m，南墙残长约50m，北墙残长约50m，基宽9～10m，顶宽7～8m，残高4～11m，墙体夯筑。尚存部分包砖。现存南门一座，经现代重修，砖顶，拱内高6m，外高5m，门道内侧宽5m，外侧宽4.5m，深22m。南、西门外厅各有一座女城。现仅存二座女城的城门。东北角各一座，现存马面二座

资料来源：根据偏关县各堡寨的三普资料形成。

附录D 山西省右玉县军事堡寨基本情况表

名称	堡寨情况简介
黄土堡	黄土堡堡址位于右玉县牛心乡黄土坡村中，据《三云筹俎考》记载："黄土堡嘉靖三十七年（1558年）筑，万历十二年（1584年）砖包"。平面呈方形，边长约150m，分布面积2.25万m^2。现东墙残长50m，其他三面墙体保存基本完整。墙基厚约5m，顶部厚0.2～2m，残高5～7m。墙体夯筑，包砖已不存。东墙中部设门，现为豁口。宽约6m，进深约3m。东门外侧有瓮城遗址，南北长约22m，东西宽约20m。设南门，现为豁口。古堡四角各设角台1座，角台基部突出墙体约7m，宽4m，高约8m。北、西、南各存马面1座，马面基部突出墙体4m，宽约5m，高约6m。堡内现为居民居住和耕地。2005年被右玉县人民政府公布为县级文物保护单位
云阳堡	云阳堡堡址位于右玉县牛心堡乡云阳堡村西南约2km处。平面呈长方形，东西长180m，南北宽150m，面积约2.7万m^2。墙体整体完整，墙基宽约5m，顶宽0.5～2m，残高1～5m。墙体夯筑，夯土层厚0.1～0.2m，包砖不存。东门外侧有瓮城一座，瓮城南墙现为豁口，存角台四座，东北角台基部突出墙体6m，存马面三座。据《三云筹俎考》载："云阳堡：嘉靖三十七年（1558年）土筑，万历二十四年（1596年）砖包"。2005年被右玉县人民政府公布为县级文物保护单位
胡村堡	胡村堡址位于右玉县元堡子镇胡家村东部。平面呈正方形，每边长100m，分布面积1万m^2。墙体夯筑，夯土层厚0.15～0.2m。北、西、南墙墙体基本完整，东墙残存80m，开东门，现为豁口。现存墙基厚度8m，残高3～10m，四角各存角台1座，无砖包。根据夯土层厚度和古堡形制与明代长城古堡相同，由此认定为明代古堡
蔡家堡	蔡家堡堡址位于右玉县元堡子乡蔡家堡村东，平面呈正方形，边长50m，分布面积2500m^2。墙体夯筑，夯土层厚0.15～0.25m。现存墙基厚度8m，顶部宽度1～3m，残高3～10m。北墙坍塌严重。东南墙设门，现已为4m宽豁口。由于夯土层厚度和古堡形制与明代长城古堡相同，由此认定为明代建筑
丁家窑东梁堡	丁家窑东梁堡址位于右玉县丁家窑乡丁家窑村东约2000m的山梁上，年代不详。平面呈长方形，分布面积2.6万m^2。墙体夯筑，夯土层厚度0.08～0.15m。墙基底宽4m，顶宽0.5～1m，残高5～8m，设南门（现为豁口），南门外筑瓮城，东西长35m，南北宽25m，残高8m，开东门
铁山堡	铁山堡堡址位于右玉县杨千河乡铁山堡村西500m，占地面积2.9万m^2，据《三云筹俎考》记载：铁山堡明嘉靖三十八年（1559年）土筑，万历二年（1574年）砖包（现砖包不存）。堡址整体为东西连环堡。西堡平面呈正方形，边长140m，墙基厚度8m，残高5～8m，顶部宽度2～5m。开东门，现为3.5m豁口，四角各存角台一座，北、西、南三墙正中各存马面一座，距西堡55m处，筑东堡。平面呈长方形，南北长90m，东西宽80m，墙基厚度8m，残高5～8m，顶部宽度2～5m。设东门，现为10m宽豁口，原有瓮城，现不存，四角各存角台一座。后于两堡之间筑南、北墙各一，将两堡连为一体。两堡均为夯筑，夯土层厚度0.12～0.15m。2005年被右玉县人民政府公布为县级文物保护单位
祁家河堡	祁家河堡堡址位于右玉县新城镇上堡村中，据《三云筹俎考》记载："祁家河堡，嘉靖四十一年（1562年）土筑，万历元年（1573年）砖包。"分布面积3.21万m^2。堡址平面呈长方形，东西长195m，南北宽165m。南墙基本完整，东墙残长约130m，西墙残长约40m，北墙残长约100m。墙基宽7m，顶部宽度1～3m，残高3～6m，墙体夯筑，夯土层厚度0.12～0.15m，原有包砖，现不存。南墙中部设门，现为5m宽豁口，现存东南、西南角台各1座，角台基部突出墙体6m，底部宽8m，残高8m。东、西、北墙中部各存马面1座，马面基部突出墙体4m，宽6m，残高7m

续表

名称	堡寨情况简介
威远堡	威远堡址位于右玉县威远镇威远村中。堡址平面呈长方形，东西长750m，南北宽700m，分布面积52.5万m^2。现存墙基宽度6～12m，顶部宽度1～8m，残高1～8m，墙体夯筑，夯土层厚0.1～0.2m，包砖不存。四面堡墙中部各设瓮城一座，形制相同，均为方形。四角现各存角台一座，马面八座，堡内为村民居住。据《三运筹俎考》记载："威远堡正统三年（1438年）砖建，万历三年（1575年）增修。"2005年被右玉县人民政府公布为县级文物保护单位
董半川堡	董半川堡址位于右玉县元堡子镇董半川村中。堡址平面呈长方形，东西长165m，南北宽100m，分布面积1.65万m^2。墙体夯筑，夯土层厚0.2m，开南门，现为豁口。西墙北墙基本完整，南墙残存30m，东墙残存50m，残高5～9m，现存墙基厚度8m。西北、东北、东南角各存角台1座，西南角台与南墙坍塌不存。北墙中部设马面1座。根据夯土层厚度和古堡形制与明代长城古堡相同，由此认定为明代古堡
南花园堡	南花园堡址位于右玉县白头里乡南花园村中。堡址平面呈正方形，边长63m，分布面积3969m^2。墙体夯筑，夯土层厚0.1～0.15m，现存墙基宽度8m，顶部宽度1～3m，墙体残高8～11m，四角各存角台1座。整个古堡保存非常完整。由于夯土层厚度和古堡形制与明代长城古堡相同，由此认定为明代建筑
云石堡新堡	云石堡新堡堡址位于右玉县丁家窑乡新云石堡村西，平面呈正方形，边长200m，分布面积4.15万m^2。墙基厚度8m，顶部厚度1～3m，残高3～9m，砖包仅存南墙和东墙少部分，现存土墙体夯筑，夯土层厚0.1～0.2m。开东门（现为豁口），东门外有瓮城1座，南北长48m，东西宽33m，瓮城设北门（现为豁口）。现四角各存角台一座，北、西、南墙中部各存马面一座，角台和马面残高7～9m。堡内现为耕地。据《三云筹俎考》记载："云石堡明嘉靖三十八年（1559年）土筑，万历十年（1582年）改建砖包。"2005年被右玉县人民政府公布为县级文物保护单位
马堡	马堡平面呈矩形，四个角各有一个角楼。东墙顶部最宽0.6m，墙基宽3m，墙体高5.40m。东墙顶部因坍塌而变得凹凸不平，最宽0.6m，墙基宽3m，墙体高5.6m，东墙北段近东北角楼处有一2.5m宽的缺口。南墙偏东段有一较大缺口，宽25m，缺口处墙基宽3m，墙体顶部因风雨侵蚀而变得十分狭窄，南墙残高4.5m。西墙偏南段有一小小的豁口，宽1.20m，墙基宽2.9m，墙顶最宽0.6m，西墙高5.8m，西墙北段有一水冲的缺口，宽14.5m。北墙顶部最宽0.6m，墙基宽3m，墙体高5.4m。该堡由黄砂土夯筑而成，夯土纯净，夯层厚约0.13～0.2m。该堡墙体东西向140m，南北向138m
破虎堡	破虎堡堡址位于右玉县李达窑乡破虎堡村中，长城南侧约500m。平面呈长方形。南北长300m，东西宽190m，分布面积3万m^2。墙体保存基本完整，墙基底宽8m，顶宽1.5～2m，残高1～6m。墙体夯筑，夯土层厚度0.1～0.2m，包砖不存。南墙外侧有接关城，东西长约190m，南北宽约100m。开南门为砖券拱形门。外部高3.8m，门洞内从地面到顶部高约5m，门道内侧宽约4m，外侧宽3.5m，进深约6m，门额上方置长方形石匾一块，字迹漫涣不清。堡墙四角各存角台一座，角台基部突出墙体约3m，宽约3m，高约6m。堡墙四周存马面七座，马面基部突出墙体约6m，宽约3m，高约8m。据《三云筹俎考》记载："破虎堡嘉靖二十三年（1544年）筑，万历二年（1574年）砖包。"2005年被右玉县人民政府公布为县级文物保护单位
高家堡	高家堡堡址位于右玉县高家堡乡高家堡村中，平面呈正方形。堡墙每边长50m，分布面积2500m^2。堡墙残高4～7m，墙基宽度8m，顶部宽度5m。墙体夯筑，夯土层厚0.1～0.2m。东墙正中设堡门宽约7m。四角各存角台1座，突出堡墙5m。根据夯土层厚度和古堡形制与明代长城古堡相同，由此认定为明代古堡
小马营堡	小马营堡址位于右玉县元堡子镇小马营村中，堡址呈长方形，东西长150m，南北宽120m。分布面积1.8万m^2。墙体夯筑，夯土层厚0.1～0.2m。现存墙基厚度8m，残高1～10m。东北、西北、西南各存角台1座，东南角台坍塌不存。北墙中断设马面1座，无砖包。设南门（现为豁口）。根据夯土层厚度和古堡形制与明代长城古堡相同，由此认定为明代古堡

续表

名称	堡寨情况简介
西窑头堡	西窑头堡址位于右玉县高家堡乡西窑头村中，堡址呈长方形，东西长50m，南北宽40m，分布面积2000m^2。堡墙残高11m，墙基宽度8米，顶部宽度0.5～2m。四角各存角台1座，东南角台坍塌严重。墙体夯土构筑，夯土层厚0.1～0.2m。堡东墙正中设门，门高1.5m，宽2m。古堡保存较为完整。因夯土层厚度和古堡建筑形制与明代长城古堡相同，由此认定为明代古堡
黄家窑堡	黄家窑堡址位于右玉县杨千河乡黄家窑村东北1500m的梁顶上，分布面积6400m^2。墙基宽5m，残高3～5m，墙体夯筑，夯土层厚度0.1～0.2m。现存角台4座，残高3～5m，堡东墙中部设门，现为豁口。东门外设瓮城，瓮城东西宽10m，南北长20m，开南门，现为豁口。古堡内采集有大量带有文字的砖块，可辨认文字有“右衛”二字，其他文字残缺不清
残虎堡	残虎堡堡址位于右玉县李达窑乡残虎堡村中，平面呈长方形，东西长约200m，南北宽170m，分布面积3.4万m^2。现东墙残长145m，南墙残长80m，西墙与北墙基本完整。堡墙基底宽8m，顶部宽1～2.5m，墙体夯筑，夯土层厚度0.1～0.15m，包砖不存，原有南门，现不存。南门处有瓮城遗迹，东西长度不详，南北长约50m，只存瓮城西墙残长42m。现存角台四座，北、西、南三墙中段各存马面一座。堡内现为居民居住。据《三运筹俎考》残虎堡嘉靖二十三年（1544年）筑，隆庆六年（1572年）砖包。2005年被右玉县人民政府公布为县级文物保护单位
马营河堡	马营河堡址位于右玉县右卫镇马营河村中，分布面积1.43万m^2。平面呈长方形。夯土建筑，夯土层厚0.15～0.2m。现存墙基底宽8m，顶部宽0.3～3m，残高8～11m。南墙中部设门，现为豁口，宽约4m，进深约6m。残存角台2座，东北角台与东南角台皆呈圆形，低径约12m，高约11m。北墙中部存马面1座，基部突出墙体约8m，宽约10m，高约11m。据《三云筹俎考》载：“马营河堡万历元年（1573年）土筑。”2005年被右玉县人民政府公布为县级文物保护单位
山岔堡	山岔堡堡址位于右玉县高家堡乡山岔村西北约300m。堡址平面呈正方形，每边长96m，分布面积9216m^2。墙基厚度7m，残高8～11m。墙体夯筑，夯土层厚0.2m。东墙中部设一门，宽2.5m，高3m。东部护城壕遗迹尚存。根据夯土层厚度和古堡形制与明代长城古堡相同，由此认定为明代古堡。距堡址东北角以东30m左右，有一段东西走向的土墙，墙长130m，残高8～11m，墙基厚度8m，夯土层厚度0.2m，与山岔堡关系不明
大油坊头堡	大油坊头堡址位于右玉县元堡子镇大油坊头村中，古堡平面呈正方形，边长50m，分布面积2500m^2。墙体夯筑，夯土层厚0.15～0.2m。原设南门，现为5m宽豁口。现存墙基厚8m，墙顶部宽度3m。墙体残高3～8m，四角各存角台1座，东北角台部分坍塌。由于夯土层厚度和古堡形制与明代长城古堡相同，由此认定为明代古堡
金家花板堡	金家花板堡址位于右玉县高家堡乡金家花板村南200m的山梁上，其形制和夯土层厚度与县域内现存其他明代长城古堡相同，因此判定为明代古堡。堡墙东西长70m，南北宽40m，分布面积2800m^2。南墙中部建有方形烽火台1座，边长12m，高9m，与堡墙连为一体。堡墙基宽4m，顶宽0.5～2m不等，夯土层厚0.2～0.25m不等，残高2～4m。现存角台两座，高5m。烽火台东侧设门，现为一豁口
辛屯堡	辛屯堡址位于右玉县元堡子镇辛屯村南200m处，分布面积2500m^2。平面呈正方形，边长50m。墙基宽度约7m，顶部宽度1～2m，残高5～8m。墙体夯筑，夯土层厚度0.15～0.2m。设东门，现为1.5m的豁口，四角各存角台1座，突出墙体6m，角台底宽8m，残高5～8m

资料来源：根据山西省右玉县各堡寨的三普资料形成。

后　记

本书是在博士论文的基础上修改而成的。

首先，衷心感谢我的导师周庆华教授，我从硕士生到博士生一直追随先生学习和研究。从博士论文选题开始，先生经常与我讨论并提出指导性意见，论文研究中先生的启发和指正，促使我在迷惑中前行，探寻解决问题的思路和方法。尤其在论文的创新点方面，先生敏锐的洞察力和深刻的见解为我明晰了努力的方向，并使论文得到进一步深化和提高。同时，先生深厚的学术造诣、严谨的治学态度、高尚的人格魅力深深地影响着我，使我在求学路上不断前进。

诚挚感谢西安交通大学建筑学系的周若祁教授、西安建筑科技大学的吕仁义教授、李志民教授、黄明华教授和陈晓键教授在论文评阅中提出的宝贵意见和建议，帮助本人将论文进一步深入和完善。特别感谢山西省建设厅李锦生副厅长在百忙之中对论文的指导以及所提供的宝贵资料；感谢东南大学的王兴平教授对论文提出的建设性意见；感谢偏关县建设局的陈安乐局长及其同事、偏关县政协文史研究室的卢银柱主任、偏关县文物局的胡美仓主任和刘政伟主任以及右玉县建设局的同志对调研工作所提供的无私帮助和支持，正是这些地方部门领导及同行的帮助使论文拥有了丰富的素材及生动的案例。

感谢西安交通大学的周典教授、陈洋教授、张定青老师及同事对我工作的支持，并给予我很多精神上的鼓励。特别感谢李红艳老师，在论文进展的最后阶段，给我提出了很多宝贵的意见和建议；感谢虞志淳老师所提供的宝贵资料；感谢几届硕士生鲁金梅、于洋、权冉、王超、陈骁、叶宗强等在论文研究中所做的资料收集和绘图工作。

最后，衷心感谢我的父母，我的爱人和儿子，是你们在生活中的帮助与支持让我的学业顺利完成，家人的关爱永远是我孜孜以求的源泉和动力。